The South Indian Cinema Chronicle

南インド映画クロニクル

【編・著】安宅直子
【寄稿】深尾淳一・山田桂子・矢内美貴

PICK UP PRESS

南インド映画クロニクル

The South Indian Cinema Chronicle

はじめに

1926年にサイレント作品『亜細亜の光』（1925）がインド映画として日本で初めて劇場公開されてから間もなく100年になる。フランツ・オステン監督による同作は、日本ではドイツ映画の扱いだったが、まぎれもなくインド産である。トーキー映画ではヒンディー語作品『アーン』（1952）の54年の公開が日本初である。その時編著者はまだ生まれていなかったが、90年代からの3度にわたるインド映画ブームと称されるものは経験してきた。そして2024年、日本では史上最多の19作のインド映画が一般劇場公開された。限定的な特集上映、映画祭上映を加えれば数字はさらに増える。インド映画に関心を持つ人々も増加の一途をたどっている。

ただし、ことあるごとに編著者が言明しているのは、「日本でこれまでに公開されたインド映画は、それだけでインド映画全般が語れるほど多くはない、名作が選りすぐられてもいない、歴史的名作を網羅してもいない」ということである。また、近年の日本でのインド映画の隆盛は「インド映画が質的に向上したから日本でも公開されるようになった」ということでは全くない。インドの映画界はそれ自体が自足した生態系のようなもので、インド国内と世界に散らばったインド系市民の間での受容以外のファクターから影響を受けることが少ない。日本で字幕がついて紹介されるかどうかは、権利料やタイミング、市場動向、配給者の思惑など、作品自体の価値とは異なる要素に大いに左右され、偶発的である。100年を超える歴史と10以上の言語別映画界（P.94参照）を擁し、年間2000本を超える（2010年代後半の数値）作品を生み出すインドで、編著者を含む日本人が誰一人として知らない傑作・秀作・異色作は沢山あることだろう。

こうした状況下でインド映画を追求していこうとすれば、日本語化されたもの以外も何らかの手段で観るほかはない。本書はインド映画の中でも、特に南インドから生み出される作品群に絞り、観るべき価値があると編著者が考える作品の情報の集積を試みた。日本でインド映画のブームを牽引してきたのは、多くがタミル語・テルグ語・カンナダ語・マラヤーラム語を中心とした南インドで生まれた作品だったし、南インド4言語圏はインドの中で最も活気に溢れた映画産業のある場所の一つであるからだ。編著者の専門外であるため対象から外した北・東・西インドの映画産業についても、それぞれの地域の専門家による研究成果が共有され、一般ファンにも親しみやすい必見作ガイドが現れることを切に願う。

本書は大まかに3部に分かれる。第1部では日本盤ディスクが発売された作品で編著者が把握できた限りのものを総覧する。第2部では2000年から24年までの四半世紀の南インド映画の動きを各言語圏の興行収入トップの作品を中心に振り返る。第3部では21世紀の作品を中心に、20世紀の名作も取り混ぜて、テーマ別に注目作を紹介する。第2部と第3部では、日本で未紹介の作品も積極的に取り上げていく。

個人の書き手に可能な最大限のボリュームの情報になるように努力したが、もちろん万全ではない。お気に入りの作品が本書に収録されていないとお怒りになる読者もいるかもしれない。しかしそれは本書の瑕疵というよりは、それだけ南インド映画に知られざる名作がまだまだあるということではないだろうか。「あの名作が入っていない、編著者の目は節穴か」などと盛り上がっていただくのも本書の狙いの一つである。

はじめに……2
データの表記法ほか……6

第1部　国内盤メディアで見る南インド映画　7

第2部　2000年代クロニクル　興収トップ作品を中心に　43

MAP インド全図……94
アーンドラ・プラデーシュ州とテランガーナ州……96
タミルナードゥ州とケーララ州……98
カルナータカ州……100
1956年以前の南インド……101

第3部　ジャンル別お勧め作品　103

インド映画のジャンルと言語別映画界……104
タミル語映画の21世紀　ニューウェーブとタミル語映画の未来　深尾淳一……106
タミル・ニューウェーブのお勧め12選
テルグ語映画の21世紀　メジャーとオルターナティブ……114
テルグ・オルターナティブのお勧め12選
カンナダ語映画の21世紀　ニューウェーブを中心に……122
カンナダ・ニューウェーブのお勧め12選
マラヤーラム語映画の21世紀　ニューウェーブを中心に……130
マラヤーラム・ニューウェーブのお勧め12選
歌えや踊れや、華麗なる芸道ものの世界……138
芸道もの映画のお勧め12選
神話・バクティ映画への誘い　テルグ語映画を中心に……144
神話・バクティ映画のお勧め12選

被差別階級ダリト・トライブと南インド映画　タミル語映画を中心に……152
ガーナーをご存知か　ダリト音楽が変えたタミル語映画……156
ダリト・トライブ映画のお勧め12選
ホラー映画……162
ホラー映画のお勧め9選
村の映画……166
村の映画のお勧め9選
女性が主役の映画……170
女性が主役の映画のお勧め9選
左翼・極左の映画……174
左翼・極左の映画のお勧め3選
ポリティカル・スリラー……176
ポリティカル・スリラーのお勧め6選
ラーヤラシーマ・ファクション映画……180
ラーヤラシーマ・ファクション映画のお勧め3選
マドゥライ映画……182
マドゥライ映画のお勧め3選
カンナダ・ノワール　ベンガルールと暗黒街……184
カンナダ・ノワールのお勧め3選
マラヤーラム語文芸映画……186
マラヤーラム語文芸映画のお勧め9選
ふたつのテルグ語州　統一と分裂の歴史　山田桂子……190
テランガーナ映画……192
テランガーナ映画のお勧め6選
インド系自主上映の宇宙……196
ゲストライター紹介とお勧めについての一言……199
ロケ地観光の勧め……200
索引……207

データの表記法ほか

◎本書中の日本未紹介作品をどのようにして鑑賞するかについては、残念ながら詳説はできない。インド本国でのディスクの発売は2010年代中頃にほぼ終わり、過去のディスクを販売するショップは限られており、オークションサイトで手に入るものもそう多くはない。配信で見られる作品は入れ替わりが激しい（しかしそれは同時に、今は見ることができない作品も、ある日何らかの形で鑑賞が可能になるかもしれないことを意味する）。旧作をさかのぼって上映する配給会社も多くはないし、そもそも10年代よりも前のフィルム時代の作品を劇場で上映することはきわめて困難になっている。したがって、本書で紹介した諸作品を見るためには、読者の一人ひとりに知恵を絞っていただくしかないという状況である。いずれこのような状況が解消の方向に向かっていくことを祈るほかない。

◎個別の映画作品の紹介は、安宅直子と矢内美貴が分担して執筆した。それぞれの記事末尾に（安）（矢）と付記している。

◎個別紹介での作品名は、日本語字幕が付いたことがある作品は邦題を先に表示している。それ以外の作品は原題を表示し、その直訳を後に記した。文中で記述される作品名に付く（未）は、日本語化されていないことを示す。

◎インド映画の公開年は、検閲を通り認証された日付で決まる。認証日と劇場での封切り日の年が異なることもある。たとえばP.9の『ＲＲＲ』は2021年作品だが、興行収入の上では22年のトップ作品である。

◎インド映画の劇中歌にはタイトルがなく、歌いだしの歌詞で代用するのが一般的である。日本語字幕が付いたことがある作品の劇中歌は、基本的には字幕で示された出だし歌詞を書き出したが、一部作品では本書独自の訳をつけている。

◎人名の表記は慣例に合わせた。たとえばテルグ人の名前は「姓＋名」の順番が原則だが、「ラーナー・ダッグバーティ」のように「芸名＋姓」が広く通用しているものはそれに合わせた。また、若干の例外を除き、人名はその出身言語圏の読み方を採用した。本書中では、たとえば「ラクシュミー」と「ラクシュミ」、「メーノーン」と「メーナン」などが併存している。

◎個別作品の紹介文中での地名は、特別な理由がない限りは現代の呼称を表示する。主要な地名の変更については、P.101を参照。

◎個別作品のランタイムはおおよその目安である。日本盤ですらディスクのカバーでの表示と実際の再生時間とが異なるケースがあるが、気付いた限りにおいて両者を併記する。日本盤がない古い作品はさらに悩ましい。検閲の認証画面のランタイムが検閲通過後に変更されることがある。ディスクや配信では製作者の意図と無関係にディスク販元や配信者により恣意的にカットされている可能性もある。また公共広告のあるなしでもランタイムに若干の誤差がある。

第1部

国内盤メディアで見る南インド映画

2025年2月末日時点で日本盤ディスク（DVD、BD、UHD）の発売および発売予定が確認できた南インド映画68作品を総覧する（50音順）。日本語字幕が付いていても外国盤は扱わない。またLDやビデオテープ、非売品も除外する。『マッキー』のように、ヒンディー語バージョンであっても、オリジナルは南インド言語であることがはっきりしている作品は取り上げて紹介している。

'96
'96

タミル語／2018年／158分
監督：C・プレームクマール
音楽：ゴーヴィンド・ヴァサンタ
出演：ヴィジャイ・セードゥパティ、トリシャー、ガウリ・G・キシャン、アーディティヤ・バースカル、ワルシャー・ボッランマー、ジャナガラージ
販売：SPACEBOX（DVD／BD）

タミル・ニューウェーブ ➔P.106

旅行写真家として気ままな生活を送るラームは、ある時生まれ故郷のタンジャーヴールに立ち寄り、高校時代の仲間たちを思い出し、チェンナイで同窓会を催すことにする。やってきた大勢の同窓生の中には、かつての憧れの相手で今はシンガポールに住むジャーヌもいた。宴がはねた後、2人は思い出を語り合いながら夜の街路をそぞろ歩きして、その過程で実らなかった初恋の裏にあった真実を知る。明け方の出立時刻までの間、第三者の介在しない限られた時間の中で2人が選んだこととは何か。

カメラマンとして活動していたC・プレームクマールの監督デビュー作。アクション、コメディー、ダンスなどの要素を削ぎ落とした純粋なロマンスで、さらにカースト問題や不寛容な家族などのよくある障害を排した脚本は充分に実験的なものと言えるだろう。自由に生きるヒーローと守るべきものがあるヒロインの道行きにはフランス小説『クレーヴの奥方』のような緊張感もある。タミル語映画の「歌って踊って大暴れ」の陽気なイメージを覆す。ゴーヴィンド・ヴァサンタによる全曲がバラードの劇中歌はいずれも出色。（安）

ACTION アクション!!
Action

タミル語／2019年／157分（カバー表示は151分）
監督：スンダル・C
音楽：ヒップポップ・タミラー
出演：ヴィシャール、タマンナー、ヨーギ・バーブ、アーカンクシャー・プリー、アイシュワリヤ・ラクシュミ
販売：キュリオスコープ（DVD）

© TRIDENT ARTS

インド陸軍の将校で、なおかつタミルナードゥ州の州首相の次男であるスバーシュ大佐は、家族を巻き込んだ大規模テロ事件に遭遇する。怪しい人物を追跡するうちに、裏にいるのはインド出身の国際的テロリストのマーリクだということが判明する。そして事件は単発的なものではなく、インドと敵対するパキスタンの軍部やインド国内の政治勢力も絡んでいる可能性が見えてくる。実行犯を追ってスバーシュはまずロンドンに飛び、その後トルコのイスタンブールで同僚のディヤーと合流。彼女と共に西アジアを横断してパキスタンのラホールへと追跡を続ける。

２０００年代に入ると、インド映画にもジャンル映画化の流れが徐々に起こる。その先頭にはホラーとアクションの2つがあった。それらはドラマ全体としての巧拙の前に、ジャンルに特有の約束事をどれだけ巧みに盛り込めるかを評価する、マニアックな観客の存在をある程度まで見こんだものだった。マッチョなヴィシャールが主演する本作には、トップスター主演の王道アクション映画とは異なるマニアックさが微かに感じられる。（安）

K.G.F: CHAPTER1&2

K.G.F: Chapter 1 & 2

カンナダ語／2018/2022年／154+166分
監督：プラシャーント・ニール
音楽：ラヴィ・バスルール
出演：ヤシュ、シュリーニディ・シェッティ、サンジャイ・ダット、ラヴィーナー・タンダン
販売：ツイン（DVD／BD）

カンナダ・ニューウェーブ➔P.124
カンナダ・ノワール➔P.184

1951年にマイスール地方で極貧家庭に生まれたロッキー。1人で彼を育てた母は、彼が10歳になる頃に病いに冒され死んでゆく。母がロッキーに残したのは「どのように生きてもいいが、死ぬ時には支配者であれ。富を携えて死ね」という言葉だった。孤児となったロッキーは、ボンベイ（現ムンバイ）に流れつき、マフィアのシェッティの下で、路頭の靴磨きから始め、有力な若頭へと成長していく。さらに上を望む彼が向かったのは、ロッキーが生まれたのと同じ年にカルナータカ州内陸部で発見された金鉱KGF。そこでは武装した私兵たちの監視の下で、奴隷状態の採掘労働者が働かされていた。ロッキーはここに入り込み、次期トップのガルダを始末し、胸に秘めた野望を達成しようとする。

プラシャーント・ニール監督の大好きな、煤煙と鉄錆と曇天の美学が展開する、スタイリッシュなギャング・サーガ。力と力のぶつかり合う非情な世界の中で試される愛や友情という独自のエトスを追求するために、現実にないパラレルな世界（KGFは実在するが劇中の設定は架空）まで創造してしまうのは同監督のオブセッションか。（安）

RRR

RRR

テルグ語／2021年／179分
※劇場公開は2022年3月
監督：S・S・ラージャマウリ
音楽：M・M・キーラヴァーニ
出演：NTRジュニア、ラーム・チャラン、アーリヤー・バット、アジャイ・デーヴガン、オリヴィア・モリス、レイ・スティーヴンソン、アリソン・ドゥーディ
販売：ツイン（DVD／BD／UHD）

ダリト・トライブ➔P.152

1920年頃、英国統治下のインドの首都デリーで、ラーマとビームという2人の若者が、鉄道の火災事故をきっかけに劇的な出会いをする。ラーマは総督府の指令により捜査を行っている警察官、ビームは総督に誘拐された少女の奪還のため身分を隠して潜伏しているゴーンド族の若者。互いの真の姿を知らずに固い友情をはぐくむ2人だが、やがてそれぞれの使命が真正面から対立するものであることを知り、火花を散らす戦いが始まる。

2017年の非公式な製作発表での、名門映画ファミリーの2人の御曹司を対等の主演格で共演させるというニュースは驚きだった。テルグ語映画界のトップスターたちはそれぞれの看板を背負うことが本分で、カメオ出演以外で他家の作品に顔を出すことを近年行ってこなかったからだ。舞台裏だけではなく作中でも、火と水、アーンドラとテランガーナ、友情と使命、上位カーストと部族民、弓のラーマと怪力のビーマという二項対立を幾つも配置し、激烈なアクションとダンスを高原状態に保ちながら3時間を突っ走る作劇は、ラージャマウリならではのエクストラヴァガンザ。（安）

SAAHO/サーホー
Saaho

テルグ語／2019年／169分
監督：スジート
音楽：シャンカル・エヘサーン・ローイほか
出演：プラバース、シュラッダー・カプール、ニール・ニティン・ムケーシュ、ジャッキー・シュロフ、チャンキー・パーンデー、マンディラー・ベーディー
販売：ツイン（DVD／BD）

中東の架空の国ワージーは、巨大な富の集積地で、その富に惹かれ世界中からやってきたギャングたちのハブでもある。その裏社会の頂点に君臨するのがインド人のロイだった。初老に達した彼は、帰郷したムンバイで何者かに狙われ命を落とす。その後まもなく、ムンバイでは3人の男が射殺される事件が発生し、捜査にあたる警察官アムリタは現場でアショークという覆面捜査官と引き合わされる。アムリタは、同じ頃にムンバイで起きた大がかりな現金・貴金属強奪事件でも彼と共に特別捜査班に編入され、不意打ちとどんでん返しの連続の追跡劇が始まる。

２０１７年4月公開の『バーフバリ 王の凱旋』（P.30）により全国的な注目を一身に集めることになったプラバースが主演。同年8月に撮影が開始され、翌年の公開が期待されたが、公開日は何度も延期され、ファンをやきもきさせた。その延期は「バーフバリのプラバース」にふさわしいスケール感を出すため当初の予定になかったアクションシーンが追加されたためと噂された。さもありなんと思わせる蕩尽の絵面が見どころ。（安）

SALAAR/サラール
Salaar: Part 1-Ceasefire

テルグ語／2023年／174分
監督：プラシャーント・ニール
音楽：ラヴィ・バスルール
出演：プラバース、プリトヴィラージ・スクマーラン、シュルティ・ハーサン、ジャガパティ・バーブ、イーシュワリ・ラーオ、シュリヤー・レッディ
販売：ツイン（DVD／BD）

アッサム州の炭鉱町でメカニックとして働くデーヴァは、気が優しく無口な大男で、厳格な母親との2人暮らし。母は彼に、いかに些細なものであれ暴力をふるうことを禁じている。そんな彼の日常から遠く離れたウッタル・プラデーシュ州ヴァーラーナシーで誘拐事件が起きる。オーストラリアに住む裕福なNRI（在外インド人）企業家の娘アディヤがインドに着いた途端、正体不明の男たちにさらわれたのだ。その彼女をビラールという男が救い出してデーヴァの元に送る。しかしそこにも追っ手が迫り、彼女が絶体絶命のピンチに陥った時、物静かなデーヴァの封印されていた力が解き放たれる。デーヴァの豹変に混乱するアディヤに、ビラールは彼の過去について語り出す。それは千年も昔から続く無法者たちの秘められた王国、陰謀渦巻くカンサールの歴史と、そこに育ったデーヴァとヴァラダという男との友情の物語だった。

『K.G.F』シリーズ（P.9）で全国区のトップ監督となったプラシャーント・ニールが、自らのデビュー作『Ugramm』（P.73）を巨大スケールで発展的にリメイクした大作の第1部。（安）

あっぱたん
Vaanathai Pola

タミル語／2000年／166分
監督：ヴィクラマン
音楽：S・A・ラージクマール
出演：ヴィジャヤカーント、プラブデーヴァー、ミーナ、リヴィングストン
販売：ポンガル（DVD）

村の映画➔P.166

祖母と3人の弟と暮らすヴェライサーミは貧しい田舎暮らしの中で幼い弟たちを大切に育て、その思いは彼らを疎外しようとする恋人との婚約を破棄するほど強いものだった。やがて弟たちは成長し、一番上の弟ムットゥは料理人、次の弟シャンムガムは警察官、末の弟セルヴァクマールは医学生となるが、ヴェライサーミは変わらず自身の幸せを二の次にして弟たちを支えていた。ある日、かつて故郷を去った旧友のスンダラムが街に戻ると知ったヴェライサーミは、彼の娘ガウリに今も思いを寄せるムットゥのため結婚の相談を兼ねて挨拶に出向くが、思いがけず冷たくあしらわれる。

主人公の弟たちの結婚をめぐる紆余曲折と彼らの深い絆を描きつつ、理想的な兄弟像・家族像が示される、穏やかで上品なホームドラマ。劇中歌「我が家は毎日がお祭り［Engal Veetil］」は、後に「田舎風の大家族センチメント」の象徴として数々の映画で引用された。味わい深い演技を見せたヴィジャヤカーントが主人公と一番上の弟の2役を演じたスタイルは、カンナダ語（P.45）・テルグ語でのリメイク版にも踏襲されている。（矢）

あなたがいてこそ
Maryada Ramanna

テルグ語／2010年／130分
監督：S・S・ラージャマウリ
音楽：M・M・キーラヴァーニ
出演：スニール、サローニ、ブラフマージー、ナーギニードゥ、スプリート、プラバーカル
販売：マクザム（DVD）

ラーヤラシーマ➔P.180

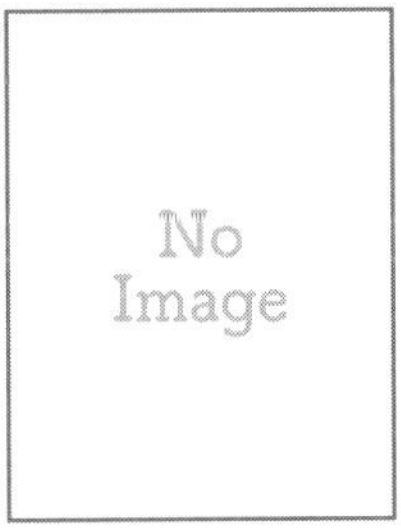

ハイダラーバードで小口の輸送業者として働くラームは、亡父の資産整理のために故郷のラーヤラシーマ地方に赴き、列車の中で知り合い好意を抱いた女性アパルナの家に成り行きから転がり込むが、そこは彼を親族の仇の子として殺そうとする男たちの住処であることが分かる。その大邸宅の威厳ある家長ラーミニードゥは、復讐を片時も忘れていないが、客人としてもてなすために招き入れた者を自分の神聖な屋敷の中で殺すわけにはいかない、ラームが敷居を跨いで屋敷の外に出る瞬間まで待てと、はやり立つ息子たちを制する。それを漏れ聞いたラームは、何とかして邸内に留まろうとあがき、敷居をめぐる攻防が始まる。

ラージャマウリ監督が2009年『マガディーラ 勇者転生』（P.37）の後に「次の大作の前に充電のつもりで撮った」小品で、ハリウッド無声映画『荒武者キートン』（1923）から着想を得たコメディー。「ラーヤラシーマもの」のパロディーでありながら、ハラハラさせ、ホロリとさせる佳品。こまやかな演出に助けられ、主演のスニールは一時的に主演格俳優となった。（安）

あなた様のお傍に
Unnidathil Ennai Koduthen

タミル語／1998年／164分
監督：ヴィクラマン
音楽：S・A・ラージクマール
出演：カールティク、ロージャー、ラメーシュ・カンナー、アジット・クマール
販売：ポンガル（DVD）

セルヴァンとバースカル、2人組の泥棒は、追手から逃れてある邸宅へ逃げ込んだところを留守番のメイドと子供たちに見つかり、退屈していた彼らに軟禁される。仕方なく子供たちの遊び相手や料理をする中で、セルヴァンとメイドのラーダーとの間に微かな心の交流が生まれる。ラーダーから改心するよう諭されたセルヴァンはまっとうな生活を送り始めるが、ある時ラーダーが実は邸宅の主人の隠し子であり、複雑な家庭事情のために辛い思いをしていると知る。ほどなくラーダーは義母に家を追われ、同情したセルヴァンが彼女の生活を支えるうちに思わぬ転機が訪れる。

1990年代から2000年代初頭にかけて数々の名作を生んだ、ヴィクラマン監督の上質なロマンス作品。暴力描写もどぎついお笑いもなく、人生の様々な教訓を含みながら穏やかに描かれる物語は、家族で安心して楽しめるものとして大衆の心を摑み、スーパーヒットとなった。自立したヒロインが自らの意志で人生の重要な選択を行う、目の覚めるようなラストも秀逸。テルグ語、カンナダ語、ベンガル語、オリヤー語でもリメイクされた。（矢）

アラヴィンダとヴィーラ
Aravinda Sametha Veera Raghava

テルグ語／2018年／155分
監督：トリヴィクラム・シュリーニヴァース
音楽：タマン・S
出演：NTRジュニア、プージャー・ヘグデ、ジャガパティ・バーブ
販売：ツイン（BD）

ラーヤラシーマ➔P.180

ラーヤラシーマのファクショニストの家の若旦那ヴィーラ・ラーガヴァが、外国から帰還し故郷に足を踏み入れた途端に、数十年間対立し続けてきた敵対ファクションからの凄絶な攻撃を受けて肉親を失う。突然襲いかかった不条理な暴力・親族の死へのやりきれない思いと敵への怒りに煩悶しながらも、彼は祖母や恋人など女性たちの話に真摯に耳を傾け、指針を得る。そして硬軟織り交ぜた方法で暴力の連鎖を断ち切ろうと試みる。

日本に紹介されたラーヤラシーマ・ファクション映画は、このサブジャンルの最初のヒットである1997年作品『愛と憎しみのデカン高原』（P.181）が最初で、次いでパロディー作品『あなたがいてこそ』（P.11）が評判となり、そして最もシリアスな本作が登場した。テルグ語の娯楽映画の世界では新感覚派と言っていいだろうトリヴィクラム・シュリーニヴァース監督は、テーマを深化させただけでなく、凄絶なバイオレンスの賛美や、主演俳優のマスキュリニティーを際立たせる仕掛けなどの作劇技法そのものを批判しているようにも見える。（安）

アルナーチャラム 踊るスーパースター

Arunachalam

タミル語／1997年／169分（カバー表示は166分）
監督：スンダル・C
音楽：デーヴァ
出演：ラジニカーント、サウンダリヤー、ランバー、センディル、ラグヴァラン
販売：ブロードウェイ（DVD）

田舎の名家の長男アルナーチャラムは、村中から慕われていた。身内の揉め事の仲裁をしている時に、彼は自身の出生の秘密を知り、ショックを受けながらも礼を尽くして家を去る。1人でチェンナイに移り住んだ彼は慎ましく暮らそうとするが、偶然から自分の本当の父が大富豪であったことを知る。彼が300億ルピーの財産を相続するためには、生前の父が指定した試練を潜り抜けなければならない。その試練とは、30日の間に第三者に贈与したりすることなく3億ルピーの大金を使い切ることだった。

前半はのどかな田舎を舞台にしたラブコメ、後半に入ると庶民にとっては夢のような「巨額資金使い切りチャレンジ」となり、飽きさせない。浪費のための浪費に主人公が採る方法には大いなる風刺と、人間の強欲に対しての深い省察があり、ラジニ哲学が垣間見える。『ムトゥ 踊るマハラジャ』（P.40）ではマラヤーラム語とのディスコミュニケーションで笑わせるシーンがあったが、本作ではタミル人にとって分かったり分からなかったりするカンナダ語でのやりとりを含んだ「マータードゥ」という歌がある。（安）

インドの仕置人

Hindustani

ヒンディー語／1996年／177分
監督：シャンカル
音楽：A・R・ラフマーン
出演：カマル・ハーサン、マニーシャー・コーイラーラー、ウルミラー・マートーンドカル、スカニヤー
販売：アップリンク（DVD）

チェンナイで起きた連続殺人。被害者は皆、何らかの方法で全身不随にされた上で刺殺されていた。捜査線上に浮かんだのはセーナーパティという70代の男。植民地時代にチャンドラ・ボース率いる独立運動に加わった闘士で、ヴァルマカライという伝統武術を習得し、指先で相手の秘孔を突いて肢体の自由を奪うことができた。一方、その息子のチャンドルは父とは疎遠で、交通局に勤務し、免許の交付などで賄賂を受け取り懐を肥やしていた。セーナーパティは現代インドのモラル喪失が許せない男で、世直しのため殺人を繰り返していることが分かってくる。やがて彼の矛先は息子チャンドルにも向かっていく。

オリジナルのタミル語版の題名は『Indian』で、こちらは185分のランタイム。1993年に『Gentleman（紳士）』（未）でデビューしたシャンカル監督の第3作目で、この時期の同監督らしい、エグ味の強いストーリーに込められた激烈な社会批判が印象的。28年の時を経て2024年に続編『Indian 2』（未）が公開され、「正義か肉親の情か」というテーマが受け継がれた。（安）

インパクト・クラッシュ
The Ghazi Attack

ヒンディー語／2017年／120分
※ヒンディー語とテルグ語『Ghazi』の2言語同時公開
監督：サンカルプ・レッディ
音楽：クリシュナ・クマール（K）
出演：ラーナー・ダッグバーティ、ケイ・ケイ・メーナン、アトゥル・クルカルニー、タープシー・パンヌ
販売：アメイジング D.C.（DVD）

「インド初の潜水艦戦争映画」というふれこみの異色作。時代背景は1971年12月に勃発した第3次印パ戦争の直前。当時のパキスタンは、インドを挟んで1000km以上離れた東西の領域に国土が分かれており、東パキスタン（現在のバングラデシュ）に独立運動が起きていた。西パキスタンにある首都イスラマバードの中央政府はそれを弾圧し、印パ間の緊張も高まっていた。東の独立派を鎮圧するにあたり、パキスタン軍の中枢は、東に派遣する兵員の補給ルートを確保するため、インド海軍の空母やベンガル湾沿いのインドの港湾の破壊を画策する。この作戦の暗号無線を傍受したのが、インド東部海軍司令部で、提督は潜水艦S21に偵察を命じる。極秘任務として出港したS21は、ベンガル湾のただ中の深海で、性能の点で勝っているパキスタンの潜水艦ガージーと遭遇する。性格に問題のある艦長の目付け役としてS21に乗り込んだアルジュン・ヴァルマ少佐の目を通しての、軍事史上の謎と言われるガージー沈没の経緯。歴史的事件の裏の人間ドラマを自由な創作によって再構成したフィクション。（安）

ヴィーラ 踊る ONE MORE NIGHT!
Veera

タミル語／1994年／162分
監督：スレーシュ・クリシュナ
音楽：イライヤラージャー
出演：ラジニカーント、ミーナー、ロージャー、ジャナガラージ、センディル
販売：バンダイビジュアル（DVD）

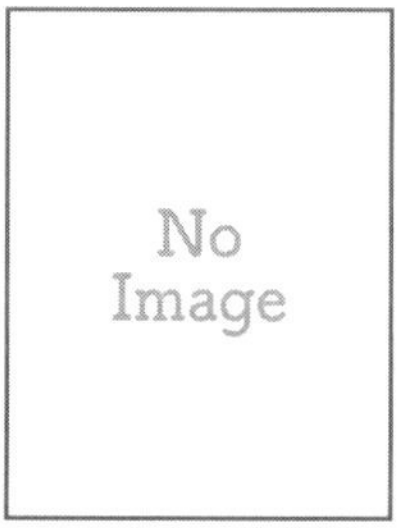

モーハン・バーブ主演のテルグ語作品『Allari Mogudu（いけない婿殿）』（1992、未）のリメイク。タミルナードゥ州中部カーヴェーリ川デルタ地帯の農村に住む主人公が、色恋目当てで古典声楽家の下に入門し師匠の娘にアプローチするが、彼女からたしなめられ、真面目に音楽に精進する。そうしているうちに娘も心を許し、相思相愛となる。男はチェンナイに因縁の借金を返済するために出かけていくが、そこでの紆余曲折から音楽会社の社長の令嬢からも慕われることになり、2人の美女の間で右往左往する。今日の目から見るとレトロに映るコメディー。

主人公の性格は定まらないがクリシュナの神話をうっすらとベースに敷いている。回想の初めの方では浴女の衣を盗むなどクリシュナの青年時代が再現され、第1ヒロインとの出会いによって、より大人になったエロチックで犯罪的なクリシュナとなる。マドラスのシーンではおどおどした田舎者から人気絶頂のポップ歌手となり、悪王を退治し、運命のいたずらによって2人の女性と結婚してしまう、壮年期の神となる。（安）

ウスタード・ホテル
Ustad Hotel

マラヤーラム語／2012年／150分
監督：アンワル・ラシード
音楽：ゴーピ・スンダル
出演：ドゥルカル・サルマーン、ニティヤ・メーノーン、ティラカン、シッディク、マームッコーヤ
販売：SPACEBOX（DVD）※ハピネット盤もあり

マラヤーラム・ニューウェーブ →P.132

ケーララ州コーリコード出身の青年ファイジは中東ドバイで育ったが、後継ぎとなることを望む企業家の父の意図に反して、ヨーロッパでシェフになるための修業をこっそりしていた。インドに一時帰国しての見合いの席で、不用意にそのことを漏らしたために、父から勘当されパスポートも取り上げられる。やむなく彼は、コーリコードの浜辺で庶民的な食堂を営む祖父カリームのもとに身を寄せる。食堂の手伝いとして働き、様々な人との出会いを通して、ファイジは料理することの真の意味を学んでいく。

マラヤーラム語ニューウェーブ映画の初期の代表作のひとつ。アンワル・ラシード監督よりも、脚本を担当した気鋭の映像作家アンジャリ・メーノーンの名によって大いに注目された。マラヤーラム語映画では珍しくないムスリム・ソーシャルのジャンルで、トルコの旋回舞踊や北インドの聖者廟などエキゾチックな要素を取り込みながらも軽薄ではない。ケーララのムスリム歌謡を巧みにアレンジした劇中歌「叔母さんがアッパム焼いた」もヒットし、音楽監督ゴーピ・スンダルの出世作ともなった。（安）

お気楽探偵アトレヤ
Agent Sai Srinivasa Athreya

テルグ語／2019年／146分
監督：スワループ・R・S・J
音楽：マーク・K・ロビン
出演：ナヴィーン・ポリシェッティ、シュルティ・シャルマー、スハース
販売：SPACEBOX（DVD／BD）

テルグ・オルターナティブ →P.117

小都市ネッルールで探偵業を始めた若いアトレヤは、助手として採用した利発で呑気なスネーハと共に、探偵としての名声を得られるような〝大きなヤマ〟を求めて街を流すが、おいしい話はころがっていない。彼はある時、調査中に拘束され、留置場で1晩を過ごす。その際に同じ牢にいた男から聞かされたレイプ殺人事件に興味を惹かれ、同情心もあり独自に調査を開始する。しかしその過程で、線路脇で身元不明死体が多数見つかるという別の怪事件に絡めとられていき、彼自身が容疑者となってしまう。

スケールの大きなアクション映画で知られるテルグ語映画界だが、時おりこうした洒脱な小品が現れる。軽妙でソフィスティケートされた雰囲気は、脚本にも参加した主演のナヴィーン・ポリシェッティによるところが大きい。古今東西の名作映画が引用されるのも楽しい。実話からインスピレーションを得たとされるミステリーとしての謎とき部分では、インドにおける宗教の闇が明らかになる。根強い迷信を非難しながらも、ヒンドゥー教徒が終末儀礼を重んじる気持ちは否定しないところにバランス感覚がある。（安）

俺だって極道さ
Naanum Rowdy Dhaan

タミル語／2015年／139分
監督：ヴィグネーシュ・シヴァン
音楽：アニルド・ラヴィチャンダル
出演：ヴィジャイ・セードゥパティ、ナヤンターラ、パールティバン、ラーディカー・サラトクマール、R・J・バーラージ
販売：SPACEBOX（DVD）

タミル・ニューウェーブ➔P.106

ポンディシェリに住むパーンディは警官の母親を持ちながらも幼い頃から極道に憧れ、友人のドーシと「極道ごっこ」に勤しみ小遣いを稼いでいたが、ある夜、聴覚障碍のある美しい娘カーダンバリに出会い一目惚れする。警官であった父親を大物極道のキッリに殺された彼女は父親の仇討ちを目論んでおり、パーンディに「キスしたければ奴を殺すのを手伝って」と協力を求める。奮起したパーンディはキッリを倒すべく、旧知の極道の協力も得ながら仲間たちと計画を練るが、その頃キッリは政界進出の機会を窺い、同じく政界入りを狙う極道マンスールと対立していた。それぞれの思惑が入り乱れ、てんやわんやの三つ巴の争いが勃発する。

ヴィグネーシュ・シヴァン監督による異色のロマンチック・コメディー。旧フランス領ポンディシェリのカラフルでお洒落な街並みを舞台に「父親を殺されたヒロインの仇討ち」という重い物語があくまでコミカルに軽やかに展開する、その斬新さが話題を呼んだ。アニルドが手がけたポップで洗練された劇中歌の数々も、作品に独特の洒落た空気感をもたらしている。（矢）

カッティ 刃物と水道管
Kaththi

タミル語／2014年／163分
監督：A・R・ムルガダース
音楽：アニルド・ラヴィチャンダル
出演：ヴィジャイ、サマンタ、ニール・ニティン・ムケーシュ、サティーシュ、トータ・ラエ・チャウドゥリ
販売：SPACEBOX（BD）

コルカタの刑務所から脱獄したタミル人の泥棒〝カッティ〟（刃物）ことカディル。彼には建物や都市の平面図からその立体的な構造を透視できる特殊能力があり、脱獄にもこの特技を使った。彼はひとまずチェンナイに逃げ、そこからバンコクへの高跳びをはかるが、空港で出会った女性アンキタに一目惚れして出国を止める。その夜、街路を歩いていた彼の目の前で突然銃撃事件が起きる。カディルが撃たれた男のもとに駆け寄ると、その負傷者は彼と瓜二つだった。彼は悪知恵を働かせ、そのジーヴァという男を自分の身代わりにして追っ手に捕まえさせる。自由になったカディルだが、ジーヴァが取り組んでいた地方の農民が直面する問題を知ると、その心に変化が起き、ジーヴァの活動を引き継ぎ、農民たちの先頭に立って多国籍企業のトップと対決する。

『Thupakki』（P.68）に続くヴィジャイとムルガダース監督のコラボ。興味深いのは、農村の老人たちが抗議の自殺を行う際に、自らを斬首するナヴァカンダムをとったこと。古代タミルを舞台にした『Yaathisai』（P.113）でも同じ風習が描かれる。（安）

カマラージ
Kamaraj

タミル語／2004年／114分
監督：A・バーラクリシュナン
音楽：イライヤラージャー
出演：リチャード・マドゥラム、J・マヘーンドラン、サンパトラージ・スマント、アーナンディ
販売：ポンガル（DVD）

〝黒いガーンディー〟と呼ばれたカーマラージ・クマラサーミ（1903－75）の生涯を描き、編年体で紙芝居のように各時代の出来事が展開する。英領マドラス管区南部のヴィルドゥナガルに生まれたカーマラージは、高い教育は受けなかったものの、青年期から熱心なガーンディー主義者・対英独立闘争運動家だった。独立後、ドラヴィダ運動に押されて伸び悩むタミル会議派の中で、バラモン出身でないことから推挙されて1954～63年の間州首相を務め、特に教育の普及に尽力した。州首相の地位から勇退した後は、中央で会議派総裁となり、キングメーカーとして力を振るった。しかしインディラー・ガーンディーの非常事態令下で状況を嘆きながら眠るように息を引き取った。

　1967年以降、タミルナードゥ州では国民会議派は政権から遠ざかってしまったため、会議派政権時代の出来事は軽視される傾向がある。そうした意味で貴重な一作と言える。ドラヴィダ進歩連盟とは異なり、カーマラージは映画に対して比較的冷淡だったことが暗示されるエピソードもあり、興味深い。（安）

神さまがくれた娘
Deiva Thirumagal

タミル語／2011年／149分
監督：A・L・ヴィジャイ
音楽：G・V・プラカーシュクマール
出演：ヴィクラム、ベイビー・サーラー（サーラー・アルジュン）、アヌシュカ・シェッティ、アマラ・ポール、サンダーナム、ナーサル
販売：マクザム（DVD）

本国上映に際しての街頭ポスター

新人弁護士のアヌラーダーは人探しをする様子の男性に出会い、顧客獲得を期待して話を聞くが、意思疎通ができず困惑する。その男性クリシュナは知的障碍者で6歳程度の知能しか持たないが、心優しく真面目な青年で、妻との間に娘を授かっていた。妻が出産直後に亡くなり、彼は村人や勤め先のチョコレート工場の仲間たちに助けられながら、ニラーと名付けた娘を大切に育ててきた。ところが、5歳になった愛らしく利発なニラーを妻の妹シュウェータと父親が連れ去ったのだった。チョコレート工場のオーナーから事情を聞いたアヌラーダーは嘆き悲しむクリシュナに同情し、親子が再び共に暮らせるよう裁判を起こすことを決意する。

　知的障碍のある父と幼い娘との間に育まれた深い愛と絆が周囲の人々の心を動かしていく物語は、難しい役柄に挑んだヴィクラムと子役ベイビー・サーラーの卓越した演技の力もあり多くの人の涙を誘った。『アイ・アム・サム』（2001）との類似が指摘されたが、ヴィジャイ監督は従兄弟の実話であると語っている。日本では、来日した監督とヴィクラムの舞台挨拶も話題となった。（矢）

キケンな誘拐
Soodhu Kavvum

タミル語／2013年／133分
監督：ナラン・クマラサーミ
音楽：サントーシュ・ナーラーヤナン
出演：ヴィジャイ・セードゥパティ、アショーク・セルヴァン、ラメーシュ・ティラク、ボビー・シンハー、カルナーカラン、サンチター・シェッティ
販売：SPACEBOX（DVD）※ハピネット盤もあり

タミル・ニューウェーブ ➔P.106

職がなく途方に暮れていたケーサヴァン、セーカル、パガラヴァンの3人は、ある日謎めいた男ダースから小銭稼ぎの誘拐稼業に誘われ仲間になる。そんな彼らのもとに、大臣への恨みをはらすため彼の息子アルマイを誘拐してほしいという男が現れ、多額の身代金獲得のチャンスに賭けて4人は話に乗る。一方、アルマイは自身の狂言誘拐で父親から大金をせしめようと企んでおり、自分を誘拐した4人を相手に、逆に自分の計画に乗るよう誘う。それぞれの思惑が交錯する中で、事態は混乱を極めてゆく。

多数の映画監督を輩出したリアリティー番組「明日の監督（Naalaiya Iyakkunar）」の初代優勝者、ナラン・クマラサーミの長編デビュー作となったクライム・コメディー。シュールな設定や予想もつかぬ方向へと転がっていくストーリー、そして政治風刺とも取れる皮肉たっぷりのオチに至るまで、その内容は公開当時には非常に斬新であり、同番組出身のK・スッバラージ監督のデビュー作『ピザ 死霊館へのデリバリー』（P.33）同様、ヴィジャイ・セードゥパティら新進俳優を起用した低予算作品ながら異例の大ヒットとなった。（矢）

希石
Arputham

タミル語／2002年／159分
監督：アルプダン
音楽：シヴァ
出演：ラーガヴァー・ローレンス、クナール、アヌ・プラバーカル、リヴィングストン
販売：ポンガル（DVD）

お気楽な青年アショークは、彼に期待し援助してくれる父親を金づる扱いして悪友らと遊び呆け、街で出会った青年アラヴィンドとは警察沙汰のトラブルを起こす始末。そんな中、彼は美しく正義感の強いプリヤーを好きになり、プロポーズするが断られてしまう。諦めきれないアショークが自殺を仄めかしたため、彼の死を恐れたプリヤーは「あなたが自己実現を果たせば結婚する」と約束してしまうが、実は彼女には結婚を誓った長年の恋人がいた。そうと知らぬアショークは人が変わったかのように誠実に働き始め、犬猿の仲だったアラヴィンドとも親友になる。そんなアショークに、プリヤーは真実を言い出しかねていた。

登場人物たちの純粋な愛と、圧倒的な善性とが思いがけぬ事態を生むロマンス。やんちゃな主人公の成長と学びを丁寧に描くストーリーには、恋愛において利己的で極端な行動に出る若者らを啓発する試みも見て取れる。名振付師にして後に監督・俳優としても成功するローレンスが役者としてタミル語映画界に名乗りを上げた初主演作で、ヒットには至らなかったが知る人ぞ知る佳作。（矢）

グレート・インディアン・キッチン
The Great Indian Kitchen

マラヤーラム語／2021年／100分
監督：ジヨー・ベービ
音楽：スラージ・S・クルップ、マチュース・プリッカン
出演：ニミシャ・サジャヤン、スラージ・ヴェニャーラムード
販売：ハピネット・メディアマーケティング（DVD）

女性→P.170

© Cinema Cooks, © Mankind Cinemas, © Symmetry Cinemas

ケーララ州コーリコードの町で、高位カーストの男女が見合い結婚する。中東育ちでモダンな生活様式に馴染んだ妻は、由緒ある古風な邸宅で温和な姑と共に主婦として働き始めるが、舅と夫が支配する家庭の凄まじいミソジニーに直面して徐々に追い詰められていく。彼女のフラストレーションが最高潮に達したのは、女人禁制で有名なシャバリマラ・アイヤッパン寺院への巡礼に向け、夫が潔斎生活に入った時だった。

台所に縛り付けられた生活、夫の身勝手なセックス、生理期間中の汚れもの扱い、自分の意見を持つことへの不寛容、こうした抑圧を克明に描いた本作は、マイナーな配信サイトで発表され、女性たちの圧倒的共感を得て、英語字幕を伴いインド全体で広く見られる異例のヒットとなった。同時に、瀆神《とくしん》的だとしてヒンドゥー教右派からの激しい非難も浴びた。その理由は一見分かりにくいかもしれないが、シャバリマラ・アイヤッパン寺院の巡礼者は期間中は神そのものとして扱われるという慣行を考え合わせると、ヒロインの取った行動の過激さが理解できるだろう。（安）

咲いて咲いて野花たち
Vanna Vanna Pookkal

タミル語／1992年／126分
監督：バール・マヘーンドラー
音楽：イライヤラージャー
出演：プラシャーント、ヴィノーディニ、マウニカー
販売：ポンガル（DVD）

自然を愛する若者シヴァは、彼との結婚を夢見る隣家の娘シェンバガムには少しも関心を示さず、自転車で森に出かけては自然と戯れていた。ある日シヴァがいつものように森に出かけたところ、見知らぬ少女と出会う。その少女マノーランジタムは家族から望まぬ相手との結婚を強制され、受け入れられずに家出をしたのだという。彼女が自殺願望を口にしたため、心配したシヴァは食料品や衣服を用意して森に戻る。美しい自然の中で楽しい時間を過ごすうちにやがて2人は愛し合うようになるが、いつまでも森にいるわけにはいかず、シヴァは彼女を自分の部屋に匿うことを考え、親友のアラギリに事情を打ち明ける。

南インド映画界を代表する映画監督・撮影監督であった巨匠マヘーンドラーが、雄大な自然や何気ない日常生活の風景を随所に織り交ぜながら若者の初恋を綴った。思春期の若者の、みずみずしさの中にもかすかに艶めかしさがにじむ恋愛感情の描写に監督独自の「ロマンチック・リアリズム」が冴える。ブレイク以前・弱冠18歳のプラシャーントの演技が初々しい、国家映画賞受賞作。（矢）

ザ・テロリスト 少女戦士マッリ

The Terrorist

タミル語／1998年／96分（カバー表示は99分）
監督：サントーシュ・シヴァン
音楽：ラージャーマニ、ソーヌ・シシュパール
出演：アーイシャー・ダールカル、ヴィシュヌ・ヴァルダン、バーヌ・プラカーシュ
販売：キングレコード（DVD）

女性→P.170

No Image

19歳のマッリは武装反政府勢力の有能な隊員。やはり隊員だった彼女の兄は拷問を避け服毒自殺していた。今や彼女は敵や裏切り者を顔色も変えず殺すことができる。その生活は大義のためだけに捧げられ、ほかに心を騒がせるものは何もない。とある要人を遊説先で暗殺する作戦が発動し、彼女は自爆テロ要員として自ら名乗りを上げる。しかし身分を偽り潜伏している最中に、彼女は自分が妊娠していることを知り、初めて人間的な葛藤を味わう。

1991年にタミルナードゥ州のティルッペランプドゥールで起きたラージーヴ・ガーンディー前首相の暗殺事件。実行犯の22歳のカライヴァーニ・ラージャラトナムはスリランカのジャフナ出身のタミル人で、LTTE（タミル・イーラム解放のトラ）の一員だったとされる。本作はこの人物をモデルとした芸術映画で、完全なフィクション。深刻なテーマを扱うが非現実的な設定が飲み込めない箇所もある。インド国内外の映画祭で上映されて好評を博した。日本での劇場公開時の邦題は『マッリの種』。なお、同じ監督による1998年の『Malli』（未）は無関係な児童映画。（安）

ジーンズ 世界は2人のために

Jeans

タミル語／1998年／175分
監督：シャンカル
音楽：A・R・ラフマーン
出演：プラシャーント、アイシュワリヤー・ラーイ、ラクシュミ、ラーディカー、ナーサル、センディル、ラージュ・スンダラム
販売：ポニーキャニオン（DVD）

No Image

ロサンゼルス在住の成功したNRI（在外インド人）のナーッチヤッパンには双子の息子ヴィスとラームがいた。ある時2人は、祖母と弟を伴いタミルナードゥからやって来たマドゥミターことマドゥが空港の入管で足止めされているのを見て彼女を助ける。その後も3人の米国滞在の面倒を見つづけたヴィスはマドゥと相思相愛になる。しかしナーッチヤッパンは2人の結婚に反対し、双子の息子はやはり双子の姉妹とそれぞれ結婚すべきだと言い張る。2人を応援したいマドゥの祖母は、実はマドゥには双子の姉妹ヴァイシュナヴィがいてインドで暮らしているのだと嘘をつく。

「ミス・ワールド1994」の栄冠を引っさげてデビューしたアイシュワリヤー・ラーイの第3作目。おとぎばなしのように現実感のない夢物語が驚異のビジュアルのページェントと化した175分。劇中に登場する3組の双子を見せるために駆使されるCG、そしてハイライトの劇中歌「あなたの花の奥に」撮影のため世界6ヶ国の名所旧跡でのロケを行った、シャンカル監督らしい大盤振る舞いの贅沢さが、当時の話題となった。（安）

ジッラ 修羅のシマ
Jilla

タミル語／2014年／176分
監督：R・T・ネーサン
音楽：D・イマーン
出演：モーハンラール、ヴィジャイ、カージャル・アガルワール、スーリ
販売：SPACEBOX（DVD／BD）

マドゥライ→P.182

父親を警官に殺され孤児となったシャクティは、マドゥライの街を牛耳るドンのシヴァンに育てられ、彼の右腕となって組織を支えていた。ある日、新任の警視総監から侮辱を受けたシヴァンは復讐を誓い、警察を内部から撹乱するためシャクティに警官になるよう命じる。警官嫌いのシャクティは戸惑いながらも彼の命に従うが、その後、地上げを目論むシヴァンが仕掛けた策謀が原因で、マドゥライの街が火の海と化してしまう。火災による市民の悲劇に直面したシャクティはシヴァンのヤクザ稼業に疑問を抱き、実の親子同然だった2人の間に軋轢が生じる。

マドゥライ映画の製作を熱望していたと語るネーサン監督が、その荒ぶるギャングの街のイメージを存分に活かしながら娯楽映画のあらゆる要素を盛り込んだ、豪華なアクションドラマ。本作で初共演したヴィジャイとモーハンラールの相性の良さに目を見張る。ヴィジャイとカージャルが来日し京都および淡路島で撮影されたソング「美しいサリー」は、マドゥライのヴァイハイ川を挟んで南北に位置する寺院の男神と女神とを謳い込んだ歌詞も秀逸。（矢）

ジャッリカットゥ 牛の怒り
Jallikattu

マラヤーラム語／2019年／91分（カバー表示は98分）
監督：リジョー・ジョーズ・ペッリシェーリ
音楽：プラシャーント・ピッライ
出演：アントニ・ヴァルギーズ、チェンバン・ヴィノード・ジョーズ、サーブモーン・アブドゥサマド、シャーンティ・バーラクリシュナン
販売：マクザム（DVD／BD）

ケーララ州の山深い村でヴァルキが営む精肉店は、牛肉を買い求める客で繁盛していた。とある日曜の明け方、ヴァルキがいつものように助手のアントニと水牛を屠《ほふ》ろうとした時、水牛が縄を振り切り逃げ出してしまう。村が大騒ぎとなる中、水牛は農園を踏み荒らし、村の建物を破壊する。人々は暴れる水牛の捕縛を試みるも取り逃がし、警察は法律を盾に動かず、事態打開のためハンターのクッタッチャンが村に呼ばれる。彼との間に因縁があるアントニは彼に手柄を立てさせまいと奮闘するが、水牛を追う村人たちの狂奔は次第にカオスの様相を帯びてゆく。

秩序ある生活を営む人間の外面が「牛追い」を通じてもろくも剝がれ落ち、熱狂と興奮の中で内なる獣性をさらけ出し原始の姿へと帰る様を描いた異色のドラマ。人間の隠された内面をあぶり出し、結末とその先の解釈を観客に委ねるスタイルは監督の前作にも共通するが、その『イエス様 マリア様 ヨセノ様』（2018）でアート映画に転じる以前のリジョー監督は、『Amen』（P.135）のような鮮やかなニューウェーブ娯楽作品の担い手であった。（矢）

ジャナタ・ガレージ
Janatha Garage

テルグ語／2016年／158分
監督：コラターラ・シヴァ
音楽：デーヴィ・シュリー・プラサード
出演：NTRジュニア、モーハンラール、サマンタ、ニティヤ・メーノーン、ウンニ・ムクンダン、ラフマーン
販売：ツイン（BD）

ムンバイ育ちのテルグ人の若者アーナンドは環境問題の専門家。調査の一環でハイダラーバードにやって来て、「ジャナタ・ガレージ（民衆修理工場）」オーナーのサティヤムと知り合う。サティヤムは1980年代にこの地で修理工場を始めた人物で、地域の人々が窮状に陥ると惜しみなく手を差し伸べ続けてきた篤志家。一介の町工場の主でありながら、政治家や官僚からも一目置かれている。意識高く腕っぷしも強いアーナンドを見込んだサティヤムは、彼をガレージの一味に加え、鉱物資源マフィアともつながりを持つ悪徳実業家との戦いに臨む。

ガレージとは単なる車庫ではなく、自動車修理工場を指し、油と汗にまみれて働くメカニックは、インド映画世界では、ある種いなせなイメージをもって描かれることが多い。また、日本での曖昧な「環境保護＝反体制」というイメージとは異なり、インドでは2014年以降モーディー政権の大規模な官製運動「クリーン・インディア・キャンペーン」が展開していた。直接的関係はないながらも本作もその影響下で発想されたものかもしれない。（安）

ジャパン・ロボット
Android Kunjappan Version 5.25

マラヤーラム語／2019年／139分
監督：ラティーシュ・バーラクリシュナン・ポドゥヴァール
音楽：ビジバール
出演：サウビン・シャーヒル、スラージ・ヴェニャーラムード、ケネディ・シルド、
販売：SPACEBOX（DVD）

マラヤーラム・ニューウェーブ→P.132
村の映画→P.166

片田舎に住む偏屈老人バースカランは息子のスブラマニヤンと2人暮らし。エンジニアとして高い教育を受けた息子は、父の面倒を見続けて就職の機会を逸しており、このままではダメになると焦り、日本企業のロシア拠点でのロボット開発者の職をみつけ、父にはヘルパーを手配してロシアに渡る。しかし、気難しい父がヘルパーとの間でたびたび問題を起こすため、スブラマニヤンは自社製の介護ロボット実験機をあてがう。父は当初激しい拒否反応を示すが、やむなく共住するうち、その頑なな心に変化が生じていき、ついにはロボットに感情的に依存するまでになる。

「日本では誰でも自由に愛を告白する」と言うロボットに対し「ここでは違う、（相手を）レイプしてから火をつける」と返す老人の屈折したウィット、珍妙な日本テイスト、ゆったりとのどかな村のおかしな人間模様などを呑気に楽しんでいると、終盤になって徐々にロジカルな現実描写からの乖離が起こり、心象風景の領域が浸食してくる。何がリアルで、何が幻影かの説明はなく、解釈は観る者に委ねられたまま終わる。（安）

囚人ディリ
Kaithi

タミル語／2019年／145分
監督：ローケーシュ・カナガラージ
音楽：サム・C・S
出演：カールティ、ナレーン、アルジュン・ダース、ジョージ・マリヤーン、ハリーシュ・ウッタマン、ハリーシュ・ペーラディ
販売：ハピネット・メディアマーケティング（DVD／BD）

タミル・ニューウェーブ➜P.106

© DREAM WARRIOR PICTURES © VIVEKANANDA PICTURES

警察の特別チームがギャングから大量のコカインを押収する。復讐を目論むギャングは、複数の場所で攻勢を開始する。まずは郊外の警察保養所で開かれていた幹部警察官たちのパーティーで飲み物に毒を仕込み、ほぼ全員を意識不明の重体にする。10年の服役を終え出所したばかりの元囚人ディリは、たまたまその場に居合わせたばかりに、患者の輸送を引き受けさせられ、しぶしぶトラックのハンドルを握る。その道中で幾度ものギャングからの襲撃に応戦する彼は、警察本部を巡る攻防にも巻き込まれていく。

今やタミル・ノワールの第一人者と目されるまでになったローケーシュ・カナガラージ監督の長編デビュー後第2作目。ソング、ダンスを入れないストイックなつくりだが、それはマイナスとはならず、大ヒットになった。ロープワークやVFXの使用を極力控えたスタント演出には手に汗握るものがあるが、その緊迫シーンの連鎖の果てに度肝を抜くような超展開もある。本作を起点として麻薬ギャングと警察の攻防をテーマとする「ローケーシュ・シネマティック・ユニバース（LCU）」連作が始まる。（安）

ジョンとレジナの物語
Raja Rani

タミル語／2013年／164分
監督：アトリ
音楽：G・V・プラカーシュ・クマール
出演：アーリヤ、ナヤンターラ、ジェイ、ナスリヤ・ナシーム、サティヤラージ
販売：ハピネット・メディアマーケティング（DVD）

© A. R. Murugadoss productions, © Fox STAR Studios, © Next Big Film Productions

見合い結婚をしたジョンとレジナは新婚早々互いに口もきかず、険悪な日々を送っていた。ある夜けいれんの発作を起こしたレジナを病院に運んだジョンは、療養する彼女からかつての恋人との悲恋の物語、そして彼女を思う父親のため見合い結婚したことを聞く。レジナの真実を知りジョンは彼女を愛し始めるが、手ひどく拒絶される。ショックで酒に溺れるジョンを見かねた親友のサーラティはレジナにジョンのかつての恋人との悲恋の物語を聞かせ、真実を知ったレジナも彼に心を開こうとするが、心の溝はすぐに埋まるはずもなく、互いに誤解とすれ違いを重ねていく。

アトリ監督のデビュー作となったロマンチック・コメディー。過去の恋愛で心に傷を負った見合い結婚の夫婦が再生してゆく姿を描いた本作は、見合い結婚が主流であるインドの観客の深い共感を得て、ベンガル語、オリヤー語、シンハラ語でもリメイクされた。長期休養から復帰したナヤンターラの渾身の演技も絶賛を浴びた大ヒット作。同監督の『ビギル 勝利のホイッスル』（P.32）には、本作からのセルフパロディシーンが登場する。（矢）

ダム999
Dam 999

英語／2011年／110分
監督：ソーハン・ローイ
音楽：アウセーパッチャン
出演：ヴィナイ・ライ、ジョシュア・フレデリック・スミス、ヴィマラ・ラーマン、リンダ・アルセニオ、ラジト・カプール、アーシーシュ・ヴィディヤールティー
販売：ケンメディア（DVD）

船乗りのヴィナイは、息子サムの小児糖尿病の治療のため、2009年に休暇を取り名門アーユルヴェーダ療院である生家に戻る。ヴィナイが乗り組んでいた船のキャプテンであるフレディーは、西ガーツ山脈にあるエステート経営者だったアングロ・インディアンの名家の末裔。その姉のマリアは同地の野心家の政治家ドゥライと結婚したが、半ば幽閉されたように暮らしている。ドゥライは英国統治時代に造られた古いダムのそばに新しいダムを建設しているが、その設計は危険をはらむものだった。

ケーララ出身でアラブ首長国連邦をベースに海運会社を経営するソーハン・ローイが自ら監督した。明らかに映画の素人が作った作品だが、湾岸諸国で成功した企業家が道楽で映画を作るというのは、マラヤーラム語映画では時に起こる。当時ケーララを賑わせていたムッライペリヤール・ダムの老朽化問題を訴えるためのキャンペーン映画。タミルナードゥ州内にある同ダムの保全が充分でなく、万が一の決壊の際にはケーララの平野部が水没するという予測が2000年代後半からマスコミで騒がれていた。（安）

タライヴァー
Thalaivaa

タミル語／2013年／175分
監督：A・L・ヴィジャイ
音楽：G・V・プラカーシュ・クマール
出演：ヴィジャイ、アマラ・ポール、サティヤラージ、ラーギニー・ナンドワーニー、サンダーナム、アビマンニュ・シン、ポンヴァンナン
販売：SPACEBOX（BD）

1988年に起きたムンバイの暴動で、ダーラーヴィーのスラムに住むタミル人たちは多大な被害を被る。ムンバイに見切りをつけてチェンナイに戻るラトナムは、恩人ラーマドゥライからその息子ヴィシュワを預かる。25年後の2013年、成長したヴィシュワはオーストラリアのシドニーで飲料水卸業のかたわらダンサーとして活動していた。一方、ムンバイに住み続ける父ラーマドゥライは人々から慕われるドンになっていたが、息子には身分を偽っていた。ヴィシュワは恋人と共にムンバイを訪れ、父に再会するが、そこで予期せぬ暴力が彼らを襲う。

2024年に自身の政党を創設したヴィジャイだが、それより15年遡った09年にはファンクラブ組織を公式発足させ、政治的な色彩を帯びた活動も開始していた。映画作品としては、「タライヴァー（指導者）」という直截なタイトルをもつ本作が最も早く「リーダーとしてのヴィジャイ」像を提示した。前半のシドニーが舞台のラブコメと、後半のムンバイに移ってからのアクションは、別の映画のようにも見えるが、ロジカルなつなぎ方が巧み。（安）

ダラパティ 踊るゴッドファーザー
Thalapathi

※原題はDalapathyなどとも

タミル語／1991年／166分
監督：マニラトナム
音楽：イライヤラージャー
出演：ラジニカーント、マンムーティ、ショーバナ、アラヴィンド・スワーミ、アムリーシュ・プリー、バーヌプリヤー
販売：ブロードウェイ（DVD）

14歳の少女が望まぬ妊娠をして、誰にも知られずに独りで出産する。途方に暮れた彼女は、泣きながらその子を貨物列車に遺棄する。それはマールガリ月の末日、人々が不用品をまとめて火にくべる習わしのあるボーギの日だった。赤子はスラムの住人に拾われスーリヤと名付けられて育つ。不正を許さず、腕力を使うこともいとわない彼は、ギャングのボスのデーヴァラージと出会い、2人は親友となる。一方、良心の呵責に苦しみ続けるスーリヤの母親は、ある時我が子の行方の手掛かりを掴む。

映画祭上映の際の邦題は『頭目』。『マハーバーラタ』の太陽神の息子カルナとドゥルヨーダナのエピソードを、現代を舞台に翻案した物語（P.146参照）。翻案に当たっての読み替えは見事というほかないが、エンディングだけが神話のそれとは異なっており、様々な憶測を生んだ。マニラトナム自身は、神話のカルナがこうであってほしかったと思うことをそのまま脚本にしたと後に述べている（右写真）。サントーシュ・シヴァンのカメラは主演のラジニを様々なニュアンスの太陽光線とともにとらえ、象徴的な意味を付与した。（安）

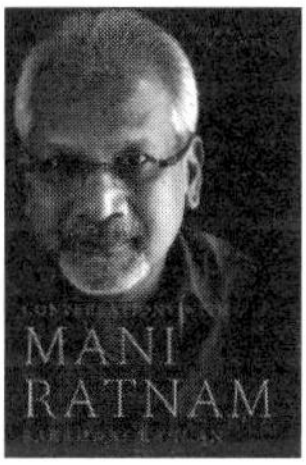

インタビューを書籍化した『Conversations with Mani Ratnam』（2014）

ダルバール 復讐人
Darbar

タミル語／2020年／158分
監督：A・R・ムルガダース
音楽：アニルド・ラヴィチャンダル
出演：ラジニカーント、ナヤンターラ、スニール・シェッティ、ニヴェーダ・トーマス、プラティーク・バッバル、ヨーギ・バーブ
販売：ツイン（DVD）

ムンバイ市の警察本部長アーディティヤ・アルナーチャラムは、マフィアと関係する男たちを情け容赦なく殺し、人権擁護機関から問題視されるまでになる。そこから話は過去に少し遡る。彼は現在の地位に就くにあたり、麻薬取引と人身売買の一掃を大臣から命じられていた。作戦の過程で財界人の不良息子を逮捕するが、そこから事態は思わぬ方向に展開し、27年前に起きた忌まわしい事件の首謀者である大元締めの男と直接対決することになる。

ラジニカーントが久しぶりに警察官を演じたこと、そして加齢に抗う初老の男を演じたことがユニーク。ハードな殺人マシーン・モードとお茶目いたずらっ子モードが共存するのは80年代のラジニ映画への郷愁か。ムルガダース監督のトレードマークである社会批評はやや控えめだが、収監されながらもVIP待遇を受ける富裕層犯罪者を批判する台詞を入れ込んでみせるなど、チクリとした批評精神は健在。ラジニ映画でお馴染みの「ヘイ！ヘイ！」から始まる有名なジングルが、アニルドの手になる劇中BGMとして、またソングの間奏として、かつてないクールさで展開する。（安）

ダルマドゥライ 踊る！ 鋼の男
Dharmadurai

タミル語／1991年／158分
監督：ラージャ・シェーカル
音楽：イライヤラージャー
出演：ラジニカーント、ガウタミ、マドゥ、ヴァイシュナヴィ
販売：バンダイビジュアル（DVD）

村の映画➜P.166

No Image

田舎で農業を営む家の長男ダルマドゥライは、2人の弟たちの立身出世を夢みて、自身は学校にも行かずに身を粉にして働く苦労人。しかし恩知らずな弟たちは、上京したチェンナイで、学生の身分でありながら遊び暮らし、卒業後もギャングの下働きなどをしながら不正に財を築き、田舎で質素に暮らす兄を見下すまでに増長してしまう。彼らの善性を信じていたダルマドゥライにも、現実を直視せざる得ない時がついに訪れる。

2000年過ぎまで一定数が作られていた、農村と都会の対比をベースにした「耐える長兄もの」。男だけの3～5人の兄弟のファミリードラマで、長兄が主人公。父親は不在だったり、いてもなぜか影が薄い存在。南インドでは財産は男子が均等相続するのが基本だが、農家の場合それでは先細りになってしまうので、長男が農業を継ぎ、それ以外はホワイトカラー職に就くことがある。映画的な誇張や単純化はあるものの、このような設定はある程度まで現実に即したものであったはずだ。最後の最後まで耐える主人公はヒンドゥー教神話ハリシュチャンドラ王の写し絵だ。（安）

チャーリー
777 Charlie

カンナダ語／2022年／164分
監督：キランラージ・K
音楽：ノビン・ポール
出演：ラクシト・シェッティ、ラージ・B・シェッティ、サンギータ・シュリンゲーリ、ボビー・シンハー
販売：インターフィルム（DVD／BD）

カンナダ・ニューウェーブ➜P.124

幼少期のトラウマからすさんだ心を持ち続け、孤独かつ自堕落に暮らす男ダルマのもとに、悪徳ブリーダーから逃げ出して野良となった雌のラブラドール・レトリバーが現れ、何度追い払っても家に居ついてしまう。頑なダルマも、その犬チャーリーが示す、一方的で無条件の愛によって徐々に心を開くようになり、ついには離れられないと思うようになるが、ほどなくしてチャーリーに残された時間がそう長くはないことを知り、彼女が憧れている雪を見せるために、サイドカー付きのバイクで南インド・カルナータカ州のマイスールからはるかヒマラヤを目指す。

犬とヒトによる北方の山への道行きには、ある種のスピリチュアリズムの気配があり、ヒンドゥー教の大叙事詩『マハーバーラタ』の物語の終わり近くでのユディシュティラ（別名ダルマラージャ）のエピソードとも符合する。クライマックスの凍てついた雪山の風景の描写ともあわせて、こうした要素が本作を、ありがちなヒトとペットの心温まるふれあい物語を超えて、悲痛さをもって描かれる孤独な魂の彷徨の記録にしている。（安）

※邦題は「ラジニカーント☆チャンドラムキ／踊る！アメリカ帰りのゴーストバスター」とも

チャンドラムキ 踊る！アメリカ帰りのゴーストバスター

Chandramukhi

タミル語／2005年／165分
監督：P・ヴァース
音楽：ヴィディヤサーガル
出演：ラジニカーント、ジョーティカー、ナヤンターラ、プラブ・ガネーサン、ヴィニート、ヴァディヴェール、ナーサル
販売：バンダイビジュアル（DVD）

ホラー→P.162

本国上映に際しての街頭カットアウト

恋愛結婚したセンディルとガンガーは、ヴェーッタイヤプラムという村のいわくありげな大邸宅を買い取り、親族と共に移り住む。約150年前にこの地を治めていた領主ヴェーッタイヤンは、ヴィジャヤナガラムからテルグ人の踊り子チャンドラムキをこの館に連れて来た。しかし彼女には同じくダンサーのグナシェーカランという恋人がおり、領主になびこうとしなかったため、その怒りをかい、非業の死を遂げる。それ以来この館は呪われているという。センディルの親友で館に遊びに来た精神科医のサラヴァナンは、館内で起きる怪現象や憑依現象に立ち向かう。

『Baba』（P.48）以来封切りのなかったラジニカーントの新作ということで満腔の期待を持って迎えられ、大ヒットした。マラヤーラム語の『Manichitrathazhu』（P.163）をリメイクしたカンナダ語の『Apthamitra』（P.53）を、P・ヴァース監督がセルフリメイクしたのが本作。ラジニカーントは精神科医といにしえの悪王との1人2役を演じたが、後者のインパクトが強く、「ラカラカラカラカ…」という掛け声はネットミームとして流行した。（安）

デーヴィド 二つの物語

David

タミル語／2013年／128分
監督：ビジョーイ・ナンビヤール
音楽：プラシャーント・ピッライ、アニルド・ラヴィチャンダルほか
出演：ヴィクラム、ジーヴァー、タブー、ナーサル、ニシャン、イーシャー・シャールワーニー
販売：ハピネット・メディアマーケティング（DVD）

タミル・ニューウェーブ→P.106

1999年のムンバイに生きる19歳のデーヴィドは、チャンスを掴もうとあがくミュージシャン。牧師として清貧を貫いて生きる父とは何かといえば対立している。成功への鍵となりそうなオファーがやっと到来したところで、ムンバイの街で起きた宗教的マイノリティー排斥の暴力的な大衆運動によって大打撃を受ける。2010年のゴアに生きるもう1人のデーヴィドは30歳。漁師だが、あまり働かず、昼間から痛飲し酒場での喧嘩に明け暮れている。かつて結婚式の当日に婚約者に逃げられて笑いものとなった彼は、真面目に生きることを放棄している。時代も環境も性格も異なる2人のデーヴィドの、それぞれの人生での大いなる決断の瞬間を、旧約聖書のダビデ王の物語にうっすらと重ねて描く。

ケーララ出身のビジョーイ・ナンビヤールによる文芸映画。キリスト教徒を主人公として、神が人間に課す重荷の不公平さや、利己と利他の境界で揺れる個人の葛藤などを描く。聖書の「ダビデとゴリアテ」を思わせるシーンがドラマチック。同監督による同年公開・同名のヒンディー語版もあるが、ストーリーは異なる。（安）

途中のページが抜けている
Naduvula Konjam Pakkatha Kaanom

タミル語／2012年／161分
監督：バーラージ・ダラニーダラン
音楽：ヴェード・シャンカル
出演：ヴィジャイ・セードゥパティ、ガーヤトリ、バガヴァティ・ペルマール、ラージクマール、ヴィグネーシュワラン・パラニサーミ
販売：SPACEBOX（DVD／BD）

タミル・ニューウェーブ➔P.106

結婚披露宴を翌日に控えたプレームは親友のバグス、サラス、バッジと草クリケットに興じていたが、その最中に転倒し頭を打ってしまう。その直後から彼は「どしたんだっけ？ クリケットしてた…お前が打ったよな？ フライが上がって…キャッチしようと後退し…」というセリフを延々と繰り返すようになる。さらに彼は結婚式のことも婚約者のダナのことも覚えておらず、慌てて駆け込んだ病院では短期的な記憶喪失と診断される。しかしこれでプレームの人生を狂わせるわけにはいかないと、3人は彼の異変をダナや家族に悟られずに結婚式を無事に済ませるべく奔走する。

独自のユーモアとハラハラさせる緊張感とで観客を作品世界に引き込み笑いを誘う、シュールでユニークなコメディー。低予算作品ながら大ヒットしたダラニーダラン監督のデビュー作で、衝撃のエピソードで締めくくるラストは映画関係者をも驚かせた。本作と『ピザ 死霊館へのデリバリー』（P.33）の成功により、ヴィジャイ・セードゥパティは一躍人気俳優となる。撮影を手がけたのは後に『'96』（P.8）を監督し大ヒットさせたC・プレームクマール。（矢）

バーシャ！ 踊る夕陽のビッグボス
Baashha

タミル語／1995年／152分
監督：スレーシュ・クリシュナ
音楽：デーヴァー
出演：ラジニカーント、ナグマー、ラグヴァラン、デーヴァン、ジャナガラージ
販売：ブロードウェイ（DVD）

チェンナイに慎ましく暮らすオートドライバーのマニカムは誠実で温厚な男で、ドライバーたちの間でもリーダー格だった。また彼は、警官になることを目指す弟のシヴァと年頃の2人の妹にとっても頼りになる兄だった。シヴァは警官採用面接で家族のことを話し、上官は彼の兄に興味を持ち呼び寄せる。現れたマニカムを見て、彼こそがその昔ムンバイ黒社会を牛耳っていたバーシャだと上官は確信する。チェンナイでは地元ギャングの横暴にもじっと耐えていたマニカムだったが、ある出来事をきっかけに彼を抑えつけていたものが決壊し、ギャングたちを軽々と倒す。そこからムンバイの闇の帝王バーシャの行跡が回想で明らかになる。

ラジニカーントのスーパースターダムを確立させた大ヒット作。「俺様が一回言ったら、百回言ったのと同じだ」などの名セリフも歴史に残る。過去に暴力で頂点に立ったが訳あって隠棲している者が何らかの出来事により再び覚醒するという筋立ては、その後のアクション映画に多大な影響を与えた。スレーシュ・クリシュナ監督による回想録『My Days with Baasha』（2012、右写真）もある。（安）

ハーティー 森の神
Haathi Mere Saathi

※テルグ語 Aranya・タミル語 Kaadan との同時公開

ヒンディー語／2021年／161分
監督：プラブ・ソロモン
音楽：シャーンタヌ・モーイトラー
出演：ラーナー・ダッグバーティ、プルキト・サムラート、ゾーヤー・フサイン、シュリヤー・ピルガーオンカル
販売：ツイン（DVD）

左翼・極左の映画➔P.174

チャッティースガル州の深い森に住むスミトラーナンダンは、“森の神”と呼ばれる初老の男。象をはじめとした野生動物が太古から変わらず暮らす森の守護者として、あえて原始的な生活をしている。一方、環境大臣は外資導入で得られる富に目が眩み、不動産業者と結託し、本来森に権利を持つ部族の人々を無視してリゾート建設を画策する。工事を進める開発業者は、水場を奪われまいとする象たちの妨害に遭うので、クムキ（飼いならされた象で、野生の象たちを制御することができる）のチョートゥと象使いのシャンカルが雇われる。シャンカルはナクサライトの女性兵士アルヴィと邂逅し一目惚れする。森との関わり方も立場も違う3人と、開発勢力との間で起きるドラマに、象たちも加わる。

監督プラブ・ソロモンはタミル・ニューウェーブの映像作家たちの中でもユニークで、一貫して自然と人の関係を描き続け、象を愛好することでも知られる。しかし本作では霧にけぶる大森林の描写は人間のドラマの背景に後退し、『Mynaa』（P.111）で発揮された、持ち味の詩的自然描写は抑制されることになった。（安）

バードシャー テルグの皇帝
Baadshah

テルグ語／2013年／164分
監督：シュリーヌ・ヴァイトラ
音楽：タマン・S
出演：NTRジュニア、カージャル・アガルワール、ナワディープ、ナーサル、アーシーシュ・ヴィディヤールティ、ケリー・ドルジ
販売：マクザム（DVD）

No Image

イタリアのミラノに暮らすテルグ人女性ジャーナキは、ある日ラーマラーオという男と会う。彼は失恋の痛手から自殺願望を持つに至ったと言うが、実はふりをしているだけだった。そのウソを信じたジャーナキが彼を助けようと世話を焼くうちに、2人は恋仲になる。ジャーナキが親の決めた相手と結婚するためハイダラーバードに戻るのに付き添うラーマラーオには隠された目的があった。それは東南アジアから香港・マカオにかけて根をはるインド人のギャングの抗争に絡むものだった。

シュリーヌ・ヴァイトラ監督は2010年代序盤から中盤にかけてのテルグ語映画界を代表するヒットメーカー。その作風は、アイデンティティーを詐称して嘘の上に嘘を塗り固めるタイプのドタバタ喜劇とアクションを合体させ、上を下への大騒ぎ映画とすること。バレるかバレないかハラハラドキドキの嘘つき合戦に加えて、コメディアンたちのドツキ合いもたっぷりトッピングされ、尺はかなり長くなる傾向にある。過去の映画作品の引用も多く、本作中盤のサンギート（結婚式の前祝い）のシーンは圧巻。（安）

バーフバリ 伝説誕生
Baahubali: The Beginning

テルグ語／2015年／159分（完全版）
監督：S・S・ラージャマウリ
音楽：M・M・キーラヴァーニ
出演：プラバース、ラーナー・ダッグバーティ、アヌシュカ・シェッティ、タマンナー、ラムヤ・クリシュナン、サティヤラージ、アディヴィ・シェーシュ、ナーサル、プラバーカル
販売：ツイン（DVD／BD）

巨大な滝の傍らの部族の村に、赤子を連れた高貴な女性が逃れてくるが、深手を負っていたためそこで息絶える。残された赤子はシヴドゥと名付けられてその村で育つ。怪力の好青年に成長した彼は、滝の上の世界に憧れ、ある日登り切ることに成功するが、そこは暴虐の専制君主が支配するマヒシュマティ王国の辺境で、首都に幽閉されている王族の女性を救出するためのゲリラの本拠地でもあった。作戦に加わった彼はその女性の救出に成功するが、追手の兵長はシヴドゥを見て、その生き写しの容貌から、彼がかつての王位継承者候補アマレンドラ王子の忘れ形見であると確信する。兵長の回想の中で、従兄である現国王バラーラデーヴァと共に育った、父アマレンドラの青年時代が語られる。

２０１０年代のインド映画の流れを大きく変える画期となった2部作の前半。本作の大成功から「汎インド映画」の流行が始まった。後編封切りまで2年弱のブランクがあったが、本作の最高潮に盛り上げる幕切れが見事で、観客の関心を引き続け、「カッタッパはなぜ…」はネットミームとなった。（安）

バーフバリ 王の凱旋
Baahubali 2: The Conclusion

テルグ語／2017年／167分（完全版）
販売：S・S・ラージャマウリ
音楽：M・M・キーラヴァーニ
出演：プラバース、ラーナー・ダッグバーティ、アヌシュカ・シェッティ、ラムヤ・クリシュナン、サティヤラージ、スッバラージュ、ナーサル、ラーケーシュ・ヴァッレー
販売：ツイン（DVD／BD）

王位継承者に指名されたアマレンドラは、諸国放浪の最中にクンタラ王国のデーヴァセーナ王女と出会い、恋に落ちた2人は結婚を誓う。間諜の報告によりそれを知ったバラーラデーヴァは、国政の実権者で彼の実母でもあるシヴァガミ妃に申し出て、デーヴァセーナ王女と自らの結婚の許しを得る。シヴァガミ妃はアマレンドラに王女を連れ帰るよう命じる。自分の許婚として王女を随伴できると誤解したアマレンドラは、帰朝後に行き違いに気づく。ジレンマの中でシヴァガミ妃は、王位かデーヴァセーナかどちらかを選ぶように命じ、アマレンドラは後者をとり、王位を従兄に譲り、自身は将軍の地位に甘んじる。王となったバラーラデーヴァはさらに彼を追い込もうとする。

本作は前編を上回る大ヒットとなり、これ以降ヒンドゥー神話的なモチーフを取り入れた長大かつ2部に分かれた作品がインド全体で流行することになった。なお、本作は前後編ともに、若干の編集を行った国際版と、インドで上映されたのと同じ完全版とが存在し、それぞれが日本版ディスクとして発売されている。（安）

羽衣
Nee Varuvai Ena

タミル語／1999年／158分
監督：ラージャクマーラン
音楽：S・A・ラージクマール
出演：パールティバン、デーヴァヤーニ、アジット・クマール、ラメーシュ・カンナー
販売：ポンガル（DVD）

村の映画➜P.166

チェンナイで協同組合銀行に勤務するガネーシュはカースト違いの駆け落ち婚をした両親のもとに生まれ、その出自を理由に縁談を断られ続けていた。いつの日か幸せな結婚をしたいと夢見るガネーシュだったが、新しい赴任先に向かう道中、乗車したバスが事故に巻き込まれ重傷を負う。３ヶ月後、改めてチェンナイ郊外の支店に赴任した彼は自宅の向かいに住むナンディニという娘に心惹かれる。かいがいしく朝食やお茶の世話を焼き、毎朝玄関に美しいコーラム（床絵）を描いてくれるナンディニの姿に、彼女も自分を好いていると確信したガネーシュは意を決して結婚を申し込むが、しかし彼女の答えは思いもよらぬものだった。

ヴィクラマン監督の助監督を務めていたラージャクマーランの監督デビュー作。微笑ましいロマンスから思いもよらぬ深遠な世界に導かれ、そこに描かれる愛のあり方に観る者は息を呑む。インド独自の価値観を背景に、愛や友情に身を捧げる人々の物語を詩的なセリフをちりばめながら綴った異色のロマンスで、テルグ語、カンナダ語、マラヤーラム語でもリメイクされた。（矢）

パダヤッパ いつでも俺はマジだぜ！
Padayappa

タミル語／1999年／182分（カバー表示は180分）
監督：K・S・ラヴィクマール
音楽：A・R・ラフマーン
出演：ラジニカーント、シヴァージ・ガネーサン、サウンダリヤー、ラムヤ・クリシュナン
販売：ブロードウェイ（DVD）

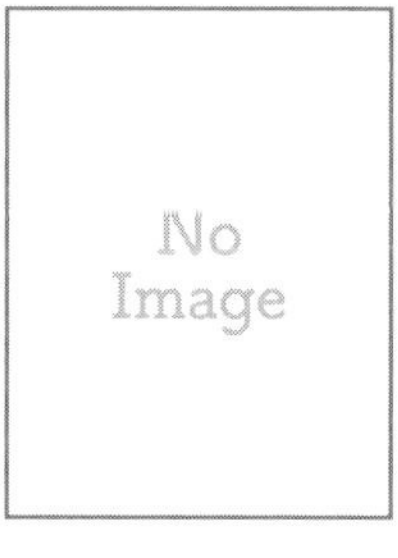

都会で暮らすパダヤッパは、妹の婚約式のため故郷の村に帰省する。彼の父ダルマリンガムは村一番の名士で人々の尊崇を一身に受けている。彼は妹の婚約相手スーリヤプラカーシュ一家のメイドのヴァスンダラに一目惚れする。一方、スーリヤプラカーシュの妹でアメリカ帰りのニーランバリは、自分にふさわしい結婚相手はパダヤッパしかいないと思い込み、彼に強引なアタックを始める。同じ頃、ダルマリンガムの弟で強欲なラーマリンガムは、財産の分割を兄に訴える。それにより悲劇的な一家離散劇が起きるが、不屈のパダヤッパは再起への道を歩み出す。

田舎を舞台にしたファミリー人情ものにありがちなエピソードの積み重ねでありながら、本作がユニークなのは、アクション映画にもないような強烈な悪役ポジションがラムヤ・クリシュナン演じるニーランバリに割り振られていて、クライマックスをほとんど独占していることにある。このキャラクターの造形には、カルキ作の長編歴史小説『Ponniyin Selvan』（P.88参照）の登場人物ナンディニの影響があるという。（安）

ハヌ・マン
Hanu-Man

テルグ語／2023年／158分
監督：プラシャーント・ヴァルマ
音楽：ガウラハリ、アヌディープ・デーヴ、クリシュナ・サウラブ・スーランパッリ
出演：テージャ・サッジャー、アムリタ・アイヤル、ヴァララクシュミ・サラトクマール、ヴィナイ・ライ、ヴェンネラ・キショール（声の出演）ラヴィ・テージャ
販売：ツイン（BD）

1998年のグジャラート州サウラーシュトラ地方、マイケル少年は、憧れのスーパーヒーローの条件を揃えるというだけの目的で自身の両親を殺害する。年月が流れ、舞台は南インドに転じる。僻地の村で育ったハヌマントゥは、猿を思わせる敏捷さを持ついたずら好きの若者。ある時彼は、憧れている幼馴染のミーナークシを救おうとして海に転落し、そこで不思議な力を持つ輝石を手にする。その石はある条件下で彼を無敵のスーパーヒーローに変えることが分かり、邪悪なマイケルがそれを狙ってやってくる。

神話上のハヌマーンは叙事詩『ラーマーヤナ』をはじめとした神話に登場する猿神で、怪力と無垢の心を特徴とする。別名をチランジーヴィ（永世者）ともいい、本作後半に登場するウィビーシャナと共に不死の存在。ハヌマーンとウィビーシャナはカリユガ（末法の世）を救うために現れる7つの神格のうちの2つだという。テルグ語映画の中の神話といえば、ソシオ・ファンタジー（P.146）が盛んだったが、あえてスーパーヒーローものとしたのは、前者の批評性と罰当たりを回避したものなのか。（安）

ビギル 勝利のホイッスル
Bigil

タミル語／2019年／177分
監督：アトリ
音楽：A・R・ラフマーン
出演：ヴィジャイ、ナヤンターラ、ジャッキー・シュロフ、カディル、ヴィヴェーク、ヨーギ・バーブ
販売：SPACEBOX（DVD／BD）

女性➔P.170

チェンナイのスラムで慕われるヤクザのマイケルが敵に襲撃され、一緒にいた旧友のカディルが重傷を負う。女子サッカーのタミルナードゥ州選抜チームの監督として選手と共に全国大会に向かうはずだったカディルは、自分の代わりに「ビギル」を監督として招聘するよう、州サッカー協会の会長に進言する。「ビギル」とは、かつてサッカー界の天才花形選手であったマイケルの愛称であり、彼には敬愛する父親ラーヤッパンに関わるある事情からサッカー選手としての道を断念した過去があった。悩んだ末に、マイケルは選手たちを率いて試合に臨むことを決意する。

女子スポーツを題材に据え、はっきりと女性のエンパワーメントを謳った作品でありながら、父と子の2役を演じたヴィジャイの魅力を伝えるスター映画としても見事に成立している。劇中で描かれるテーマは、根強い女性蔑視のみならず、貧困と教育、出自によらぬ機会の平等など多岐にわたる。A・R・ラフマーンと作詞家ヴィヴェークによる劇中歌「ライオンガール」も、優れた女性讃歌であるとして大衆からの圧倒的な支持を得た。（矢）

ピザ！
Kaakkaa Muttai

タミル語／2014年／91分
監督：M・マニカンダン
音楽：G・V・プラカーシュクマール
出演：V・ラメーシュ、J・ヴィグネーシュ、アイシュワリヤー・ラージェーシュ
販売：カルチュア・パブリッシャーズ（DVD）

タミル・ニューウェーブ➔P.106

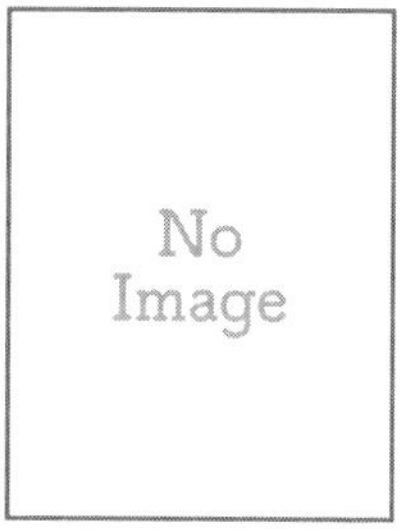

母と祖母と共にスラム街に暮らす幼い兄弟は、学校には行かず石炭拾いをして家計を助けていた。ある日、兄弟がいつもカラスの巣から卵を失敬していた公園の跡地に、新しくピザ店が開店する。おいしそうなピザの広告を見て食べてみたくなった2人は、憧れのピザのため仕事に精を出し、一生懸命貯金する。やがてピザ1枚分のお金が貯まり、2人は勇んでピザ店に向かう。

カメラマン出身のマニカンダン監督のデビュー作。スラム街の子供たちを取り巻く経済や教育の圧倒的な格差、カースト差別の現実といった社会の闇をリアルに映しながらも、彼らの日常を明るくいきいきと描き、その健気にたくましく生きる姿を鮮やかに際立たせたタミル・ニューウェーブの名作。徹底したリアリズムは、兄弟と接する周囲の人々の特別な同情や悲壮感のない自然な態度にも表れる。実際にチェンナイのスラムで撮影された本作の原題は、劇中の兄弟がそのあだ名で呼ばれる「カラスの卵」の意。監督は題名に、黒い羽根を持つだけで嫌われてしまうカラスのように、肌の色により疎外される人間の姿をも重ねたという。（矢）

ピザ 死霊館へのデリバリー
PIzza

タミル語／2012年／120分
監督：カールティク・スッバラージ
音楽：サントーシュ・ナーラーヤナン
出演：ヴィジャイ・セードゥパティ、ラミャ・ナンビーサン、カルナーカラン、アードゥカラム・ナレーン、ボビー・シンハー
販売：SPACEBOX（DVD／BD）

タミル・ニューウェーブ➔P.106
ホラー➔P.162

ピザ配達員のマイケルはホラー小説家志望のアヌと同棲しているが、彼女の予期せぬ妊娠が発覚し、結婚を迫られて戸惑う。一方、マイケルが勤務するピザ店の経営者シャンムガムは、奇行を繰り返す自分の娘が霊に憑依されていると霊媒師から告げられていた。そんな中、マイケルはとある邸宅へとピザ配達に出かけるが、応対した女主人の姿がいつの間にか消え失せ、不可解な出来事が次々と彼を襲う。

タミル語映画界の鬼才カールティク・スッバラージ監督は若手監督を発掘するリアリティー番組「明日の監督（Naalaiya Iyakkunar）」で注目され、本作で長編監督デビューした。ホラーとしては異色のスタイリッシュさと斬新なツイストが評判を呼び、アマチュア時代から親交のある新進俳優らを起用した低予算作品ながら口コミで人気が広がり大ヒット。「明日の監督」で短編映画製作の腕を競い合った若手監督らは後に続々とヒット作を生みタミル・ニューウェーブの一大潮流を成すが、本作はその嚆矢《こうし》となった記念碑的作品であり、その後のホラー映画ブームの先駆けともなった。（矢）

響け！情熱のムリダンガム
Sarvam Thaala Mayam

タミル語／2018年／132分
監督：ラージーヴ・メーナン
音楽：A・R・ラフマーン
出演：G・V・プラカーシュ・クマール、ネドゥムディ・ヴェーヌ、アパルナ・バーラムラリ、ヴィニート、ディヴィヤ・ダルシニ、イランゴー・クマラヴェール
販売：TCエンタテインメント（BD）

芸道もの➔P.138　ダリト・トライブ➔P.152

©Mindscreen Cinemas

カルナータカ古典音楽に欠かせない打楽器ムリダンガムを作る職人ジョンソンの息子ピーターは、熱烈なヴィジャイのファンで、その生活はファン活動を中心に回っていた。ある日彼は父の言いつけでムリダンガム演奏の巨匠ヴェンブ・アイヤルにムリダンガムを届けに行く。そこで初めて演奏を耳にして虜になった彼は、アイヤルに入門の許可を求める。彼の才能を見抜きながら規範に従うべきとして承諾しないアイヤルを説得し、何とか門人となったピーターだったが、高弟のマニが彼の前に立ちはだかる。

芸道もの映画は数あれど、そこで使用される楽器の造り手にスポットを当てた作品はそれまでなく、メーナン監督の着眼点に唸るしかない。また、劇中に登場する奏者の巧拙を、抽象的な打楽器の音色で描き分けたA・R・ラフマーンのサウンド設計も見事。一方でダリト映画としては問題を含み、これにより作品全体の評価が分かれるだろう。絶妙なタイミングで出版されたT・M・クリシュナの『Sebastian and Sons: A Brief History of the Mridangam Makers』（2020）を読むと分かりやすい。

（安）

プシュパ 覚醒
Pushpa: The Rise - Part 1

テルグ語／2021年／175分（カバー表示は178分）
監督：スクマール
音楽：デーヴィ・シュリー・プラサード
出演：アッル・アルジュン、ラシュミカー・マンダンナ、ファハド・ファーシル、ダナンジャヤ、スニール、ジャガディーシュ・プラタープ・バンダーリ
販売：ツイン（BD）

ラーヤラシーマ➔P.180

1980年頃にチットゥール地方に生まれたプシュパ・ラージは貧しいシングルマザーに育てられ、教育も充分に受けていない。実の父は上位カーストの有力者だったが、生前に彼を認知しなかったので、正妻の息子たちはプシュパが父の姓を名乗ることを禁じ、彼と母を蔑んだ。彼は東ガーツ山脈特産の高級木材である紅木の違法伐採と密輸に手を染め、驚異の身体能力、強運、大胆不敵さによってシンジケートの大物に成り上がる。その間には同業者と血みどろの戦いを繰り返して多くの敵を作り、さらに警察を相手にした激しい対立関係に自ら入っていく。シュリーヴァッリとの純愛が実り挙式する彼に向けられるいくつもの殺意が俯瞰され、『Pushpa 2：The Rule』（P.92）へと続く。

テルグ語映画の正統派ヒーローが演じることは珍しいピカレスクロマン。ギャング映画としての筋書きは『K.G.F』シリーズ（P.9）とも相似しているが、山深い僻地でのギャング戦争という点が目新しい。アッル・アルジュンは一貫して垢抜けなさを前面に出した役作りだが、手の甲で顎を撫でる仕草は大受けした。

（安）

僕の名はパリエルム・ペルマール
Pariyerum Perumal

タミル語／2018年／153分
監督：マーリ・セルヴァラージ
音楽：サントーシュ・ナーラーヤナン
出演：カディル、アーナンディ、ヨーギ・バーブ、マーリムットゥ、タンガラージ
販売：SPACEBOX（DVD）※ハピネット盤もあり

タミル・ニューウェーブ→P.106
ダリト・トライブ→P.152

指定カーストの優遇制度を利用し法科大学に入学したパリエルムは、英語で行われる授業を理解できずに教師から辱めを受けるが、同じクラスの女子学生ジョーが彼の英語学習の手助けを申し出る。2人は親交を深めてゆくが、ある日パリエルムは、ダリトである彼を嫌うジョーの親族から凄惨な暴力を受け、父親からは娘に近づくなと警告される。激しいカースト差別に直面し、彼は自己の存在への疑問とジョーへの想いとの狭間で苦悩する。

主人公の黒い飼い犬とその運命にダリトの姿を重ね、彼らを取り巻く現状を描いたセルヴァラージ監督のデビュー作。プロデューサーはダリト映画の旗手パー・ランジトで、セルヴァラージ監督自身もダリトの出自である。微笑ましい青春ドラマに漂う不穏な空気が、やがて物語を覆い尽くし息詰まる展開となるが、カースト差別の闇をリアルに描きながらもエンターテインメントとしての魅力も持つ、稀有な作品となっている。劇中にはダリトを暗示する符号やダリト解放運動の象徴である青色のイメージが繰り返され、その洗練された映像とハイセンスな楽曲との融合も見事。（矢）

ボス その男シヴァージ
SIvaji: The Boss

タミル語／2007年／185分
監督：シャンカル
音楽：A・R・ラフマーン
出演：ラジニカーント、シュリヤー・サラン、スマン、ヴィヴェーク、ラグヴァラン
販売：角川書店（DVD）

アメリカで成功した実業家シヴァージは久しぶりに母国の土を踏む。彼はチェンナイで貧困層のための病院や学校を開設しようと考えている。しかし医療ビジネスの大物アーディセーシャンはそれを喜ばず、認可の妨害をする。また古風なタミル女性にしか心惹かれないシヴァージはそれまで独身だったが、寺院参拝で出会ったタミルセルヴィという女性に一目惚れしてアタックをする。一方で、慈善事業という目的のため彼がやむなく払った賄賂が発覚し、計画は頓挫し、彼は無一文となってしまう。

シャンカル監督とラジニカーントの初コラボレーション。畳み掛ける驚異のビジュアルのシャンカル節はスーパースターと組んでも全く委縮せず、特に劇中歌「スタイル」ではCGでラジニを白人にしてしまうなど絶好調。主人公の名シヴァージが、往年の名優シヴァージ・ガネーサンとラジニの本名への二重の暗示をしているだけでなく、MGR、シヴァージ、カマル・ハーサン（テルグ語版ではNTR、ANR、チランジーヴィ）の物真似を取り込むなど、映画史やラジニの個人史への多数の言及を含んでいる。（安）

本国上映に際しての街頭ポスター

ボンベイ
Bombay

タミル語／1995年／141分
監督：マニラトナム
音楽：A・R・ラフマーン
出演：アラヴィンド・スワーミ、マニーシャー・コイララ、ナーサル、キッティ、ティーヌー・アーナンド、アーカーシュ・クラーナー、ソーナーリー・ベーンドレー（特別出演）
販売：日本コロムビア（DVD）※ラインコミュニケーションズ盤もあり

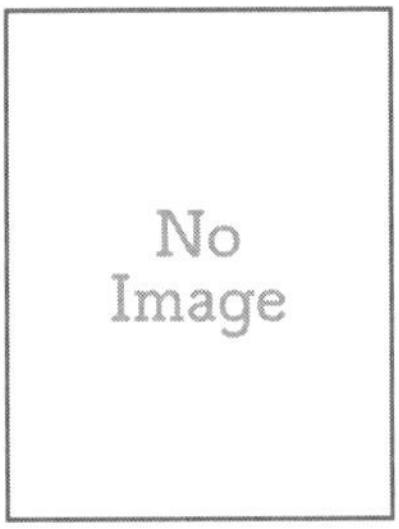

ジャーナリスト志望のシェーカルはボンベイ（現ムンバイ）から故郷タミルナードゥの海辺の村に帰省する。そこで彼は瓦職人の娘シャイラー・バーヌに一目惚れする。２人は恋仲になるが、双方の親は宗教の違うカップルの結婚を認めない。紆余曲折の後、２人は駆け落ちで結ばれ、双子の子供も生まれ、ボンベイで幸せな家庭を築くが、１９９２年12月のアヨーディヤー事件によりヒンドゥー・ムスリム間の緊張が高まり、翌１月にかけボンベイ暴動が発生する。その混乱の中で家族は離ればなれになってしまう。

マニラトナム監督による、『ロージャー』（１９９２）に続く生々しい同時代の事件を扱った社会批評的映画。もともとはボンベイ暴動で迷子になった子供を主役にした、小規模なマラヤーラム語作品として構想されたという。そこから子供たちの親の人生が逆に構築されていった。メロドラマでありながら、現実の事件へのリアルな言及や、マハーラーシュトラ州の選挙を控えたタイミングなどにより、検閲通過に多大なトラブルがあったという。ソングは名曲ぞろいで、特に「僕のいのち」が素晴らしい。（安）

ボンベイ

ケーララ州ティルヴァナンタプラムで毎年開かれるケーララ国際映画祭（IFFK）は、インドに5つあるFIAPF（国際映画製作者連盟）認定の国際映画祭の一つ

『Gooli』（P.185）の街頭ポスター。中央はベンガルール名物のラーマチャンドライヤ工房の手描きポスター

マガディーラ 勇者転生
Magadheera

テルグ語／2009年／164分（完全版）
監督：S・S・ラージャマウリ
音楽：M・M・キーラヴァーニ
出演：ラーム・チャラン、カージャル・アガルワール、シュリーハリ、デーヴ・ギル
販売：ツイン（DVD／BD）
DVDは日本向け編集版139分、BDは日本向け編集版139分と完全版164分の2種あり

現代のハイダラーバードで賞金稼ぎのオートバイレーサーとして気楽に暮らす若者ハルシャ。彼はある日、通りすがりの若い女性と偶然に手と手が触れた瞬間に、体に電気が走るような衝撃を感じる。その女性インドゥを追いかけてやがて恋仲となった彼に、400年前のウダイガル王国で武勇の誉れ高い戦士だったカーラ・バイラヴァとしての前世の記憶が蘇る。ハルシャは400年前の悲劇の場所で、インドゥの心に、引き裂かれた恋人ミトラヴィンダー姫としての記憶とカーラ・バイラヴァへの愛を蘇らせようと試み、同時に迫りくる恋敵と戦う。

興行上の様々な記録を塗り替えた、2009年テルグ語映画界興収トップの大ヒット作。クリスタルクリアな空気の中で展開する古代戦記風ファンタジーと、ラーム・チャランの父である〝メガスター〟チランジーヴィのカメオ出演という楽屋落ちとが共存する、テルグ語映画ならではの贅沢な娯楽作。ラージャマウリ監督は本作のポテンシャルに自信があり、テルグ語圏以外での同時公開も望んだが、それが叶わなかった無念を後になって述べた。（安）

マスター 先生が来る！
Master

タミル語／2021年／177分（カバー表示は179分）
監督：ローケーシュ・カナガラージ
音楽：アニルド・ラヴィチャンダル
出演：ヴィジャイ、ヴィジャイ・セードゥパティ、マーラヴィカ・モーハナン、アルジュン・ダース
販売：SPACEBOX（DVD／BD）

タミル・ニューウェーブ →P.106

チェンナイの名門大学で心理学を教えるJDは、アルコール依存症気味の名物教授。大学の運営本部や教授会からは何かにつけて批判されるが、ユニークな教授法やルールにとらわれない自由な発想から学生たちには大人気。彼が実施を強く主張した学生会長選挙で暴動が起きたため、責任をとり休職し700㎞離れた地方の少年院に期間限定で赴く。だがそこはギャングのバワーニの支配下にあり、少年たちが薬物漬けにされ犯罪行為に従事していた。虐待と犯罪の連鎖から少年たちを救うJDの闘いが始まる。

ニューウェーブ映画の最先端ローケーシュ監督とヴィジャイ、そして演技派の代表ヴィジャイ・セードゥパティのコラボレーションということで空前の期待が寄せられ、またその期待に応えた斬新なノワール。ヴィジャイのファンを喜ばせる各種の仕掛けとともに、監督が憧れるカマル・ハーサンへのオマージュも組み込まれている。前者の例は『百発百中』（P.52）からのソング引用、そして後者に関してはカマルの過去作『Nammavar［私たちのあの人］』（1994、未）の暗示的言及などが挙げられる。（安）

マッキー

Makkhi

※テルグ語作品Eegaからの吹き替え版

ヒンディー語／2012年／125分
監督：S・S・ラージャマウリ
音楽：M・M・キーラヴァーニ
出演：ナーニ、サマンタ、スディープ、アーディティヤ・メーノーン、ハムサ・ナンディニ
販売：TCエンタテインメント（BD）／KADOKAWA／角川書店（DVD）
ディスクカバーはリバーシブル、初回生産限定豪華版もあり

© M/s. VARAHI CHARANA CHITRAM

花火師のジャニは超楽天的なお人好し。近所に住むミニチュア・アーティスト兼NGO活動家のビンドゥに惚れている。あの手この手の求愛がやっと実るかに思えたところに、悪徳青年実業家スディープが割って入る。ビンドゥを我がものにしたいスディープは、あっさりとジャニを殺してしまう。思いを残したジャニは何とハエに転生し、ビンドゥを守りスディープを成敗しようとする。

画面狭しと飛び回るハエはすべてCGによるもので、アメリカのVFX制作会社マクタが請け負った。CG自体のレベルも高いが、特筆すべきは、その技術力をいかし、縦横にハエを活躍させる映像作家のイマジネーションの豊かさと、鳥獣戯画を思わせる洒脱。撮影の現場では目の前に存在しないハエを相手にしたスディープの大立ち回りの演技のおかしさ、巧みさにも目を奪われる。惚れた女は死んでも（死んだ後でも）絶対に守るというシンプルなヒロイズムが、マジカルな語りにより息もつかせぬ活劇となった。テルグ・タミル・マラヤーラム語版も同時公開され、ラージャマウリ監督の汎インド映画への挑戦の第一歩ともなった。（安）

マッスル 踊る稲妻

I

タミル語／2015年／188分
監督：シャンカル
音楽：A・R・ラフマーン
出演：ヴィクラム、エイミー・ジャクソン、スレーシュ・ゴーピ、ウペーン・パテール、サンダーナム
販売：アメイジング D.C.、エー・アール・シー（DVD）

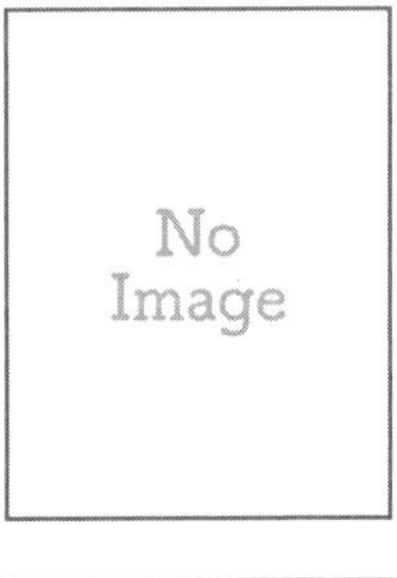

下町のボディービルダーのリンゲーサンはCM界のトップモデル・ディヤーの大ファンで、彼女が出演するCMの商品なら女性用品でさえも購入してしまうほど。一方ディヤーは、男性トップモデルのセクハラに抵抗して契約済みの仕事を降板させられる。モデル廃業の危機を感じた彼女は撮影所で出会ったリンゲーサンを新人モデルに仕立て、例のトップモデルと共演予定の新作CMに彼を起用させる。CM撮影は成功をおさめ、一躍トップモデルとなったリンゲーサンは、やがてディヤーと愛し合うようになるが、その背後には恐るべき魔の手が忍び寄っていた。

欲望と嫉妬が渦巻く広告業界を舞台に繰り広げられる、美しい愛と壮絶な復讐の物語。VFXを駆使したカラフルなCM映像や中国ロケシーンの圧倒的な豪華さ、ルッキズム、コマーシャリズムと使い捨ての消費社会への痛烈な批判、全てにおいてシャンカル監督らしさ全開の娯楽超大作で、タミルナードゥ州外でも大ヒットを記録した。撮影中に筋肉増強および25キロの減量という肉体改造を行ったヴィクラムの役者魂と、その怪演にも恐れ入る。（矢）

無職の大卒
Velaiilla Pattadhari

タミル語／2014年／133分
監督：ヴェールラージ
音楽：アニルド・ラヴィチャンダル
出演：ダヌシュ、アマラ・ポール、サムドラカニ、ヴィヴェーク、サランニャー・ポンヴァンナン
販売：SPACEBOX（DVD）※ハピネット盤もあり

大学を卒業して4年、いまだ無職のラグヴァランは父親から役立たず呼ばわりされている。土木工学を専攻した彼はスキルをいかせる仕事にこだわり、それが非常に狭き門であるため就職に苦労していたのだった。ある日、いつもラグヴァランを愛し励ましてくれた母親が、彼がデートに出かけている間に倒れてしまう。ショックを受けた彼は苦しみから立ち直れずにいたが、思いがけぬ理由で建設会社への就職が決まり、本来の能力を発揮してスラム再開発プロジェクトの契約を勝ち取る。ところが、契約を逃したライバル会社の御曹司アルンが彼の仕事を妨害しはじめる。

インドでは高学歴の若者、特に工学部出身者の就職難と高い失業率が社会問題化し、例外であったIT関連学科でさえ、近年はその就職率に翳りが見えるという。多数のヒット作で撮影監督を務めたヴェールラージが自ら監督し、この問題をテーマに母子センチメントや恋愛、アクションも盛り込んで、痛快かつ爽やかなドラマに仕上げた。「普通の人」を演じさせて右に出る者のないダヌシュの演技が冴え、アニルドが手がけた劇中歌も大ヒットした。（矢）

無職の大卒／無職の大卒 ゼネコン対決編

無職の大卒 ゼネコン対決編
Velaiilla Pattadhari 2

タミル語／2017年／125分
監督：サウンダリヤー・ラジニカーント
音楽：シャーン・ロールダーン
出演：ダヌシュ、カジョール、アマラ・ポール、サムドラカニ、ヴィヴェーク
販売：ハピネット・メディアマーケティング（DVD）

スラム再開発の成功から1年、最優秀建築技師賞を受賞したラグヴァランは、引き続きアニター建設で働きながら「無職の大卒」の仲間たちとの起業を夢見ていた。そんな中、最大手建設会社の会長ワスンダラーが彼の引き抜きを画策するが、彼はそれを固辞し、さらに彼女とのプレゼン対決を制して病院建設プロジェクトの契約を勝ち取る。しかし彼にプライドを傷つけられたワスンダラーは裏の手を使って病院の案件を奪い、ほかの仕事も横取りしてアニター建設を経営危機に追い込む。責任を感じて退職し、再び無職となったラグヴァランに復活の道はあるか。

『無職の大卒』の設定を引き継いだ続編だが、本作はラジニカーントの次女サウンダリヤーが監督を務めた。主敵が女性となり、主人公はアクションを控えめに、精神論を武器に立ち向かう。そのインパクトは前作に及ばないとの指摘もあるが、主人公の家庭問題のコミカルな描写をはじめ、懐かしいキャラクターたちが再び映画の中に息づく姿はファンを喜ばせた。ボリウッドのスター、カジョールの20年ぶりのタミル語映画出演も話題となった。（矢）

ムトゥ 踊るマハラジャ
Muthu

タミル語／1995年／166分
監督：K・S・ラヴィクマール
音楽：A・R・ラフマーン
出演：ラジニカーント、ミーナ、サラト・バーブ、ラーダー・ラヴィ、センディル、ヴァディヴェール、ラグヴァラン
販売：ポニーキャニオン（DVD／BD）
※4K&5.1chデジタルリマスター版以前のバージョンのDVD・BDも中古市場に出回っている。

大きなお屋敷で働くムトゥは天涯孤独の孤児だが陽気な男。まだ若い旦那様ラージャは芝居が何よりの好物。ある日ラージャはムトゥを従え芝居見物に行った際に、旅回りの一座の花形女優ランガナーヤキに一目惚れする。ムトゥは無関心だったが、後日彼女と劇団員たちが車の故障で立ち往生しているのを不承不承助ける。その後ランガナーヤキを狙う暴漢たちが襲来し、馬車チェイスの果てにムトゥと彼女は2人きりでケーララ州に迷い込んでしまい、反発し合っていた2人の間にやがて恋心が芽生えてくる。

マラヤーラム語の『Thenmavin Kompath（甘いマンゴーの木の枝）』（1994、未）のリメイク。本国では同年公開の『バーシャ！ 踊る夕陽のビッグボス』（P.28）のメガヒットの陰に隠れた形だったが、1998年の日本での大ヒットを受け逆輸入的に注目された。単館公開からの驚異のヒット、今日のマサラ上映の萌芽と言える上映形態など、様々な意味で記念碑的な1作。日本公開20周年にあたる2018年には、日印の共同事業としてデジタル・リマスター4K化がなされ、リバイバル公開された。（安）

ムトゥ 踊るマハラジャ

『ジャナタ・ガレージ』（P.22）を上映していたカルナータカ州ベンガルールのレックス・シネマ

ヤマドンガ
Yamadonga

テルグ語／2007年／178分
監督：S・S・ラージャマウリ
音楽：M・M・キーラヴァーニ
出演：NTRジュニア、プリヤーマニ、モーハン・バーブ、マムタ・モーハンダース、ブラフマーナンダム、アリー
販売：ツイン（BD）

ソシオ・ファンタジー➔P.146

ハイダラーバードでケチなコソ泥をやって暮らしている主人公ラージャは、暴漢に襲われかけていた大富豪の娘マヒを助けて匿う。彼女を親族のもとに送り届けるのと引き換えに身代金をせしめようとしたところが、返り討ちに遭ってあえなく命をおとす。冥界に送られ審判を待つ身になりながら懲りない彼は、閻魔大王から権威の源であるヤマパーサム（死の捕縄）を奪ってしまう。そして名実ともに最高権力者になろうとして、冥界の支配者を決める選挙を提案し、派手な選挙活動を繰り広げる。

S・S・ラージャマウリの手になる、ノスタルジーと現代性がブレンドされたソシオ・ファンタジーの代表作。祖父NTRシニアが主演した『Yamagola〔冥界大騒動〕』（1977、未）から筋書きの多くを引き継いでいるが、ニヒルで傲岸な犯罪者として登場した主人公が最終的に純愛を貫き、そこに最高神の恩寵がもたらされるクライマックスにはバクティ映画的な風味もある。主演のNTRジュニアは監督の提案で本作を機に大減量を敢行し、それまでの軽肥満体から脱し、芸歴の新たなフェーズに入った。（安）

ランガスタラム
Rangasthalam

テルグ語／2018年／174分
監督：スクマール
音楽：デーヴィ・シュリー・プラサード
出演：ラーム・チャラン、サマンタ、ジャガパティ・バーブ、プラカーシュ・ラージ、アーディ・ピニシェッティ
販売：ツイン（BD）

村の映画➔P.166　ダリト・トライブ➔P.152

1980年代のアーンドラ・プラデーシュ州中部、ゴーダーヴァリ川沿いの僻村ランガスタラム。近代的な灌漑設備を欠いた村で、揚水ポンプを使って田畑に給水する仕事をする主人公チッティ・バーブ。彼には片方の耳の難聴という障碍があるが、補聴器の使用を拒み、大方の人間がそれを知っているにもかかわらず、障碍をないこととして振る舞う。一方、チッティの兄のクマールは、ドバイへの出稼ぎから一時帰国した際に、高カーストのプレジデント（村長）が圧政を敷く村の現状を見て心を痛め、長らく無風だった村長選挙に立候補することを決める。それにより、封じ込まれ、見えないことにされてきた差別や搾取の構造が露わになる。

大スターであるラーム・チャランが、お仕着せ的な全能のアクション・ヒーロー役から一歩踏み出し、個性的な役を演じきった。視野狭窄、虚栄心、無学、短気、幼稚さなど幾つもの欠点を持つそのキャラクターは、彼が選挙運動中に放つ脅迫めいた言葉が端的に示す。それでありながらも、観客の心を掴む主人公像の造形が見事。デーヴィ・シュリー・プラサードの音楽も魅力的。（安）

ロボット
Robot

ヒンディー語／2010年／139分　※BDは179分のヒンディー語ノーカット版も収録
監督：シャンカル
音楽：A・R・ラフマーン
出演：ラジニカーント、アイシュワリヤー・ラーイ、ダニー・デンツォンパ、サンダーナム
販売：角川書店（DVD／BD）

本国上映に際しての街頭バナー

天才的な科学者ワシーガラン博士は、人型の高性能ロボットの試作品を完成させる。チッティと名付けられたそのロボットは博士そっくりの外見だが、人間の感情の機微を理解することは難しく、その点で失敗してしまうこともあった。チッティが、人間の感情を理解するどころか、感情の暴走を始めてしまうのは、彼が博士の恋人サナーに恋してしまった時だった。

シャンカル監督のドリームプロジェクトとして、カマル・ハーサン主演で2000年代初頭から計画されていたが、技術的な制約からお蔵入りとなっていた。その後機が熟し、ラジニカーント主演で発表された本作は、ラジニのファンへのサービスだけでなく、本格SFとしての面白さも備え、大ヒットした。後半の無限増殖したチッティの大暴れシーンはシャンカル節全開。日本では短縮されたヒンディー語版でまず封切られ、177分のタミル語（原題『Enthiran』）の完全版が追うという変則的な公開で、メディア化されたのはヒンディー語版（短縮版／完全版）のみ。続編で活躍する2・0も「ツー・ポイント・オー」というバックコーラスと共に登場する。（安）

ロボット2.0
2.0

タミル語／2018年／148分
監督：シャンカル
音楽：A・R・ラフマーン
出演：ラジニカーント、アクシャイ・クマール、エイミー・ジャクソン、アーディル・フサイン、スダーンシュ・パーンデー
販売：KADOKAWA（DVD）

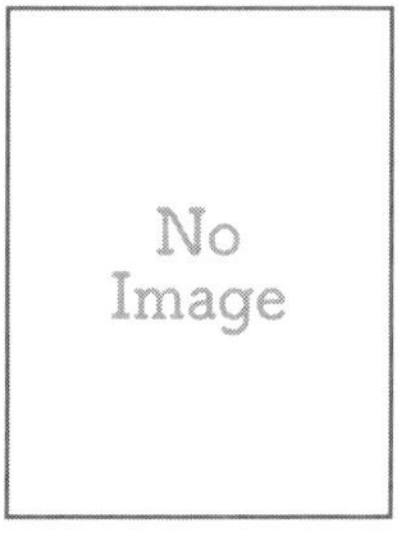

著名な鳥類学者・環境保護活動家のパクシーは、携帯電話のための電波塔が鳥類に深刻な影響を及ぼすことに警鐘を鳴らすが、世間に容れられず絶望して自死する。ほどなくして人々の使うスマホが勝手に中空に舞い上がって消える怪現象が起こり始める。街はパニックになり、また携帯事業に関わる人物が次々と怪死する。その背後にパクシーの怨念があることが分かり、ワシーガラン博士は一度封印したロボットのチッティ2・0を再起動させる。

前作『ロボット』がいわゆる「ロボット3原則」を巡っての正統派SFだったのに対し、本作は怨念が巻き起こす超常現象を鎮める黒魔術映画の趣き。強い恨みを持った霊が暴れまわるのを抑えるため霊能者（ワシーガラン博士）が呼ばれ、式神（ロボットたち）を動員した呪術合戦が行われるという、黒魔術映画の決まりパターンを踏襲している。戦いの最中に霊に憑りつかれた者が壮絶な憑依の相を見せるのも定型通り。古色蒼然とした黒魔術映画に、メカニックでフラクタル的な仰天映像をまぶし、さらに何とも言えないユーモアをトッピングした怪作。（安）

第2部

2000年代クロニクル

興収トップ作品を中心に

2000年からの四半世紀の南インド映画の歩みを、4つの主要言語圏の興行収入トップ作品から振り返る。古いものほど興収記録の信頼性が低いので、異説も注記した。25年現在の目から見ると、興収トップ作品の中には映画としての質に問題があると言わざるを得ないものもある。そのため「エディターズ・チョイス」というカテゴリーを設けてその他の注目作も紹介する。

2000

2000年の主な出来事

◉カンナダ語映画のスーパースターであるラージクマールを大盗賊ヴィーラッパンが誘拐し、西ガーツ山中で108日間にわたり捕囚とする事件◉インド東部でジャールカンド州、チャッティースガル州が、北部でウッタラーカンド州が新たに創設される。東部の2州はトライブの人口が特に多い地域◉Goldmines Telefilms創業。同社は2000年代後半に入るとテルグ語・タミル語のアクション映画のヒンディー語吹き替え版製作のパイオニアとなる

Thenali
テナーリ

タミル興収No.1

タミル語／2000年／165分
監督：K・S・ラヴィクマール
音楽：A・R・ラフマーン
出演：カマル・ハーサン、ジャヤラーム、デーヴァヤーニ、ジョーティカー、ミーナ、デリー・ガネーシュ

精神科医のパンチャブータムはメディアの注目を集める同業の若手医師カイラーシュに嫉妬し、ある治療の難しい患者を彼に担当させて評判を落とそうと企む。その患者テナーリはスリランカ系タミル人難民で、内戦のトラウマであらゆるものに恐怖を感じる重度の神経症を患っていた。そんなテナーリがリゾートで家族と共に休暇を過ごすカイラーシュのもとを訪ね、てんやわんやの騒動の幕が開く。カマル・ハーサンはコメディーでもその卓越した演技力を発揮し数々の伝説的名作を生んできたが、本作もその一つ。無垢な精神病患者を演じたカマルと、相対するジャヤラームのユーモラスな芝居に抱腹絶倒のドタバタ喜劇。主人公の名はインドで愛されるとんち話の主人公テナーリ・ラーマにちなむ。（矢）

Nuvve Kavali
あなたがほしい

テルグ興収No.1

テルグ語／2000年／146分
監督：K・ヴィジャヤ・バースカル
音楽：コーティ
出演：タルン、リチャー・パッロード、サーイ・キラン、ワルシャ、コーヴァイ・サララー

No Image

同じ日に同じ病院で生まれ、向かい合った家に住むタルンとマドゥは幼馴染の親友。2人の親たちも仲が良く、ほとんど一つの家族のように暮らす。同じカレッジに通うようになると、それぞれの前に好意を寄せる異性が現れる。まずタルンの方が、マドゥへの気持ちが愛ではないかと疑うが、マドゥは好青年プラカーシュの求愛を受け入れてしまう。前年に公開されてヒットしたマラヤーラム語映画『Niram（色）』（1999、未）の比較的忠実なリメイク。同作からはほかにタミル語、カンナダ語、ヒンディー語のリメイクも生まれている。テルグ語で殺傷はおろか格闘すら一切ない作品が興収トップになるのは珍しい。この時代の南インド映画に特有の、男女を問わない生活空間のファンシー趣味が興味深い。（安）

Yajamaana
家長

カンナダ
興収
No.1

カンナダ語／2000年／161分
監督：R・シェーシャードリ、ラーダー・バーラティ
音楽：S・A・ラージクマール、ラージェーシュ・ラーマナート
出演：ヴィシュヌヴァルダン、シャシ・クマール、アビジート、プレーマ、アヴィナーシュ

村の映画→P.166

祖母と3人の弟と暮らすシャンカラは貧しい田舎暮らしの中で幼い弟たちを大切に育て、その思いは彼らを疎外しようとする恋人との婚約を破棄するほど強いものだった。やがて弟たちは成長し、一番上の弟ガネーシャは料理人、次の弟シャンムガムは警察官、末の弟スブラマニヤは医学生となるが、シャンカラは相変わらず自身の幸せを二の次にして弟たちを支えていた。ある日、かつて故郷を去った旧友のラージーヴァが村に戻ると知ったシャンカラは、彼の娘サンギータに今も思いを寄せるガネーシャのため結婚の相談を兼ねて挨拶に出向くが、思いがけず冷たくあしらわれる。同年のタミル語作品『あっぱたん』（P.11）のリメイク。音楽もタミル語版から引き継ぐが、「Mysoru Mallige［ジャスミン］」はオリジナル。（安）

Narasimham
ナラシンハ

マラヤーラム
興収
No.1

マラヤーラム語／2000年／175分
監督：シャージ・カイラース
音楽：M・G・ラーダークリシュナン、ラージャーマニ
出演：モーハンラール、ティラカン、カナガ、N・F・ヴァルギーズ、アイシュワリヤー、ジャガティ・シュリークマール、マンムーティ（ゲスト出演）

プーヴァッリ・インドゥチューダンは、清廉な裁判官カルナーカラ・メーノーンの一人息子。彼は父が汚職事件に下した判決が不満な自治大臣とその手先である警察幹部により、無実の罪を着せられる。大臣が世を去り、6年の服役の後に出所したインドゥチューダンは、大臣の息子パヴィトランとことを構える。この時期盛んに作られた、父権制の権化のような名家の家長を讃える「タンブランムービー」（P.132）の中で最も成功した一作。監督シャージ・カイラースはこのサブジャンルの第一人者となった。かつては母系制で知られた伝統的なナーヤルの旧家を父権的な装置に読み替え、観るのにメモが必要なほどに大勢のキャラクターを登場させながら、主演のモーハンラール一人をもり立てるつくり。（安）

Mazha
雨

Editor's
Choice

マラヤーラム語／2000年／145分
監督：レーニン・ラージェーンドラン
音楽：ラヴィーンドラン
出演：サムユクタ・ヴァルマ、ビジュ・メーノーン、ラール、シンドゥ・シャーム、ティラカン、ジャガティ・シュリークマール

女性→P.170
マラヤーラム文芸→P.186

タミルナードゥ州南部の村に移住してきたケーララ人医師の一家。一人娘のバドラは詩と音楽を愛する夢見がちな文学少女。村の寺院の僧侶で声楽家でもあるラーマーヌジャに入門してレッスンを受けるうちに彼に恋するようになるが、彼女の父はこれを認めず、2人を引き離す。数年後、既婚者となり医師として働くバドラは、コッチに住んでいるが、見合い婚で結ばれた、ミソジニー気質をもつ夫との愛のない生活に苦しむ。初恋の相手への思いに突き動かされ、村を再訪した彼女が見た残酷な現実。日本で自伝が翻訳されたこともあるカマラ・ダースの短編小説を基にした文芸的作品。メロドラマを彩る珠玉の楽曲、1人の女性の人生のそれぞれの局面を説得力をもって演じたサムユクタ・ヴァルマが見事。（安）

Yajamaana／Narasimham／Mazha

2001

2001年の主な出来事

◉9月11日、アメリカで同時多発テロ◉テルグ俳優NTRジュニアが『Ninnu Choodalani』でヒーローとしてデビュー◉S・S・ラージャマウリが『Student No: 1』で監督としてデビュー◉12月13日、インド国会議事堂襲撃事件。パキスタン系のテロリスト集団によるものと発表され、印パ関係は以降急速に冷え込む◉タミル映画界で1950年代から活躍した名優シヴァージ・ガネーサン死去、享年72歳◉ケーララ州カダルンディ川で列車脱線事故

Dheena
ディーナー

タミル興収No.1

タミル語／2001年／167分
監督：A・R・ムルガダース
音楽：ユヴァン・シャンカル・ラージャー
出演：アジット・クマール、ライラー、スレーシュ・ゴーピ、ナグマー

ディーナーは街を守護するドン・アーディの義弟で、血の繋がりはなくとも固い絆で結ばれた兄の右腕として敵対勢力と戦っていた。ある日、2人の妹シャーンティが恋人との将来を悲観して駆け落ちを試み、車で大事故を起こす。相手の青年はディーナーの恋人チトラーの弟で、報復を誓うアーディをディーナーが諌めたため2人の間に亀裂が入る。一方、アーディと敵対する政治家のマラルヴァンナンは兄弟の確執にほくそ笑んでいた。ムルガダース監督のデビュー作で、シンプルなアクションドラマにロマンスや家族センチメントが凝縮された、バランスの良さとスピード感が革新的だった。長らくアジットの二つ名とされた「Thala（頭目）」は、彼がアクションスターのイメージを確立した本作が初出。（矢）

Narasimha Naidu
ナラシンハ・ナーイドゥ

テルグ興収No.1

テルグ語／2001年／161分
監督：B・ゴーパール
音楽：V・S・R・スワーミ
出演：バーラクリシュナ、シムラン、プリーティ・ジャンギヤーニ、アシャー・シャイニー、K・ヴィシュワナート、ムケーシュ・リシ、ブラフマーナンダム

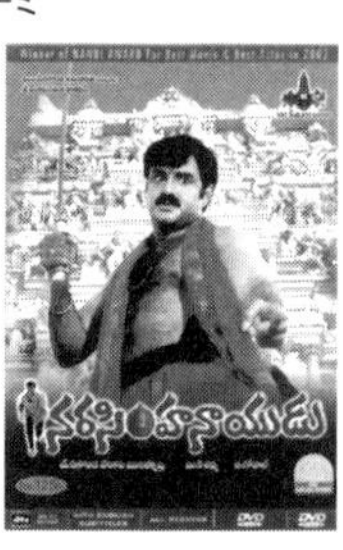

ラーヤラシーマ➔P.180

ラーヤラシーマ地方のある村で、対立する2つの名家があり、クップサーミ・ナーイドゥ率いる片方の家は、村を暴力で支配しようとする。もう一方の家の当主で思慮深いラグパティ・ナーイドゥは、村の各家から男児1人を自衛組織に差し出すよう求め、自身は4男のナラシンハを加える。それから歳月が流れ、ナラシンハは遠く離れた地方でダンス教師をしていた。彼に恋するアンジャリは積極的にアタックするが、ある事件をきっかけに彼の過去を知る。主人公をヴィシュヌ神の憤怒の化身ナラシンハになぞらえる典型的なファクション映画と思って臨むと、虚を突かれる衝撃的な終盤。『ラーマーヤナ』の「ウッタラ・カーンダ」における「生涯1人の女性しか愛さないラーマ」のモチーフが過激に展開する。（安）

Nanna Preethiya Hudugi
僕の愛する人

カンナダ 興収 No.1

カンナダ語／2001年／154分
監督：ナーガティハッリ・チャンドラシェーカル
音楽：マノー・ムールティ
出演：ディヤーン（サミール・ダッターニ）、ディーパーリ

カルナータカ州中部マレナードのバーレホンヌールの僻村に育ったプットゥはいたずら好きの青年だったが、笛が得意なことからアメリカとの文化交流プログラム研修生に選ばれ、デトロイトに旅立つ。彼はそこで裕福な在米カンナダ人の娘チンヌと出会って恋に落ちるが、彼女の両親は2人の仲を認めない。1997年の名作『America! America!!』（未）で知られるナーガティハッリ・チャンドラシェーカル監督が、再びアメリカを舞台に、米印の文化の差、在米NRI（在外インド人）批判などを展開した。しかし劇中のキャラクターは、映像作家の頭の中で創られたファンシー若者像という趣で、現実感に欠ける。スディープ、ダルシャン、プニートなどが頭角を現す直前の過渡期を感じさせる。（安）

Ravanaprabhu
ラーヴァナ王

マラヤーラム 興収 No.1

マラヤーラム語／2001年／178分
監督：ランジット
音楽：スレーシュ・ピータース、ラージャーマニ
出演：モーハンラール、ヴァスンダラ・ダース、シッディク、イノセント、ヴィジャヤ・ラーガヴァン、サーイ・クマール

1993年の有名作『Devaasuram（神と阿修羅）』（未）の異なる監督による続編。同作の主人公ニーラカンダンはバーヌマティと家庭を築く。年を経て67歳で妻を失った彼はめっきり老け込むが、宿敵シェーカランの彼への憎悪は収まることがなかった。ニーラカンダンの息子カールティケーヤンは若い頃の父に似た乱暴者。シェーカラン一味と父との間の不動産を巡る争いで父が敗れた時、カールティケーヤンはシェーカランの娘ジャーナキを拉致し、自分をラーヴァナになぞらえるが、彼とジャーナキとの間には愛が芽生えつつあった。本作で監督デビューのランジットは、ヒットメーカーとなり、2010年前後にはカリスマと言っていいほどの地位を築いた。モーハンラールの父と息子の一人二役は完璧。（安）

Nandhaa
ナンダー

Editor's Choice

タミル語／2001年／125分
監督：バーラー
音楽：ユヴァン・シャンカル・ラージャー
出演：スーリヤ、ライラー、ラージキラン

タミル・ニューウェーブ➔P.106

母を殴った父を撲殺した罪で少年院送りとなったナンダーは、やがて出所し数年ぶりに家に戻るが、彼を怖れる母に接触を拒絶されてしまう。人生をやり直すため大学への進学を考えた彼は、市民と街の守護を自らの使命とする篤志家ペリヤーヴァルに直訴して入学を認められ、気に入られて側近となる。ナンダーは失ってしまった人生を、そして母の愛を取り戻せるのか。底辺に生きる人々を描く悲劇的な作風で独自路線を歩むバーラー監督だが、本作は陰惨さが控えめで、人間愛を謳う感動的なメッセージも示される。しかし全てを断ち切る衝撃の結末が大きな反響を呼んだ。監督はマラヤーラム語映画『Thariyavarthanam（繰り返されるリズム）』（1987、未）の結末に感銘を受け脚本を執筆したと語る。（矢）

2002

2002年の主な出来事

◉グジャラート州各地で暴動。死者1000人単位の今世紀最悪のコミュナル紛争となり、特にムスリムが狙い撃ちに遭い犠牲者多数◉テルグ俳優プラバースが『Eeswar』でデビュー◉マラヤーラム俳優プリトヴィラージ・スクマーランが『Nandanam』で、ファハド・ファーシルが『Kaiyethum Doorath』でデビュー◉タミル語作品『Baba』が、興収トップでありながら期待値に届かず配給会社に損をさせたとして主演のラジニが異例の補償金支払い

Baba
バーバー

タミル興収No.1

タミル語／2002年／178分
監督：スレーシュ・クリシュナ
音楽：A・R・ラフマーン
出演：ラジニカーント、マニーシャー・コーイラーラー、スジャーター、ガウンダマニ

※タミル語の興収トップは『Villain』との説もあり

バーバーは酒も煙草も嗜む無神論者だが正義感の強い熱血漢で、民を苦しめる悪徳政治家と対立していた。彼が誕生する前、両親は賢者から彼が聖者バーバージの弟子の転生者であると告げられたが、本人はそのことを知らない。ある時、バーバーは行者に導かれてヒマラヤの奥地にワープする。戸惑う彼は、そこに降臨したバーバージから「願いが叶うマントラ」を授かり現世に戻される。バーバージの信奉者として知られるラジニカーント自身の思想や哲学を反映させたとされ、その語り口から政界進出のもくろみも取り沙汰された異色のドラマだが、豪華なダンスやアクションも満載のつくりでファンを喜ばせた。2022年に、上映時間を短縮し結末にも変更を加えたデジタル・リマスター版が公開された。（矢）

Indra
インドラ

テルグ興収No.1

テルグ語／2002年／173分
監督：B・ゴーパール
音楽：マニ・シャルマ
出演：チランジーヴィ、ソーナーリー・ベーンドレー、アールティ・アガルワール、ムケーシュ・リシ、プラカーシュ・ラージ

写真提供：インドエイガジャパン

ラーヤラシーマ➔P.180

ヴァーラーナシーに住む実直なタクシー運転手シャンカラ。彼には封印した過去がある。それは、ラーヤラシーマで人々の尊崇を一身に集めたインドラセーナ・レッディの暴力と復讐の連鎖の物語だった。2000年代前半に流行したファクション映画のフォーマットをチランジーヴィが試み大ヒットした。08年の政界入りはまだ現実的ではなかったが、作中では民衆の指導者としてのチランジーヴィの姿が繰り返し現れる。6曲のソングは全てダンスでラーガヴァー・ローレンスの振付が冴え渡る。前半の舞台のヴァーラーナシー、シュローカの朗誦、鬼神のような怒りの表出など、神懸った要素が多いが、主人公が神であるというよりは、神の祝福と信任を得て大衆のリーダーとなる男だということを示す演出。（安）

Thavarige Baa Thangi

家に戻れ、妹よ

カンナダ興収 No.1

カンナダ語／2002年／151分
監督：オーム・サーイ・プラカーシュ
音楽：ハムサレーカ
出演：シヴァラージクマール、ラーディカー・クマーラスワーミ、アヌ・プラバーカル、コーマル、アーダルシュ、ヘーマー・チャウダリ、アヴィナーシュ、サードゥ・コーキラ

両親を早くに失ったシヴとラクシュミーは仲の良い兄妹で、シヴは親に代わり妹を慈しむ。ラクシュミーは裕福な家の一人息子と恋愛結婚するが、鬼のような姑と親族にいたぶられる。古い時代の南インド映画に多く見られながら徐々に廃れつつあった「兄妹センチメントもの」のリバイバルで、ファミリー層に大うけした。オーム・サーイ・プラカーシュ監督とシヴァラージクマールは、その後も同趣向の『Anna Thangi〔兄妹〕』（2005、未）、『Devaru Kotta Thangi〔神から授かった妹〕』（2009、未）を送り出し、いずれもヒットにした。本作鑑賞にあたっては、インドでは肉親・夫婦以外の男女がホテルの客室にいれば、売買春と見なされ逮捕されうるという通念を頭に入れておく必要がある。（安）

Meesha Madhavan

口髭のマーダヴァン

マラヤーラム興収 No.1

マラヤーラム語／2002年／160分
監督：ラール・ジョーズ
音楽：ヴィディヤサーガル
出演：ディリープ、カーヴィヤ・マーダヴァン、インドラジット・スクマーラン、ジャガティ・シュリークマール、ジョーティルマイ、カールティカ・マーテュ

村の映画➔P.166

ケーララ州中部パーラッカードのチェック村。マーダヴァン・ナーヤルは12歳の時から盗みに手を染めてきた小悪党。彼が誰かの前で自分の口髭をひねると、その人物の家に忍び入って盗みをすると信じられている。それでありながら、小さな村で彼やその家族は特に追い立てられることもなく居場所を得て暮らす。マーダヴァンの宿敵の金貸しバギーラダン・ピッラーイと新任の警部イーッパンは、マーダヴァンをなんとか拘束しようと策略をめぐらせる。典型的な村のコメディーで、筋立ては水のように薄く、おかしな村人たちのどつき合いを楽しむためのもの。1992年にデビューし、一貫してコミカルな演技と愛嬌ある佇まいとで徐々に人気を獲得してきたディリープのスターダムを確立した一作。（安）

Majestic

マジェスティック地区

Editor's Choice

カンナダ語／2002年／140分
監督：P・N・サティヤ
音楽：サードゥ・コーキラ
出演：ダルシャン、シュパルシャ・レーカー、ジャイ・ジャガディーシュ、ヴァニター、ヴァース

カンナダ・ノワール➔P.184

母に暴力を振るう父を殺し出奔した少年が、ベンガルールのマジェスティック地区に流れ着く。彼はそこで悪徳警官からダーサと名付けられ、その下働きをしながら街を牛耳るならず者に育つ。ある時カーストの違う恋人たちを別れさせる仕事を請け負うが、現場にいた気丈な女子大生キランが自分を罵ったことを知ったダースは、報復を思いつく。それは、彼女を自分に惚れさせた上で捨てるということだった。ダルシャンの初主演作で大ヒットとなった。下町マジェスティック（P．184）を、若者を蟻地獄のように吸い込む悪徳の巷として描く。表現は荒削りながら、凄惨な暴力の応酬と初々しく純情なロマンスとを織り込んだ。地名の由来となった今はないマジェスティック劇場が画面に一瞬写り込む。（安）

2003

2003年の主な出来事

◉ケーララ生まれの女優ナヤンターラがマラヤーラム語作品『Manassinakkare』でデビュー◉2000年から02年にかけ3～5%台に落ち込んでいた実質GDP成長率が、この年8.5%となり、以降再び高成長に転じる。ゴールドマン・サックスのいわゆる『BRICsリポート』など、外国からもインドの将来性への期待が高まる◉10月、アーンドラ・プラデーシュ州ティルパティで、州首相チャンドラバーブ・ナーイドゥを狙った爆弾テロ。州首相はほぼ無傷

Saamy
主人

タミル興収No.1

タミル語／2003年／161分
監督：ハリ
音楽：ハーリス・ジェヤラージ
出演：ヴィクラム、トリシャー・クリシュナン、コータ・シュリーニヴァーサ・ラーオ、ラメーシュ・カンナー、ヴィヴェーク

ティルネルヴェーリ署に異動してきたサーミ警視は着任早々に部下を集め、治安維持のためなら市民に被害がおよばぬ限り何をしても構わないと訓示する。一方で、彼は悪徳政治家ペルマールの所業を見逃す見返りとして賄賂を受け取っていた。警察が手段を選ばず悪人を検挙し街の治安が向上する中、収賄を知った恋人のブワナーから責められたサーミは、それには深い理由があると明かす。警察ものはスター俳優の誰もが必ず一度は演じると言われる人気のジャンルだが、正義を貫くためなら悪事をも厭わない、きわどい警官像を描いた作品は本作が初とされる。シンプルなポリス・アクションだが、ヴィクラムの好演もあって大ヒットとなり、テルグ、カンナダ、ベンガル、ヒンディーの各言語でリメイクされた。（矢）

Tagore
タゴール

テルグ興収No.1

テルグ語／2003年／176分
監督：V・V・ヴィナーヤク
音楽：マニ・シャルマ
出演：チランジーヴィ、シュリヤー・サラン、ジョーティカー、プラカーシュ・ラージ、サヤージ・シンデー

地方自治体の役人15人が誘拐され、そのうち1人が殺害される事件が起きる。遺体のそばに残されたファイルには、「ACF（反汚職軍）」と名乗る犯人の犯行声明が書かれていた。ACFは録音テープで犯行継続を宣言し、官僚たちを誘拐・監禁した上で、その中で最も腐敗した者をこれからも殺害していくと述べる。世の官僚たちは震えあがり、一時的に汚職は激減する。一方、捜査当局は犯行グループに大学生たちが関わっていることを突き当てる。A・R・ムルガダース監督＋ヴィジャヤカーント主演でヒットしたタミル語作品『Ramanaa［ラマナー］』（2002、未）のリメイク。同作をほぼ忠実になぞっているが、最終シーンのみががらりと変わり、原作の苛烈さを回避したものになっている。（安）

Saamy／Tagore

Rakta Kanneeru
血の涙

カンナダ
興収
No.1

カンナダ語／ 2003年／ 146分
監督：サードゥ・コーキラ
音楽：サードゥ・コーキラ
出演：ウペンドラ、アビラーミ、ラムヤ・クリシュナ、クマール・バンガーラッパ、ジョーティラクシュミ、コータ・シュリーニヴァーサ・ラーオ

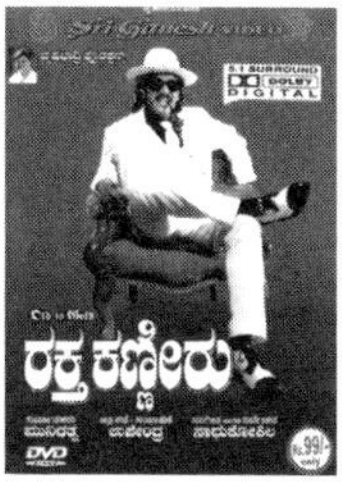

※カンナダ語の興収トップは『Abhi』との説もあり

裕福な家の一人息子モーハンは、外国に長く住み複数の学位を取得した後、1953年にインドに戻る。彼は、富裕であることを鼻にかけるだけでなく、西洋かぶれでインドの全てを見下していた。帰国するなり娼館に入り浸るモーハンを見かねて、母は息子を見合い結婚させるが、彼は妻のチャンドラに見向きもしない。しかし娼館での歓楽の暮らしも長くは続かなかった。1956年の『Chintamani』（P.171）などとも似た古色蒼然たる〝放蕩息子の改心〟テーマを、ウペンドラ流のキッチュで騒々しい会話劇に仕立てた。何をされてもじっと耐え夫に従う妻という古めかしい婦道を賞賛するかに見えて、終盤で少し違うところに着地する。トップ・コメディアンのサードゥ・コーキラの監督デビュー作。（安）

Balettan
バーラ兄さん

マラヤーラム
興収
No.1

マラヤーラム語／ 2003年／ 145分
監督：V・M・ヴィヌ
音楽：M・ジャヤチャンドラン、ラージャーマニ
出演：モーハンラール、デーヴァヤーニ、ネドゥムディ・ヴェーヌ、スダ、スディーシュ、リヤズ・カーン、ジャガティ・シュリークマール

村の映画➔P.166

ケーララ州中部の田舎町で銀行に勤めるバーラことバーラチャンドランは、アマチュア演劇に熱を上げる平凡な中産階級の男。定年退職した元郵便局長の父、母、弟と妹、妻と2人の娘たちと共に先祖伝来の屋敷に住むが、暮らしは楽ではない。彼は面倒見が良く、揉め事の仲裁などもよく行うので、町中の人々から「バーレッタン（バーラ兄さん）」と呼ばれている。彼を何かにつけて叱責していた厳しい父は、世を去る直前に重大な秘密を打ち明け、それによってバーラの肩にさらに大きな重荷が加わる。『Narasimham』（P.45）のヒット以降、重々しく家父長的な「タンブランムービー」（P.132）に出続けたモーハンラールが、市井の庶民として現れたことが観客のノスタルジーを掻き立てた。（安）

Okkadu
ひとりの男

Editor's
Choice

テルグ語／ 2003年／ 171分
監督：グナシェーカル
音楽：マニ・シャルマ
出演：マヘーシュ・バーブ、ブーミカー・チャーウラー、プラカーシュ・ラージ、ムケーシュ・リシ

ラーヤラシーマ➔P.180

ハイダラーバード旧市街に住むアジャイはカバディの花形選手。試合でラーヤラシーマのカルヌールを訪れる。彼は街のシンボルのコンダレッディ砦（P.200）の前で、若い女性スワプナがファクショニストのオブル レッディに力づくで連れ去られようとしているのを目撃し、とっさに彼女を助ける。そこから出会ったばかりの2人の逃避行が始まる。『バブーをさがせ！』（1998）で知られ、2000年代のトップ監督の一人だったグナシェーカルの代表作。本作の、特に前半の逃避行パートでの目の覚めるような見事な演出は、テルグ語アクション映画の新時代を印象づけた。また、それまでのテルグ語映画ではギャングの巣窟扱いだったハイダラーバード旧市街を、美しく詩的に描いたことも画期的だった。（安）

2004

2004年の主な出来事

◉インド総選挙。中央の政権がBJP（インド人民党）から国民会議派へ。マンモーハン・シン首相の第1期開始◉西ガーツ山脈を根城にした盗賊ヴィーラッパン、タミルナードゥとカルナータカ両州警察の合同作戦により殺害される◉12月26日、スマトラ沖地震。インドでもベンガル湾沿い地域を中心に甚大な被害◉タミルナードゥ州のロビー活動の成果で、タミル語が中央政府の文化省により「古典語」と認定される。インド諸言語の中で初めて

百発百中
Ghilli

タミル 興収 No.1

タミル語／2004年／160分
監督：ダラニ
音楽：ヴィディヤサーガル
出演：ヴィジャイ、トリシャー・クリシュナン、プラカーシュ・ラージ、アーシーシュ・ヴィディヤールティ

マドゥライ→P.182

チェンナイの下町に住む若者ヴェールはカバディの花形選手だが、警察官の父親の理解が得られていない。彼は親戚の結婚式に出席すると偽り、カバディの試合のために南部の都市マドゥライを訪れる。彼はミーナークシ寺院（P.201）の門前町で、若い女性が土地の有力者ムットゥパーンディに力づくで連れ去られようとしているのを目撃し、とっさにその女性ダナラクシュミを助ける。そこから出会ったばかりの2人の逃避行が始まり、彼はダナラクシュミをチェンナイまで連れ帰るが、ムットゥパーンディの執念はそれでは収まらない。前年にヒットしたテルグ語映画『Okkadu』（P.51）のリメイク。本作もブロックバスターとなり、ヴィジャイの今日のスターダムの基礎を作った作品の一つとなった。（安）

Shankar Dada M.B.B.S.
シャンカル兄貴、医者になる

テルグ 興収 No.1

テルグ語／2004年／172分
監督：ジャヤント・C・パーランジ
音楽：デーヴィ・シュリー・プラサード
出演：チランジーヴィ、ソーナーリー・ベーンドレー、シュリーカーント、パレーシュ・ラーワル、ギリーシュ・カールナード

ハイダラーバードのギャングの親分シャンカル・プラサードは、勝手気ままに生きているが、両親には頭が上がらない。息子を医師にしたいという父の望みを形だけ叶えるため、偽の病院を作り、両親が彼を訪れる時だけ医師のふりをしている。しかしある時ウソがばれ、父はひどく傷つく。シャンカルは一念発起して本物の医者になろうと医大生になる。2003年のヒンディー語作品『ムンナー兄貴、医者になる』のリメイク。本作の成功により、『ムンナー兄貴、ガンディーと出会う』（2006）もチランジーヴィ主演で『Shankar Dada Zindabad〔シャンカル兄貴万歳〕』（2007、未）としてリメイクされ、これがチランジーヴィの政界入り前の最後の作品となった。（安）

Apthamitra
親友

カンナダ 興収 No.1

カンナダ語/2004年/146分
監督:P・ヴァース
音楽:グルキラン
出演:ヴィシュヌヴァルダン、サウンダリヤー、ラメーシュ・アラヴィンド、プレーマ、アヴィナーシュ、ドワラキーシュ

ホラー→P.162

ラメーシャとガンガの夫婦は、マイスールの大邸宅を買い取り、しぶる親類と共に移り住む。同居の者たちは、邸宅2階の封印された部屋に入るのを控えることを申し合わせる。その部屋は、150年ほど前の封建制の時代に非業の死を遂げたテルグ人の踊り子ナーガヴァッリに関係があるらしい。邸宅内では怪異が起こり始め、ガンガの様子も徐々におかしくなる。ラメーシャは親友の精神科医ヴィジャイに助けを求める。『Manichitrathazhu』(P.163)のリメイクで、本作が同じ監督でさらにタミル語でリメイクされたものが翌年の『チャンドラムキ 踊る!アメリカ帰りのゴーストバスター』(P.27)となる。オリジナルと概ね同じだが、怪異の原因とされるものに解釈の違いがみられる。(安)

Sethurama Iyer CBI
CBI捜査官 セードゥラーマ・アイヤル

マラヤーラム 興収 No.1

マラヤーラム語/2004年/145分
監督:K・マドゥ
音楽:シャーム
出演:マンムーティ、ムケーシュ、ジャガティ・シュリークマール、カラーバワン・マニ、ナヴィヤ・ナーヤル

捜査官セードゥラーマは、7件の殺人事件で有罪となり、処刑を待っているアレックスを牢に訪ねる。彼は違法薬物を摂取してハイになった状態で次々と殺人を犯したという。アレックスはセードゥラーマに7件のうちの1件は自分の仕業ではないと告白する。セードゥラーマはいったん終了した調査を再開する。『Oru CBI Diary Kurippu(あるCBI捜査官の日記の書き込み)』(1988、未)から始まり、『CBI 5: The Brain(CBI5:頭脳)』(2022、未)に至る長寿シリーズの第3作目。水戸黄門よろしく2人の同僚を従えて捜査をするセードゥラーマは、古典音楽を愛するパーラッカード地方の伝統的なバラモンという意表を突く設定。これはシリーズ1作目でマンムーティ自身が提案したものだという。(安)

Aayitha Ezhuthu
アーイダの文字

Editor's Choice

タミル語/2004年/155分
監督:マニラトナム
音楽:A・R・ラフマーン
出演:スーリヤ、マーダヴァン、シッダールト、イーシャー・デーオール、ミーラ・ジャスミン、トリシャー・クリシュナン、バーラティラージャー

チェンナイを車で疾走する、政治家の鉄砲玉インバ。通りがかりの男のバイクに便乗した、米国移住を望むプレイボーイのアルジュン。アルジュンをバイクに乗せた、政治参画を目指す学生社会活動家のマイク。インバは2人のバイクを追い、ネイピア橋の上でアルジュンを降ろした直後のマイクに銃弾を撃ち込む。そこに至る経緯を3人それぞれの視点から振り返り、赤・緑・青の3色が象徴する、三者三様の野心と愛と人生の行方が橋上での事件で劇的に変わる様を描くハイパーリンクシネマ。ニューウェーブを予言するような先鋭的な若者讃歌で、先に撮影されたヒンディー語版『Yuva(若者)』(2004、未)に対し、タミルきっての演技巧者の3人が激突した本作は、暴力的かつリアルな質感が際立つ。(矢)

Apthamitra / Sethurama Iyer CBI / Aayitha Ezhuthu

2005

2005年の主な出来事

◉マンモーハン・シン内閣の保健・家族省大臣アンブマニ・ラーマダース（タミルナードゥ州出身）による強力な反タバコ・キャンペーンが開始。以降、映画作品内での喫煙や飲酒のシーンへの規制が強まる◉ヒンディー語作品『Paheli』の撮影にあたり、動物保護団体から執拗な干渉を受け、製作者はカラスをCGで撮影。以降、映画中の動物使用に障壁

◉タミル語興収No. 1は『チャンドラムキ 踊る！アメリカ帰りのゴーストバスター』（P.27）

Andarivaadu

皆のためにある男

テルグ興収No.1

テルグ語／ 2005年／ 162分
監督：シュリーヌ・ヴァイトラ
音楽：デーヴィ・シュリー・プラサード
出演：チランジーヴィ、タップー、リミ・セン、ラクシタ、プラディープ・ラーワト、スニール、ブラフマーナンダム

熟年の建設労働者ゴーヴィンドゥはガラッぱち男。やもめなので家庭的責任もなく、喧嘩と飲酒に明け暮れている。その息子シッドゥは父と正反対のインテリで、テレビ司会者として働く。彼はゼネコン社長の令嬢シュウェータと恋仲だが、彼女の父はシッドゥが父と縁を切ることを2人の結婚の条件とする。一方、シッドゥは父を落ち着かせるためシャーンティという女性と結婚させようと画策する。チランジーヴィが父と息子の2役を演じるが、主役格は庶民的な父の方。2008年のチランジーヴィの政界入りは本作公開時点で未発表だったが、この前後の作品はどれも生真面目でお行儀のいいものばかり。本作だけが80年代の暴れ者チランジーヴィへのノスタルジーを感じさせるものとなっている。（安）

Jogi

ジョーギ

カンナダ興収No.1

カンナダ語／ 2005年／ 172分
監督：プレーム
音楽：グルキラン
出演：シヴァラージクマール、アルンダティ・ナーグ、ジェニファー・コトワール、ラメーシュ・バット

カルナータカ州最南部チャーマラージャガラ県マハデーシュワラ丘陵の農村地帯。貧しい家の一人息子マーデーシャは無学で素朴な男で、母との間に強い絆があった。父の病死後、母が未亡人として全ての装飾を外すことが理解できず、彼女に金のバングルを買おうとマーデーシャは身一つでベンガルールに上京する。人を疑うことを知らない彼は都会の酷薄に翻弄され、いつしかジョーギ（ヨーガ行者）というあだ名の暗黒街のドンになっていく。一方母は、戻らぬ息子を探しにベンガルールを訪れる。母と息子は巨大都市でニアミスを繰り返す。プレーム監督はセンチメンタルかつ象徴主義的な独特の作風でこの時期ヒットを連発していた。続編『Jogayya［ジョーギ大兄］』（2011、未）も作られた。（安）

Rajamanikyam
ラージャマーニキャム

マラヤーラム 興収 No.1

マラヤーラム語／ 2005年／ 126分
監督：アンワル・ラシード
音楽：アレックス・ポール
出演：マンムーティ、ラフマーン、マノージ・K・ジャヤン、サーイ・クマール、パドマプリヤー、サリム・クマール

ケーララ州南部、タミルナードゥ州との州境に近い村の有力者ラージャラトナムは、妻と死別した後ムットゥラクシュミという女性と再婚する。そして彼女の連れ子ラージャマーニキャムを実子同然に慈しむ。ラージャマーニキャムはその恩に応え、先妻の子で不良のセルヴァムが殺人に手を染めた時、その罪を被って姿を消す。歳月が流れ、彼はバッラーリ・ラージャとして再登場する。キャリア初期にコメディーとダンスを封印したマンムーティが、50代半ばになり突然賑やかなコメディーと目を覆いたくなるようなダンスで驚かせた。本作はその一連のコメディーの中の最大ヒットで、トリヴァンドラム地方の訛りが大うけした。方言の指導は同地出身のスラージ・ヴェニャーラムードが担当したという。（安）

多重人格 アンニヤン
Anniyan

Editor's Choice

タミル語／ 2005年／ 181分
監督：シャンカル
音楽：ハーリス・ジェヤラージ
出演：ヴィクラム、サダー、プラカーシュ・ラージ、ヴィヴェーク、ネドゥムディ・ヴェーヌ

弁護士のアンビは生真面目で、人々のルール違反を許せずストレスを抱えていた。ある日、彼は不正行為への苦情を書き込めるウェブサイトを発見し、思い当たる男の情報を入力する。男は何者かに惨殺され、その後も彼が情報を書き込んだ人間が次々と殺される。事件を追うプラバーカル警視は現場に残されたサンスクリット語のメモが手がかりになると考え、サンスクリット語に秀でたアンビのもとを訪ねる。解離性同一性障害を扱ったサイコスリラーで、シャンカル監督は社会の悪を糾弾し大衆に喝を入れる、得意のスタイルで独創的かつ豪華な作品に仕上げた。正義のバラモンが非バラモンを制裁するという図式は批判も生んだが空前のヒットとなり、州を超え多数の映画で引用・パロディー化された。（矢）

Nuvvostanante Nenoddantana
あなたが来るというなら、私が拒んだりする？

Editor's Choice

テルグ語／ 2005年／ 161分
監督：プラブデーヴァー
音楽：デーヴィ・シュリー・プラサード
出演：シッダールト、トリシャー・クリシュナン、シュリーハリ

テルグ・オルターナティブ→P.117

ロンドン在住の富豪NRIのドラ息子サントーシュは親戚の結婚式に出席するためインドを訪れる。親戚の家で会った花嫁の友人シリと喧嘩しながらも惹かれあっていくが、彼女は両親を早くになくした農家の娘。不釣り合いなカップルはサントーシュの親族により引き離される。諦めきれないサントーシュは単身シリの住む村にやってくるが、そこに立ちはだかったのは彼女の親代わりの兄シヴァラーマクリシュナだった。都会の軟弱人種を忌み嫌う兄はサントーシュに厳しい農作業の試練を課す。カリスマ振付師プラブデーヴァーの監督第1作。題名は『Varsham』（P.194）の劇中歌（プラブデーヴァーがダンスの振付をした）からの引用。振付師の監督作らしく、隅々まで計算された美しい画面が印象的。（安）

Rajamanikyam ／多重人格 アンニヤン／ Nuvvostanante Nenoddantana

2006

2006年の主な出来事

◉カンナダ語映画のスーパースターだったラージクマールが死去。享年76歳。死を悼む人々が暴徒化し、ベンガルールで暴動が発生◉オランダ発祥のリアリティーショー「Big Brother」のインド版「Bigg Boss」がTV放映開始。以降様々な趣向のリアリティー番組が現れて人気となる◉女優ディーピカー・パドゥコーネ（パードゥコーン）がカンナダ語作品『Aishwarya』でデビュー◉マンガルールで畜牛屠殺をめぐりヒンドゥー・ムスリム間の暴動

タミル 興収 No.1

Varalaru
歴史

※タイトルはVaralaru: History of Godfatherとも

タミル語／2006年／166分
監督：K・S・ラヴィクマール
音楽：A・R・ラフマーン
出演：アジット・クマール、アシン、カニハー

※タミル語の興収トップは『Vettaiyaadu Vilaiyaadu』との説もあり

車椅子生活を送る富豪シヴァシャンカルの一人息子で遊び人のヴィシュヌは、父に命じられてボランティア活動に向かった村で女子大生のディヴィヤーと恋に落ちる。やがて2人は婚約するが、その直後からヴィシュヌが窃盗やレイプ未遂などの重大事件を起こし始める。シヴァシャンカルは事件の記憶がないという息子の心の病を疑い病院に連れて行くが、そこには不敵な笑みで2人の様子を窺う謎の男の姿があった。娯楽映画の大御所ラヴィクマール監督が、ジェンダーバイアスをはじめとした性に関する重い題材を物語のキーとして、衝撃的な家族ドラマに仕立てた。アジットが女性的な男性を含む3役に挑み、その演技力を遺憾なく発揮した大ヒット作。カンナダ語、オリヤー語でリメイクされた。（矢）

テルグ 興収 No.1

Pokiri
ならず者

テルグ語／2006年／168分
監督：プーリ・ジャガンナード
音楽：マニ・シャルマ
出演：マヘーシュ・バーブ、イリヤーナー・デクルーズ、プラカーシュ・ラージ、ナーサル、アーシーシュ・ヴィディヤールティ、サヤージー・シンデー

ギャング同士の激しい抗争が進行中のハイダラーバード。パンドゥは組織に属さないフリーの殺し屋で、凄腕で知られる。彼はある時エアロビクス・インストラクターのシュルティと知り合って心惹かれる。シュルティもパンドゥを愛するようになるが、彼のいる暴力の世界の壮絶さに打ちひしがれる。しかしギャング間抗争に警察も介入しての混沌の中でパンドゥの真の姿が明らかになる。ハードなバイオレンス、都会的なクールさと、ブラフマーナンダム率いるお笑い軍団のコメディーが同居。この時期のテルグ語スター映画の定式をなぞるが、全てにおいてプロダクション・バリューが高い。タミル語、カンナダ語、ヒンディー語でそれぞれの大スターを主演にリメイクされ、いずれもヒットした。（安）

Mungaru Male
雨季の先触れの雨

カンナダ 興収 No.1

カンナダ語／2006年／143分
監督：ヨーガラージ・バット
音楽：マノー・ムールティ
出演：ガネーシュ、プージャー・ガーンディー、アナント・ナーグ、スダー・ベラワーディ、ディガント

カンナダ・ニューウェーブ→P.124

ベンガルールに住む富裕層の若者プリータムは、ショッピングモールで見かけた美女ナンディニに一目惚れし、間抜けないきさつから彼女と知り合いになる。彼の母カマラーは、コダグ地方のマディケリに住む知人の娘の結婚式に参列するため、プリータムを連れて出かける。その知人の娘がナンディニであることを知りショックを受けるプリータム。式までの数日間のうちに2人は打ち解けていき、それは愛と呼べるほどのものになった。テレビのお笑い番組出身のガネーシュの出世作で、怒涛の大ヒットとなった。垂れ目のぽっちゃり顔、肉体美とも無縁、泣き虫でお人好しな主人公の情けない恋路、そしてきわめて保守的な価値観の表出がなぜか多くの観客の共感を呼んだ。雨季の緑溢れる風景が美しい。（安）

Classmates
クラスメート

マラヤーラム 興収 No.1

マラヤーラム語／2006年／150分
監督：ラール・ジョーズ
音楽：アレックス・ポール
出演：プリトヴィラージ・スクマーラン、カーヴィヤ・マーダヴァン、ジャヤスーリヤ、ナレーン、インドラジット・スクマーラン

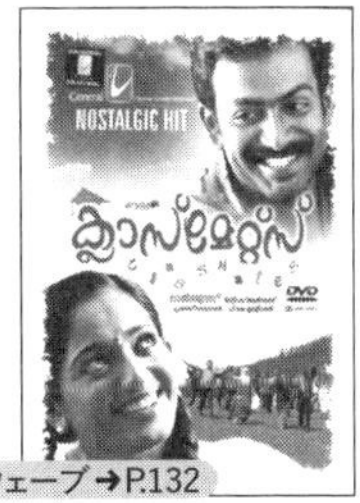

マラヤーラム・ニューウェーブ→P.132

1991年卒業の元大学生たちが15年ぶりに集まる。その大学のアイヤル教授は、自身の息子ムラリを在学中の不審死で失っていたが、彼の遺志を叶えようとその同級生たちを招いて同窓会を企画したのだ。しかし旧交を温めるべきその場で、同窓生の1人スクマーランが瀕死の状態で見つかる。自殺未遂とも殺人未遂ともとれる状況下、教授は集まった同窓生たちから話を聞き出し、15年前の複雑に絡み合った人間関係を紐解く。2大スターであるマンムーティとモーハンラールに依存するあまり90年代末から長いスランプに陥っていたマラヤーラム語映画界に希望の光をもたらし、2010年代からのニューウェーブに繋げたヒット作。若手の演技者たちが集結したキャストはそれだけでも新鮮だった。（安）

Vikramarkudu
ヴィクラマールカ王

Editor's Choice

テルグ語／2006年／161分
監督：S・S・ラージャマウリ
音楽：M・M・キーラヴァーニ
出演：ラヴィ・テージャ、アヌシュカ・シェッティ、プラカーシュ・ラージ、ラージーヴ・カナカラ

ハイダラーバードのコソ泥のアッティリ・サッティバーブは、ある日紛れ込んだ結婚式場で、マディヤ・プラデーシュ州から来たニーラジャに会い、一目惚れする。彼女のため悪事から足を洗おうと決意し、最後の盗みをはたらいたところ、なぜか幼い女の子を連れ帰ってしまう。子供嫌いな彼は女児を遺棄しようとするがうまく行かない。そして彼はその子の父親が彼と瓜二つの警察官であることを知る。息もつかせぬストーリー展開の本作からは、少なくとも4言語6本のリメイクが生まれた。ここでラージャマウリは自作の多言語・汎インド展開を考えるようになったのではないか。しかし、この当時キャリアの絶頂期だったラヴィ・テージャ演じるハイテンション無責任男の見事さを超えるリメイクはなかった。（安）

2007

2007年の主な出来事

◉YouTubeがパートナープログラムを開始◉アメリカでアイフォーンが発売◉8月25日、アーンドラ・プラデーシュ州ハイダラーバード市内の2ヶ所で爆弾テロ◉Moser Baer社の低価格正規版DVDやVCDの発売が開始。これ以降、同社以外も巻き込みディスクの価格破壊が進み、DVD1枚がこれまでの700～1000ルピーから100ルピー前後に◉**タミル語興収No. 1は『ボス その男シヴァージ』**(P.35) **◉テルグ語興収No. 1は『ヤマドンガ』**(P.41)

Cheluvina Chittara
美しき意匠

カンナダ興収No.1

カンナダ語／2007年／149分
監督：S・ナーラーヤン
音楽：マノー・ムールティ
出演：ガネーシュ、アムーリヤ、コーマル、スレーシュ・チャンドラ

ダリト・トライブ→P.152

2004年のタミル語映画『Kaadhal』（P.158）のリメイク。低予算で製作された原作は質的に高い評価を得てヒットしたものの同年の興収ランクではトップテン圏外だったのに対し、本作は総じて厳しい批評に晒されながら07年の興収トップとなり、主演のガネーシュは前年の『Mungaru Male』（P.57）に続くヒットで有力スターの一人となった。厳しい批評の多くが、ストーリーがカルナータカの風土に馴染んでいないと指摘した。オリジナルの舞台であるマドゥライとチェンナイは、ここではマイスール南東のナラシープラ（ランドマークのカーヴェーリホレ橋が何度も現れる）とベンガルールとなった。ヒロインの属するカーストはタミル版ではテーヴァル、本作ではオッカリガ（ガウダ）となった。（安）

Mayavi
透明人間

マラヤーラム興収No.1

マラヤーラム語／2007年／132分
監督：シャーフィ
音楽：アレックス・ポール
出演：マンムーティ、ゴーピカ、マノージ・K・ジャヤン、サーイ・クマール、ヴィジャヤラーガヴァン、スラージ・ヴェニャーラムード、サリム・クマール

村の映画→P.166

小悪人のマヒは中央刑務所で服役中だが、荒れる囚人を看守に代わり懲らしめることがあった。そんな時、彼は気配を消して相手に近づき不意打ちで襲うので「マーヤヴィ（透明人間）」とあだ名されていた。独立記念日に彼は特赦で出所するが、獄中に残った仲間のバーランの家族を援助するため、水郷地帯の資産家トーッタップッリ家の怪しげな下働きをすることになる。仕事に向かう途中の船で乗りあわせた女性インドゥの危機を透明人間スタイルで救うマヒだったが、彼女は雇い主と敵対する家のために働いていた。アクション・コメディーと銘打たれた作品だが、舞台は田舎で、アクションの振付ものどかでマイルド。クライマックスの格闘シーンに加わるのは、ほとんどが40歳以上の演じ手たち。（安）

Kalloori
カレッジ

タミル語／2007年／141分
監督：バーラージ・シャクティヴェール
音楽：ジョーシュワー・シュリーダル
出演：タマンナー、アキル、ヘーマラター、バラニ、サーイラター、ラージェーシュワリ、マーヤー・レッディ、プラカーシュ、カーマークシナーダン

タミル・ニューウェーブ→P.106
女性→P.170

地方都市でタミル語ミディアム（授業の言語がタミル語）の高校を卒業したムットゥは州立カレッジに入学する。高校の同級生の8人の男女も一緒だった。彼らは多くが下層の出身で、様々な問題を抱えながらなんとか進学していた。初登校で彼らは同じクラスのショーバナに目を奪われる。地方長官や裁判官を輩出したバラモン家庭出身の彼女は、ぬけるような白い肌と、流暢な英語とで圧倒する。最初は近寄りがたかったショーバナだが、やがて打ち解けるようになり、10人の男女は変わらない友情を誓い合うが、彼らの間で恋愛感情が芽生えてくることによって亀裂が生じ始める。デビュー3年目のタマンナーの、恋愛の過程での憧れ、焦燥、嫉妬、喜び、自己嫌悪などの全てを表現した演技は特筆もの。（安）

Duniya
世界

カンナダ語／2007年／127分
監督：ドゥニヤ・スーリ
音楽：V・マノーハル、サードゥ・コーキラ
出演：ドゥニヤ・ヴィジャイ、ラシュミ、ランガーヤナ・ラグ、キショール、ヨーゲーシュ

カンナダ・ニューウェーブ→P.124
カンナダ・ノワール→P.184

地方の村の石切り場で働くシヴァは、無学で肉体労働をする以外選択肢のない底辺の貧しい若者だった。ある時彼のただ1人の身内である母が病死してしまう。母の墓を建てる資金もないシヴァは、金を稼ぐため徒歩でベンガルールを目指し、その途上で無法者たちに襲われかけていた若い女性プールニを救う。しかし犯罪に巻き込まれたことでプールニは誤解を受け、孤児院から追い出されてしまう。根無し草の2人は絆を強め、ただ強健な体だけが取り柄のシヴァは黒社会に絡めとられていく。地を這うようなリアリズムで悪の巷としてのベンガルールを描き評判になった低予算映画。リードペアも監督もこれがデビューで、スーリとヴィジャイは以降「ドゥニヤ」の名を冠して呼ばれるようになる。（安）

Big B
大いなるB

マラヤーラム語／2007年／130分
監督：アマル・ニーラド
音楽：ゴーピ・スンダル、アルフォーンス・ジョーゼフ
出演：マンムーティ、マノージ・K・ジャヤン、ナフィーサ、アリ

マラヤーラム・ニューウェーブ→P.132

フォート・コーチンで起きた殺人事件。被害者の女性メーリ・ジョーン・クルシンガルの葬儀には親族や近隣の人々が集まる。ムンバイでギャングの用心棒をしていた長兄ビラールをはじめとする彼女の4人の養子は、宗教も職業もバラバラであまり接点がない。警察の捜査と並行し、4人は犯人を突き止めるために動き始めるが、彼ら自身の間でも疑心暗鬼が渦巻く。ラーム・ゴーパール・ヴァルマ監督に学んだアマル・ニーラドは、それまで撮影監督だったが、本作で監督デビュー。スタイリッシュな映像美を身上とする新進として注目された。主演のマンムーティに、おそらく映画中では初めてストーンウォッシュ・ジーンズを着用させた。後に監督となるサミール・ターヒルが撮影監督としてデビューした。（安）

2008

2008年の主な出来事

◉テルグ語映画界のスーパースター・チランジーヴィが政党「Praja Rajyam Party」を結党。同党は低空飛行を続け、2011年に国民会議派に吸収され消滅◉Sparsh CCTV社が初のインド国産監視カメラを発売。その後20年代には、南インドの諸都市は世界的にも監視カメラ設置率の高い場所に◉11月26日から29日にかけ、ムンバイで同時多発テロ。11.26と称される◉ハイダラーバード南郊およびベンガルールの北郊に、それぞれ新国際空港が開港

Dasavathaaram

ヴィシュヌの十の化身

タミル興収No.1

タミル語／2008年／185分
監督：K・S・ラヴィクマール
音楽：ヒメーシュ・レーシャミヤー
出演：カマル・ハーサン、アシン

12世紀、ヒンドゥー教シヴァ派のチョーラ王はヴィシュヌ派を弾圧し、抵抗した僧侶を海に沈める。時は移り、米国の企業で生物兵器の開発に携わるゴーヴィンドはテロ組織へのウイルス売却計画を察知する。彼は計画阻止のため研究所からサンプルを持ち出すが、刺客の襲撃をかわすうちにサンプルが航空便に紛れてインドに輸送され、めぐりめぐって祭礼の山車に載せられたヴィシュヌ神像の胎内に入ってしまう。ゴーヴィンドはウイルスを回収し拡散を防ぐべく奔走する。カマル自身が脚本も手がけたアクション・スリラーで、彼が複数の民族・言語の人物を演じる「1人10役」が話題となった。一部の役の設定と特殊メイクに無理も感じられるが、その役者としての探究心と見事な芸は彼の真骨頂と言える。（矢）

Jalsa

愉楽

テルグ興収No.1

テルグ語／2008年／167分
監督：トリヴィクラム・シュリーニヴァース
音楽：デーヴィ・シュリー・プラサード
出演：パワン・カリヤーン、イリヤーナー・デクルーズ、プラカーシュ・ラージ、パールヴァティー・メルタン、カマリニ・ムカルジー、アリー、ムケーシュ・リシ、ブラフマーナンダム、スニール

ラーヤラシーマ→P.180
左翼・極左→P.174

ハイダラーバードで万年学生をしているサンジャイは、毎日を飲んだくれて過ごす。ある日、下級生バーギを暴漢から救ったのがきっかけで彼女から慕われるようになる。しかしバーギだけではなく、ファクショニストのダーモーダラ・レッディと手下の男たちも彼を追いかけていた。パワン・カリヤーンのソロ主演作が1年以上なかったところに公開され爆発的ヒットとなった。唐突過ぎるナクサライト挿話や日本刀アクションなど、パワンにやらせたいことを無理に詰め込んだ感じだが、トリヴィクラムのウィットに富んだ脚本が大うけした。イリヤーナー、パールヴァティー、カマリニのトリプルヒロインに加え、マヘーシュ・バーブがナレーションを担当したこともプロダクション・バリューを上げた。（安）

Buddhivanta
天才

カンナダ 興収 No.1

カンナダ語／ 2008年／ 138分
監督：ラーマナート・リグヴェーディ
音楽：ヴィジャイ・アントニー
出演：ウペンドラ、プージャー・ガーンディ、ブリンダー・パレーク、サローニ、ナタニャー・シン、スマン・ランガナート、ラクシュミー、シュリーダル

マンガルール弁でマシンガントークをする自称パンチャームルタという男。彼は4人の女性を相手に詐欺をはたらいたとして裁判にかけられる。さらにもう1人の被害者女性も傍聴席で見守る。彼は相手により詐称する人格を変え、ロンドン在住ビジネスマン、新興宗教の教祖などを名乗り金品を巻き上げたエピソードが順番に語られる。前年公開のタミル語作品『Naan Avan Illai［僕は彼じゃない］』（未）のリメイクだが、さらにその元をたどるとマラーティー語の戯曲に行きつくという。しかしリメイクであるとは信じられない、ウペンドラのために書き下ろされた脚本であるかのようなフィット感。特にラーヤラシーマのファクショニスト（P.180）を名乗る痛烈なパロディーのエピソードが面白い。（安）

Twenty:20
トゥエンティ・トゥエンティ
（クリケットの試合形式の一つ）

マラヤーラム 興収 No.1

マラヤーラム語／ 2008年／ 165分
監督：ジョーシ
音楽：スレーシュ・ピータース、ベーニ・イグネーシアス、ラージャーマニ
出演：マンムーティ、モーハンラール、スレーシュ・ゴーピ、ジャヤラーム

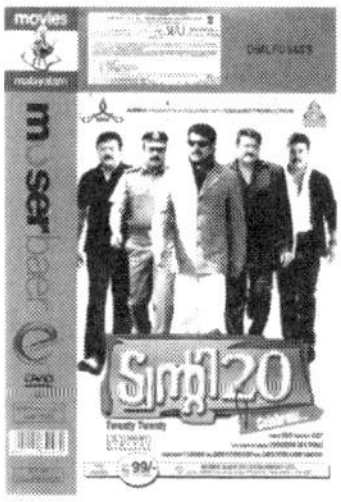

元最高裁判事のメーノーンは大家族と共にヴィシュ祭を祝う。しかしその孫息子のアルンには殺人の容疑がかけられ、逮捕される。そこから警察官や弁護士も交えての捜査活動や駆け引きが始まり、やがて真相が明らかになる。アクション・スリラーだが、ストーリーはないに等しい。マラヤーラム語映画俳優組合（AMMA）が高齢組合員に支給する年金の資金創出のため企画し、当時のAMMA加入者350人中の71人（クレジットが明示された人数）が出演した特大の色物映画。最大のウリは、完全に等価のスターとして登場するマンムーティとモーハンラールで、2人が対決し、取っ組み合いをするシーンがハイライト。この時点のマラヤーラム語映画界での俳優たちの立ち位置が裏読みできる。（安）

Anjathe
怖れるなかれ

Editor's Choice

タミル語／ 2008年／ 183分
監督：ミシュキン
音楽：スンダル・C・バーブ
出演：ナレーン、アジマル・アミール、プラサンナー、ヴィジャヤラクシュミ

タミル・ニューウェーブ→P.106

チェンナイの警察官舎地区で育ったサティヤとキルバは、共に巡査を父に持つ親友だったが、3年に1度の警部補（キャリア組の最低位）採用試験に向け着々と準備をするキルバに対し、サティヤは無目的な無頼の生活を送っていた。しかし、有力な親類の影響力を使ったサティヤだけが試験に合格し、1年の訓練の後、地元署に配属となる。彼は少女をターゲットにした連続身代金誘拐事件の特捜チームに組み込まれる。一方、失意のキルバは酒に溺れて犯罪者の方に近づいていく。デビュー第2作目のミシュキン監督の作家性が明確に打ち出されたスリラー。ちょっとしたボタンの掛け違いから運命の用意した別々の道を進む親友たちの葛藤。スーパーコップでも汚職警官でもないリアルな警察官像を描く。（安）

Buddhivanta ／ Twenty:20 ／ Anjathe

2009

2009年の主な出来事

◉インド総選挙。マンモーハン・シン首相の第2期が始まる◉この頃からYouTubeにインド映画の合法的な全編動画が現れ始める。ヒンディー語映画から始まり徐々に地方語映画へ波及◉アーンドラ・プラデーシュ州首相Y・S・ラージャシェーカラ・レッディが搭乗したヘリコプターの墜落により死亡◉インド東部森林地帯の極左武装集団（ナクサライト）に対する軍・警察による掃討作戦開始◉**テルグ語興収No. 1は『マガディーラ 勇者転生』**（P.37）

Ayan
太陽光線

タミル興収No.1

タミル語／2009年／162分
監督：K・V・アーナンド
音楽：ハーリス・ジェヤラージ
出演：スーリヤ、プラブ・ガネーサン、タマンナー、アーカーシュディープ・サイガル

マドラス大学の通信課程で情報工学を専攻する大学院生のデーヴァラージは心優しい熱血漢だが、裏では密輸界の大物ボス・ダースの指示で世界を飛び回り、明晰な頭脳で税関や警察のウラをかいては禁制品の密輸を成功させていた。一方、ダースのかつての仕事仲間の息子で2人に敵愾心を抱くカマレーシュは、彼らの密輸を妨害して追い落とし、自らがボスになることを企てていた。主人公の恋と友情、さらにマレーシア、アフリカへと国境を越えて繰り広げられる戦いを描いたアクション・ドラマ。スーリヤの陽性の魅力と優れた身体能力とが存分に発揮されたパワフルな作品で、ラストまで途切れないその疾走感に唸る。公権力を出し抜くワルを、ヒーローに仕立てて小気味よく描いたことも斬新だった。（矢）

Raaj - The Showman
ラージ、ショーをする男

カンナダ興収No.1

カンナダ語／2009年／146分
監督：プレーム
音楽：V・ハリクリシュナ
出演：プニート・ラージクマール、プリヤンカー（ニシャー）・コターリー、アーディ・ローケーシュ

ベンガルール中央刑務所で暴れるムットゥラージという男。彼がそこに来ることになったいきさつが回想で語られる。ムットゥはスターになることを夢見るエキストラ俳優。下積み15年の助監督ムラリと組み、彼が主演の低予算映画を作ろうとしていた。しかし様々な障害が彼を刑務所に追いやる。それではなぜ彼は俳優を目指したのか。そこから第2の回想が始まる。偉大な父ラージクマールへのオマージュはプニート出演作にはつきものだが、これほどに全編を通し大々的かつ独創的な表現法で繰り広げたのは空前。御曹司であるプニートに万年エキストラの悲哀を演じさせるなどシニカルな面もある。プニートのエネルギッシュさとプレーム監督のシュールなタッチが合わさったダンスはいずれも秀逸。（安）

ケーララの獅子
Pazhassi Raja

マラヤーラム 興収 No.1

※タイトルはKerala Varma Pazhassi Rajaとも

マラヤーラム語／2009年／194分
監督：ハリハラン
音楽：イライヤラージャー
出演：マンムーティ、サラトクマール、マノージ・K・ジャヤン、スレーシュ・クリシュナ、カニハー、パドマプリヤー

18世紀末のマラバール地方コーッタヤムの小領主ケーララ・ヴァルマ・パラッシが、イギリス東インド会社に対して戦いを挑み、敗れ去るまでを描く。冷静な目で見れば、歴史上の実在のパラッシは自らの権益を守るため東インド会社に対して孤立的に戦を交えた小領主の一人、いわば発掘されたフリーダム・ファイター。映画では歴史に埋もれた土豪をいかにスケール大きく雄渾に描くかが問われる。ハリハラン監督とマンムーティは、モニュメンタルで、時に野性的で、最後には悲劇的カタルシスを与えるマスターピースを生んだ。過去の反英闘争映画とは違い、長々しい演説などはせず、ひたすら行動する主人公。ますらおぶりと併せて描写される貴族的な優雅さが悠揚迫らざるテンポを生んでいる。（安）

Manasaare
心から

Editor's Choice

カンナダ語／2009年／130分
監督：ヨーガラージ・バット
音楽：マノー・ムールティ
出演：ディガント、アインドリタ・レー、ニーナーサム・サティーシュ、アチユト・クマール

カンナダ・ニューウェーブ →P.124

マノーハラは両親がおらず、叔父の家族と暮らす無職の若者。他人と違うことをしてひと山当てようと考えては失敗することを繰り返し、恋人からも愛想を尽かされてしまう。自由で無責任でもあるその生き方は、周りの人々の目に奇行と映ることもある。ある時彼は車で移動中に友人サティーシュと口論になり、人里離れたハイウェイに1人取り残される。そして彼は精神病患者を隔離する施設からの脱走者として保護され、脱走者とは別人だという訴えもむなしくその施設に収容されてしまう。彼はそこで女性棟に暮らす患者のデーヴィカに惹かれる。社会に適応できない負け犬タイプの男と精神を病んだ女性とが心を通わせる、功利主義や世俗的価値観から最も離れたところにあるロマンスが美しい。（安）

Kerala Cafe
ケーララ・カフェ

Editor's Choice

マラヤーラム語／2009年／140分
監督：ラール・ジョーズほか
出演：ディリープ、プリトヴィラージ・スクマーラン、スレーシュ・ゴーピ、ファハド・ファーシル、ニティヤ・メーノーン、スラージ・ヴェニャーラムード、サリーム・クマール

10人の監督が「旅」をキーワードにして、それぞれ10〜15分程度の短編で今日のケーララを描いたオムニバス。もちろん観光振興のプロモーション映像ではない。短編という形式の制約上、一筆書きのスケッチ、あるいは象徴的&寓話的なストーリーが主体だが、社会派からホラーまで、それぞれが味わい深い。なかでも新進アンジャリ・メーノーン監督による『Happy Journey』は、短編の特質を活かしきった脚本の見事さと、俳優たちの演技の素晴らしさとで大いに話題となり、アンジャリはカルト監督となった。また、当時はコミック・アクションの名手と見なされていたアンワル・ラシード監督は、『Bridge』での子供と老人と動物の組み合わせによる涙誘うセンチメントで驚かせた。（安）

ケーララの獅子／Manasaare／Kerala Cafe

2010

2010年の主な出来事

◉この頃からインドで庶民の間にスマートフォンが普及し始める◉インドは全国民への12桁の個人番号の付与を開始。併せて様々な個人情報を埋め込んだアーダール・カードの普及を推進◉デリーを会場にコモンウェルスゲームズが開催される◉この頃からヒンディー語映画界で「100カロール・クラブ（10億ルピー売り上げを達成した作品）」という表現が大ヒットの代名詞として使われるようになる◉**タミル語興収No. 1は『ロボット』**（P.42）

Simha
獅子

テルグ興収No.1

テルグ語／2010年／156分
監督：ボーヤパーティ・シュリーヌ
音楽：チャクリ
出演：ナンダムーリ・バーラクリシュナ、ナヤンターラ、スネーハー・ウッラール、ナミター、ラフマーン、サーイ・クマール、K・R・ヴィジャヤ、ブラフマーナンダム

ハイダラーバードの大学講師シュリーマンナーラーヤナは、ボッビリ出身のジャーナキという女子大生から慕われる。襲撃してくる男たちから彼女を救ったのがきっかけで、シュリーマンナーラーヤナは自身もまたボッビリにルーツを持ち、しかも王家の末裔であることを初めて知る。祖母の回想により、彼の父ナラシンハ・ナーラーヤナとその妻ガーヤトリの流血のサーガが明かされる。2000年代の中盤以降ずっと絶不調だったバーラクリシュナの起死回生の1作で、大流血アクションを好むテルグ語映画の中でもランドマークとなった。アーンドラ・プラデーシュ州最北端に近いボッビリ地方は尚武の気質に富んだ土地と見なされており、テルグ語ではボッビリを題名に含むアクション映画が複数作られている。（安）

Jackie
ジャーキ

カンナダ興収No.1

カンナダ語／2010年／142分
監督：ドゥニヤ・スーリ
音楽：V・ハリクリシュナ
出演：プニート・ラージクマール、バーヴァナ、スミトラ、ハルシカー・プーナッチャ、ランガーヤナ・ラグ、ラヴィ・カーレー、サンパト・ラージ

カンナダ・ニューウェーブ➔P.124

カルナータカ州南部のベッリゲレという村に住むジャーキは、勉強が苦手でドロップアウトしたものの、口が達者で不動産関連の口利き屋をする青年。気のいい彼の身の周りにはなぜかトラブルがたびたび起き、ついに彼自身がお尋ね者として逃走する身になる。『Duniya』（P.59）で鮮烈なデビューをしたスーリ監督が、初めて大スターのプニートと組み、マス観客を念頭において作られた1作。プニートのスター・パワーに呑まれることなく、キレのいい映像と、想像の斜め上を行くシュールな展開を備えたクールなアクション映画とした。ソングの歌詞はヨーガラージ・バットが担当しており、スーリ、バット、作曲のハリクリシュナが3人で相談事をしているという設定のオープニングソングが出色。（安）

マラヤーラム 興収 No.1

Pokkiri Raja
ならず者のラージャ

マラヤーラム語／2010年／165分
監督：ヴァイシャーク
音楽：ジェシー・ギフト
出演：マンムーティ、プリトヴィラージ・スクマーラン、シュリヤー・サラン、ネドゥムディ・ヴェーヌ、シュウェータ・メーノーン

ケーララ州のとある村の教師マーダヴァン・ナーヤルには2人の息子がいたが、年長のラージャは訳あって少年院に入り、出所後に家を出てタミルナードゥ州マドゥライに出奔する。ラージャに劣らず乱暴者に育った弟スーリヤは、アシュワティという女性と恋仲になるが、その父の警察本部長はこれを喜ばず、殺し屋を雇い彼を消そうと考える。マーダヴァンもまたスーリヤを守るため用心棒を探す。警察本部長とマーダヴァンがそれぞれに頼ったのは、マドゥライのドンとなっていたラージャだった。「1980年代のタミル／テルグ語の映画の焼き直し」と酷評された本作だが、観客動員数がジリ貧だった当時のマラヤーラム語映画界で、何としてでも映画館に人を呼びたいという映画人の切迫感がうかがえる。（安）

Editor's Choice

Vinnaithaandi Varuvaayaa
空を渡ってくる?

タミル語／2010年／167分
監督：ガウタム・ヴァースデーヴ・メーナン
音楽：A・R・ラフマーン
出演：シランバラサン、トリシャー・クリシュナン

映画監督を夢見ながら無為の日々を送るカールティクは厳格なケーララ人クリスチャンの家庭に育ったジェシーに惚れ、ジェシーは葛藤の末に彼の愛を受け入れるが、結局は父親が選んだ同宗の相手との結婚を決める。しかし彼女は結婚式の当日、密かに出席したカールティクも見守る前で思いがけない行動に出る。悲劇的な展開を見ることも多い異教徒同士の恋愛譚を、一途な主人公と迷うヒロインの対話を主軸にロマンチックかつリアルに描いた。ケーララのバックウォーターの美景と、「Hosanna［ホサンナ］」をはじめとする珠玉のナンバーが作品をエレガントに彩る。愛と常識の狭間で混乱するヒロインの人物像が際立ち、後にトリシャーが演じた『96』（P. 8）のヒロインと比較されることも多い。（矢）

Editor's Choice

Pranchiyettan & the Saint
プランジさんと聖人

マラヤーラム語／2010年／140分
監督：ランジット
音楽：アウセーパッチャン
出演：マンムーティ、プリヤーマニ、イノセント、シャシ・カリンガ、シッディク、ケシュブ、ビジュ・メーノーン、ジャガティ・シュリークマール

シェーランマル・フランシス、通称プランジが教会で祈りを捧げていると、そこにアッシージの聖フランチェスコが現れる。プランジは聖人に身の上話をする。彼はトリシュールで米穀商を営むカトリックの裕福な家に生まれ、勤勉に働き富をさらに拡大した。仕事中毒で婚期を逃した彼は、不器用さもあり、財産に見合う名声を築くことができない。プランジは名誉を金で買う作戦を幾度も試みるが、ことごとく失敗する。そんな時、プランジの前に、若いインテリア・デザイナーのパドマシュリーと、15歳のポーリが登場する。マラヤーラム語映画お得意の「愚か者のイタい大立ち回りを笑う」という系譜中にあるコメディー。聖フランチェスコから脇役の隅々にいたるまでの人物造形が細やかで見事。（安）

Pokkiri Raja ／ Vinnaithaandi Varuvaayaa ／ Pranchiyettan & the Saint

2011

2011年の主な出来事

◉YouTubeのライブ配信サービス「YouTube Live」が正式に開始。これによりオーディオお披露目など映画プロモーション行事のライブストリーミングが可能に◉インドではこの頃から映画上映素材としてDCP（Digital Cinema Package）が標準仕様に◉ベンガルールで南インド初の地下鉄「ナンマ・メトロ」が開業、パープルライン第1期6駅間での運行◉ケーララ州ティルヴァナンタプラムのパドマナーバスワーミ寺院で旧藩王家ゆかりの宝物が発見される

7aum Arivu

第七感

タミル興収No.1

タミル語／2011年／168分
監督：A・R・ムルガダース
音楽：ハーリス・ジェヤラージ
出演：スーリヤ、シュルティ・ハーサン、ジョニー・トリ・ニュイエン

6世紀、パッラヴァ王朝の王子ボーディダルマンは中国に渡り疫病の特効薬の処方を伝え、また少林拳の始祖となり菩提達磨として崇められた。時は現代、サーカス団員のアラヴィンドはスバという女性に惚れるが、彼女はボーディダルマンの医学的知識を遺伝子工学で現代に甦らせる研究をする学生で、直系の子孫である彼の協力を得ようとする。しかしウイルスによるバイオ戦争を目論む中国がスバの研究を危険視し、2人は中国からの刺客ドン・リーに命を狙われる。現代に甦る達磨の物語に「タミル人の歴史と言語に誇りを持て」という鼓舞が盛り込まれたSFアクションで、スーリヤが2役を演じた。達磨の生涯をたどるパートは短くも見応えがあるが、その出生地については諸説あるとされる。（矢）

Dookudu

強烈

テルグ興収No.1

テルグ語／2011年／175分
監督：シュリーヌ・ヴァイトラ
音楽：S・タマン
出演：マヘーシュ・バーブ、サマンタ、プラカーシュ・ラージ、ソーヌー・スード

シャンカルは名家の当主で、地元民の信望厚い代議士だったが、1990年代中頃に不審な交通事故に遭い、ずっと昏睡状態のままだった。息子アジャイはムンバイをベースにする捜査官。外国での任務を終え帰国した彼に、父が目覚めて回復したという知らせが舞い込む。しかしその体調はデリケートで、極端な精神的ショックがあると死に至る危険性もあるという。彼は、事故後売り払っていた一族の屋敷を映画撮影の名目で借り、売れない俳優や無能な親族、献身的な部下を巻き込み、父の安住できる90年代の虚構世界を作ろうとする。ドイツ映画『グッバイ、レーニン!』（2003）から着想したとも思われる設定だが、同作とは異なり、虚構が幾重にも層をなす、複雑でトリッキーな筋立のコメディー。（安）

Saarathi
御者

カンナダ
興収
No.1

カンナダ語／2011年／166分
監督：ディナカル・トゥーグディーパ
音楽：V・ハリクリシュナ
出演：ダルシャン、ディーパ・サンニディ、サラトクマール、シーター、ランガーヤナ・ラグ、シャラト・ローヒタスワー、アジャイ

ベンガルールでオートの運転手をして生計を立てるラージャは、地方の裕福な家庭出身の大学生のルクミニと出会い、恋仲になる。しかしルクミニは彼女を妻にすることを望む親類の男に連れ去られてしまう。それを追って彼女の故郷ドゥルガーコーテにたどり着いたラージャは不思議な既視感を覚える。しばらく前から夢に現れ彼を悩ませていた景色があったのだ。題名のサーラティは、オート運転手とともに『マハーバーラタ』でのクリシュナ神も暗示する。話が進むに従い、神話への言及・引用が増え、主演のダルシャンを様々な神格に重ね合わせる意図が見えてくる。また1980年代の大スターで、オート運転手からの支持も絶大だった名優シャンカル・ナーグのイメージも巧みに取り入れられている。（安）

Christian Brothers
クリスチャン・ブラザーズ

マラヤーラム
興収
No.1

マラヤーラム語／2011年／180分
監督：ジョーシ
音楽：ディーパク・デーヴ、ラージャーマニ
出演：モーハンラール、スレーシュ・ゴーピ、サラトクマール、ディリープ、カーヴィヤ・マーダヴァン

退役軍人でパーラマッタム村の素封家の当主でもあるヴァルギーズには2男2女の子供たちがいた。長男クリスティは過去に殺人事件の濡れ衣を着せられ父から勘当されている。次男ジョージは神父になるためイタリアに留学していたが、恋愛を経験して還俗を決意する。その恋の相手ミーナークシが誘拐され、クリスティは奪還のため動く。そこからバラバラだった一族の再結集への道が開く。当時ニューウェーブ映画で沸いていたマラヤーラム語映画界だったが、興収のトップに来るのは、本作のようなマルチスターのこってりした作品だった。マラヤーラム語映画におけるキリスト教徒は、本作で描かれる高カースト・資産家・大家族・父権主義がお決まりのイメージで、家族内の揉め事が好まれるテーマ。（安）

Gaganam（テルグ）/ Payanam（タミル）
空 / 旅

Editor's Choice

テルグ語・タミル語／2011年／120・131分
監督：ラーダー・モーハン
音楽：プラヴィーン・マニ
出演：ナーガールジュナ、プラカーシュ・ラージ、プーナム・カウル、ラヴィ・プラカーシュ、リシ、M・S・バースカル

チェンナイからデリーに向かう満席の旅客機がイスラーム原理主義者によりハイジャックされる。テロリストたちはパキスタンのラワルピンディに向かわせようとするが、機体がダメージを受けたため、アーンドラ・プラデーシュ州ティルパティの小さな空港に緊急着陸する。犯人たちの次の要求は北方で囚われている彼らのグループの重要人物を釈放することだった。対テロ特殊部隊（ブラック・キャッツ）のラヴィ少佐はティルパティに急行し、救出作戦にあたる。タミル人の監督の手になる作品だが、完全にタミル・テルグのバイリンガルで創られ、どちらが本家ともいえない。ヒンドゥー教の大巡礼地ティルパティが舞台とあり、神的な力までもが期待されるが、別の宗教の要素がキーとなる展開。（安）

2012

2012年の主な出来事

◉12月16日、デリー南郊で22歳の女性を6人の男がレイプして殺害する事件（ニルバヤー事件）。全国で抗議の声が上がる◉日本で『ロボット』(P.42) が公開されヒット。ヒンディー語作品『きっと、うまくいく』(2009)、『マダム・イン・ニューヨーク』(2012) などが続き、第2次インド映画ブームが起き、2014年ごろまで継続◉ベンガルールの在住の北東インドからの労働移民（約25万人）が襲撃されるという噂が広まり、パニックとなる

Thuppakki
銃

タミル興収 No.1

タミル語／2012年／170分
監督：A・R・ムルガダース
音楽：ハーリス・ジェヤラージ
出演：ヴィジャイ、カージャル・アガルワール、サティヤン、ヴィドゥユト・ジャームワール

休暇でカシミールから家族の住むムンバイに戻った軍人のジャガディーシュはバスの爆破テロに遭遇し、イスラーム過激派組織の犯行であると独自に突き止める。彼は実はインド国防情報局の諜報員であり、その身分を家族にも伏せていた。類似のテロ計画の存在を知った彼は、対テロ任務に従事する仲間と共に阻止するが、それはスリーパー・セル（潜伏工作員）に指示を出す黒幕との新たな戦いの始まりであった。ヒットメーカー・ムルガダース監督のアクション・スリラー。コンパクトでバランスに優れた脚本はスター俳優の娯楽作としてはきわめて洗練されたものであり、ヴィジャイの新たな魅力をも引き出した。主人公が敵に放った「I'm waiting」のセリフは大流行となり、以降多数の映画で引用されている。（矢）

Gabbar Singh
ガッバル・シン

テルグ興収 No.1

テルグ語／2012年／152分
監督：ハリーシュ・シャンカル
音楽：デーヴィ・シュリー・プラサード
出演：パワン・カリヤーン、シュルティ・ハーサン、アビマンニュ・シン、アジャイ

ヴェンカタラトナムは複雑な家庭に育ったため、少年期から屈折しており、『炎』（1975）の有名な悪役の名ガッバル・シンを名乗っていた。成人し警部になった彼は、故郷のパルナードゥ地方コンダヴィードゥに赴任してきて、捜査の途中でバギヤ・ラクシュミと知り合い恋仲になるが、2人の行く手にはそれぞれの親族の事情や政治が絡んだ様々な障害が立ちはだかる。サルマーン・カーン主演『ダバング 大胆不敵』（2010）のリメイク。ストーリーの大枠は引き継ぎながら、全く別の映画であるかのような印象を与える。特に対照的なのがユーモアの質で、主人公ガッバルが留置場にいる半裸の荒くれ男たちを集めてアンタークシャリー（歌尻取り）をさせる場面のインパクトが並大抵ではない。（安）

Krantiveera Sangolli Rayanna
革命の戦士サンゴッリ・ラーヤンナ

カンナダ
興収
No.1

カンナダ語／2012年／178分
監督：ナーガンナ
音楽：ヤショーヴァルダン・ハリ・クリシュナ
出演：ダルシャン、ジャヤプラダー、ニキター・トゥクラール、シャシクマール、シュリーニヴァーサ・ムールティ

No Image

19世紀初頭、今日のカルナータカ州北部に当たるキットゥール王国に、イギリス東インド会社は侵略の触手を伸ばしつつあった。キットゥール王室には嫡子がいないことを理由に統治権の明け渡しを迫る東インド会社を、王妃はきっぱりと拒絶する。その腹心である武将ラーヤンナによる複数回にわたる戦闘と、敗北して囚われた彼の死を描く。チェンナンマ王妃の矜持とラーヤンナの勇猛、彼らの闘いは、最も早い反植民地闘争の一つとしてカンナダ語映画では何度か描かれてきた。本作は最新の作例で、予算も潤沢な大作だが、若干金の使い方を間違えた感じは拭えない。外国勢力に対して、キットゥールでもなく、インドでもなく、カルナータカの大地のために戦うというのはカンナダ語映画のお約束。（安）

Mayamohini
マーヤーモーヒニ

マラヤーラム
興収
No.1

マラヤーラム語／2012年／165分
監督：ジョーズ・トーマス
音楽：ベーニ・イグネーシヤス
出演：ディリープ、ビジュ・メーノーン、バーブラージ、ライ・ラクシュミ

マーヤーモーヒニとは主人公が名乗る女の名。マーヤーは幻影を意味するがドゥルガー女神の異名でもある。モーヒニはヴィシュヌ神の化身の中で唯一の女神の名。作中でディリープが演じるのは女性やトランスジェンダーではなく、女に化けた男で、全編の4分の3程度を女装で通す。そしてその美貌で幾人もの男を色仕掛けで思いのままにして目的に近づいていく。それ以外に特筆すべきものは何もない凡庸なリベンジ・ストーリー。しかし公開前からばら撒かれていた妖艶な女装姿が大評判となり、特に女性観客に大うけした。一般に性的なことに対して保守的なケーララで、ディリープの過去作『Chanthupottu〔ビンディー〕』（2005、未）といい、女装ものが人気となるのは不思議な現象である。（安）

Krishnam Vande Jagadgurum
世界の師であるクリシュナを讃える

Editor's
Choice

テルグ語／2012年／139分
監督：クリシュ（クリシュ・ジャーガルラムーディ）
音楽：マニ・シャルマ
出演：ラーナー・ダッグバーティ、ナヤンターラ、ミリンド・グナージー、ムラリ・シャルマ

ハイダラーバードのスラビ劇団の若手役者バーブは、大衆演劇の将来に悲観的で、カルナータカ州バッラーリで行われる演劇祭での公演を最後に米国留学をしようとしている。演目は『バーガヴァタム（バーガヴァタ・プラーナ）』に基づいた新作。バッラーリに到着したバーブは、記者デーヴァキと出会う。彼女はバッラーリで大規模に行われている違法な鉱物資源採掘とその中心人物レーダッパのことを追っている。彼女と、彼女と接点を持ったバーブは、レーダッパの手下らしき刺客に繰り返し襲われる。わずかな期間におびただしい流血が起きる中、ダサラ祭の『バーガヴァタム』初演の日がやってくる。テルグ語圏で信仰の篤いナラシンハ神の神話をドラマチックに取り込んだ社会派アクション。（安）

2013

2013年の主な出来事

◉他の南インドの州都での状況を追うかたちで、この頃からケーララ州への国内労働移民（特に西ベンガル州とビハール州から）が増加。マラヤーラム語映画中にも移民が登場し始める

◉インド宇宙研究機構により、火星探査機マンガルヤーンを搭載したロケットがアーンドラ・プラデーシュ州シュリーハリコータから打ち上げられ、翌年に火星周回軌道への投入成功

◉ケーララ州コッチ郊外で巨大モールLuluが開業。この頃から同州もマルチプレックス化へ

Vishwaroopam
遍在する神の真の姿

タミル興収No.1

タミル語／2013年／148分
監督：カマル・ハーサン
音楽：シャンカル・エヘサーン・ローイ
出演：カマル・ハーサン、ラーフル・ボース、プージャー・クマール、アーンドリヤー・ジェレマイヤー

※タミル語の興収トップは『Singam 2』との説もあり

主演のカマルが脚本・監督も務め、放射性物質散布テロに対する戦いを描いたスリラー。ヒンディー語版も同時製作された。ニューヨーク在住のカタックダンス教師ヴィシュワナーダンと、イスラーム過激派組織の幹部オマルの下で戦士養成を担うウィサム、交互に展開する謎の男の物語がテロとの戦いの壮大な序章となる仕掛け。イスラーム過激派テロリストの行動を生々しく描きながら、報復の応酬で罪なき命が失われる悲しみにもフォーカスした作品だが、上映禁止措置やムスリムからの抗議など物議を醸した。主人公の正体を容易に明かさず緊迫感を生む演出が見事。カマルの鮮やかな変身、カタックの巨匠マハーラージ振付の優雅なダンス、迫力の戦闘シーンにも息を呑む。2018年に続編が公開された。（矢）

Attarintiki Daredi
義母の家への道筋は？

テルグ興収No.1

テルグ語／2013年／175分
監督：トリヴィクラム・シュリーニヴァース
音楽：デーヴィ・シュリー・プラサード
出演：パワン・カリヤーン、サマンタ、ナディヤ・モイドゥ、プラニター・スバーシュ

家族と共にイタリアに住む富豪ラグナンダンは、一つだけ心にわだかまりがあった。それはかつて彼が恋愛相手を認めなかったせいで駆け落ちしてしまった娘のスナンダのことだった。彼女は父との再会を頑なに拒んでいた。孫のガウタムは祖父の望みを叶えようと渡印し、身分を隠しスナンダに近づく。彼女には2人の年頃の娘がおり、彼はまず娘たちと親しくなり説得への足がかりにしようとする。2013年7月のテランガーナ州分離の発表前後、その影響で治安悪化が懸念され、約3ヶ月間大作映画の封切りが途絶えた末に公開された本作は大ヒットとなった。タイトルにある「アッタ」は、普通は夫の立場からの妻の母のことを指す。主人公が義母を矯めるというのはテルグ語映画の伝統的なテーマ。（安）

カンナダ興収No.1

Bachchan
バッチャン

カンナダ語／2013年／145分
監督：シャシャーンク
音楽：V・ハリクリシュナ
出演：スディープ、バーヴァナ、パールル・ヤーダヴ、ジャガパティ・バーブ、ナーサル、ラヴィ・シャンカル

ベンガルールで不動産業を営むバラト、自称バッチャン。彼は警官と医師を殺害したとして逮捕され、尋問を受ける。彼は不動産関係のトラブルを抱えていたが、それに関連し警官と医師から悪意ある仕打ちを受けたと供述する。しかし彼が述べる一見もっともらしい話はほとんど裏が取れず、統合失調症患者として病院に送られる。ほどなくしてバラトは病院から脱走する。カルナータカ州東部での違法な鉱物資源採掘とそれによる環境汚染を取り込んだアクション・スリラー。これは当時カルナータカとアーンドラ・プラデーシュの両州において大問題だった。物語序盤の主人公の信頼のおけなさ、ナーサル演じる医師の奇妙な言動など、どこに連れていかれるか分からない気分にさせる演出が見事。（安）

マラヤーラム興収No.1

Drishyam
視覚

マラヤーラム語／2013年／164分
監督：ジートゥ・ジョーゼフ
音楽：ヴィヌ・トーマス、アニル・ジョンソン
出演：モーハンラール、ミーナ、アーシャ・シャラト、アンシバ・ハッサン、エスタル・アニル

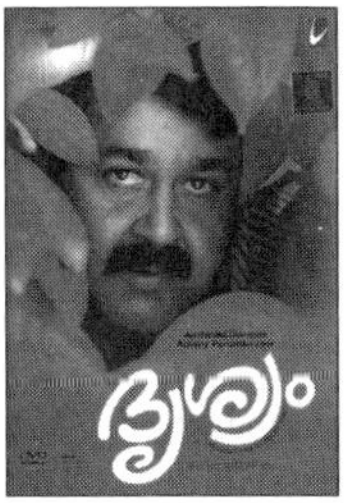

イドゥッキ郡トドゥプラの小村に住むジョージクッティは妻と2人の娘と共に幸せに暮らしていた。彼は農業に従事しながら、村のケーブルテレビ局も経営している。そして無類の映画好きでもあり、日常の様々な局面で、これまでに観た世界の映画のプロットを応用するという子供っぽい癖もある。一家の平穏な生活は、長女が林間学校に出かけた際に遭遇したとある出来事によってひっくり返され、家族を守るためのジョージクッティの戦いが始まる。本作からはタミル語、テルグ語、カンナダ語、ヒンディー語のリメイクが生まれ、そしておそらくヒンディー語版から中国語『共謀家族』（2019）など幾つかの外国のリメイクも生まれた。また、マラヤーラム語とヒンディー語では続編も作られた。（安）

Editor's Choice

Neram
時

マラヤーラム語／2013年／109分
タミル語／2013年／117分
監督：アルフォーンス・プトラン
音楽：ラージェーシュ・ムルゲーサン
出演：ニヴィン・ポーリ、ナスリヤ・ナシーム、ボビー・シンハー

タミル・ニューウェーブ→P.106
マラヤーラム・ニューウェーブ→P.132

チェンナイに住むマシュー（マラヤーラム語版）／ヴェットリ（タミル語版）は失業し、闇金融業者のバッティラージャーから借金するが早々に返済が滞る。さらに恋人のジーナ／ヴェーニの父から失業を理由に交際を禁じられ、友人に借りた金で借金を返済し彼女と駆け落ちする計画を立てるが、返済の最終期限が迫る中でスリに金を奪われ絶体絶命となる。雑踏で繰り広げられるわずか1日の出来事を綴ったコメディー・スリラーで、スタイリッシュな映像と、全てがラストで一気に繋がる緻密な脚本の爽快感が冴え渡る快作。闇金融業者役で出演したボビー・シンハーはその凶悪なヤクザぶりで人気が急上昇した。マラヤーラム語版／タミル語版の同時製作。劇中歌「Pistah（ピスタ）」も大ヒットとなった。（矢）

Bachchan ／ Drishyam ／ Neram

2014

2014年の主な出来事

◉インド総選挙。政権は国民会議派からBJPへ。ナレーンドラ・モーディー首相の第1期◉アーンドラ・プラデーシュ州からテランガーナ地域が分離し、テランガーナ州が成立。両州の共通州都はハイダラーバード。アーンドラ・プラデーシュ州が新州都を定めて移転する期限は2024年で、場所はアマラーヴァティと定められる◉この頃からテルグ語・タミル語・カンナダ語の映画作品のDVD化が終息に向かう◉テルグ俳優ANR没。享年90歳

リンガー
Lingaa

タミル興収No.1

タミル語／2014年／178分
監督：K・S・ラヴィクマール
音楽：A・R・ラフマーン
出演：ラジニカーント、アヌシュカ・シェッティ、ソーナークシー・シンハー、ジャガパティ・バーブ、K・ヴィシュワナート、サンダーナム、カルナーカラン、デーヴ・ギル

山間の村ソーライユールには英国統治時代からのダムがあり、その頑強な造りは村人たちのプライドとなっていた。しかし悪徳ゼネコンのナーガブーシャンはダムの脆弱性を言い立て、新築工事を請け負おうと目論む。彼は現行ダムに問題なしとした政府の調査官を殺す。調査官は封印されていた村の寺院を開けるよう求めこと切れる。その寺は、ダムを建設した偉大な藩王リンゲーシュワランの子孫によって開放されるべきとされ、末裔探しが始まるが、その孫リンガーはなんとコソ泥になっていた。本作公開時にはケーララ州でムッライペリヤール・ダムの老朽化問題が世間を賑わせていた（『ダム999』P.24参照）ので、この問題に対するタミルナードゥ州側からの回答ともとられて物議をかもした。（安）

Race Gurram
レース馬

テルグ興収No.1

テルグ語／2014年／163分
監督：スレーンダル・レッディ
音楽：S・タマン
出演：アッル・アルジュン、シュルティ・ハーサン、シャーム、ラヴィ・キシャン、ムケーシュ・リシ、サローニ

写真提供：インドエイガジャパン

ラッキーことラクシュマンは悪ガキがそのまま大人になったような青年で、就職もせずにへらず口を叩きながら人生を謳歌している。彼とは性格が正反対の兄のラームは優秀な警察官だが、ラームと大喧嘩をしたラッキーの子供じみた仕返しが原因となり、悪人シヴァ・レッディの選挙出馬の阻止を目論む警察の極秘作戦が失敗に終わる。そうとは知らず、ラッキーはラームの命を狙ったシヴァ・レッディを叩きのめして恨みを買い、彼自身も狙われる事態となる。口達者でハイテンションな主人公が真面目な兄に全く感化されることなくそのボルテージを上げ続け、敵との戦いを派手に繰り広げるアクション・コメディー。アッル・アルジュンお得意の、小生意気なキャラクター路線の最高峰とも言える傑作。（矢）

Mr. & Mrs. Ramachari
ラーマーチャーリ夫妻

カンナダ興収No.1

カンナダ語／2014年／160分
監督：サントーシュ・アーナンド・ラーム
音楽：V・ハリクリシュナ
出演：ヤシュ、ラーディカー・パンディット、シュリーナート、アチユト・クマール、ディヤーン、マーラヴィカ・アヴィナーシュ、アショーク・シャルマー

カンナダ語の「怒れる若者」映画の不朽の名作『Naagarahaavu［コブラ］』（1972、未）の主人公と同じ名を持つラーマーチャーリは、勉強はあまりできないが腕っぷしの強い正義感に溢れた青年。友人たちと無為に過ごし、酒と煙草を喫するばかりの彼は、大学で出会ったディヴィヤと相思相愛になる。しかし、取るに足らない行き違いから2人が喧嘩をしている最中に、ラーマーチャーリに家庭の事情が降りかかり、その恋路は先行き不明になる。有力若手スターとして存在感を増していく過程のヤシュのヒット作だが、意外にもロマンス映画で、幾つかあるアクションシーンは全て町の不良を相手にしたもの。社会悪と戦うシーンはない。しかしソングではカルナータカの2色旗がはためくカットがある。（安）

Bangalore Days
バンガロール・デイズ

マラヤーラム興収No.1

マラヤーラム語／2014年／171分
監督：アンジャリ・メーノーン
音楽：ゴーピ・スンダル
出演：ニヴィン・ポーリ、ドゥルカル・サルマーン、ファハド・ファーシル、ナスリヤ・ナシーム、イシャ・タルワール、パールヴァティ・ティルヴォーット、ニティヤ・メーノーン

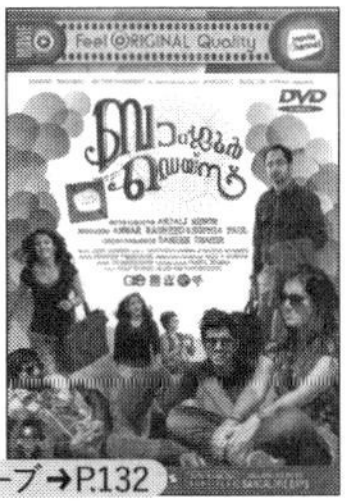

マラヤーラム・ニューウェーブ→P.132

ケーララで生まれ育ったアルジュン、クッタン、ディヴィヤは仲の良いイトコ同士で、3人共通の夢はベンガルール（バンガロール）に行き青春を謳歌することだった。クッタンはベンガルールのIT企業への就職が決まる。ディヴィヤは抗し切れない状況から卒業と同時に見合い結婚をすることになり、夫のダースと共にベンガルールに移り住む。アルジュンも、レース用バイクのメカニックとしてベンガルールに職を見つける。ダースとディヴィヤはぎくしゃくとした関係に悩み、アルジュンとクッタンはそれぞれに愛する女性を見つける。主役級若手スターを集結させたことで大いに話題になった青春映画。巨大都市を持たないケーララ人にとって、隣州のベンガルールという街がどんな意味を持つのかが分かる。（安）

Ugramm
憤怒

Editor's Choice

カンナダ語／2014年／141分
監督：プラシャーント・ニール
音楽：ラヴィ・バスルール
出演：シュリームラリ、ハリプリヤー、ティラク・シェーカル、アヴィナーシュ、アトゥル・クルカルニー、ジャイ・ジャガディーシュ

カンナダ・ニューウェーブ→P.124
カンナダ・ノワール→P.184

外国在住のニティヤは墓参のためインドに帰国する。故郷に向かう途中、彼女はならず者たちに誘拐されるが、アガスティヤというメカニックに助けられる。誘拐の試みは、かつて非合法活動に手を染めていた彼女の父とギャング出身の政治家シヴァルドラとの争いに原因があった。アガスティヤはコーラーラの自宅にニティヤを匿う。彼は無法者が支配する北カルナータカのムゴール地方（架空の地名）出身だが、今は母と共に静かに暮らす。しかし、シヴァルドラの執念とその息子ディーラージの野心とが、彼を再び暴力の世界に引き戻す。『K.G.F』2部作（P.9）、『SALAAR／サラール』（P.10）のプラシャーント・ニール監督のデビュー作。神話のイメージを借りた劇的な演出と、スタイリッシュなアクションが冴える。（安）

Mr. & Mrs. Ramachari／Bangalore Days／Ugramm

2015

2015年の主な出来事

◉カルナータカ州で他言語映画をカンナダ語に吹き替えての上映を禁じた業界内規が撤廃◉『バーフバリ 伝説誕生』の多言語（テルグ、タミル、マラヤーラム、ヒンディーの4言語）同時公開と成功により、“汎インド映画”という言葉が流行◉ヒンドゥー教原理主義者のバレンタイン・デーへの攻撃強まる◉チェンナイ大洪水、死者500名以上◉**タミル語興収No. 1は『マッスル 踊る稲妻』**（P.38）◉**テルグ語興収No. 1は『バーフバリ 伝説誕生』**（P.30）

Uppi 2
ウペンドラ2

カンナダ興収No.1

カンナダ語／2015年／136分
監督：ウペンドラ
音楽：グルキラン
出演：ウペンドラ、クリスティナ・アキーヴァー、パールル・ヤーダヴ、サヤージ・シンデー、ショーブラージ、テニス・クリシュナ

心理学を学ぶラクシュミは、教授から「過去も未来も考えず、現在だけを生きているゆえに強さを持つ男がいる」と教えられ、その男ナーヌ（意味は「私」）に会って話をしたいと思う。ナーヌはニーヌ（意味は「あなた」）と名前を変え海辺の村にいた。その生き方に触れ彼を愛するようになるラクシュミだったが、そこにシーラという女性が現れる。彼女が語るニーヌは、ヒマラヤの道場で修行と称して怪しい所業にふける導師だった。カルトクラシックとなった『ウペンドラ』（P.126）の続編の位置づけ。前作に引き続き、哲学的な寓話で、分かりやすい起承転結はない。「逆さま」が重要なモチーフで、冒頭にエンドロールが来る。ヒマラヤのパートでのサイケデリックなビジュアルがウペンドラの真骨頂といえる。（安）

Premam
愛

マラヤーラム興収No.1

マラヤーラム語／2015年／156分
監督：アルフォーンス・プトラン
音楽：ラージェーシュ・ムルゲーサン
出演：ニヴィン・ポーリ、アヌパマ・パラメーシュワラン、サーイ・パッラヴィ、マドンナ・セバスチャン

マラヤーラム・ニューウェーブ→P.132

コッチ北郊の町アールワに生まれたジョージ・デーヴィドの、15年に及ぶ成長と恋の遍歴の物語。2000年頃のミドルティーン時代の同級生メーリへの幼い恋。05年、血気盛んな大学生となったジョージが、講師として現れたマラルとの間ではぐくんだロマンチックな感情。そして14年ごろ、フォート・コーチンでカフェを経営する30代のジョージが出会ったセリンとの、予期せざる繋がり。1人の男の思春期から中年の入り口までを彩る3人の女性との交情の物語で、否応なく『Autograph』（P.110）が思い出され、10年前のタミル語映画との違いを見つけるのが楽しい。ヒロインを演じたアヌパマ・パラメーシュワラン、サーイ・パッラヴィ、マドンナにとってもキャリアの突破口となった。（安）

Thani Oruvan
比類なき者

Editor's Choice

タミル語／2015年／158分
監督：モーハン・ラージャー
音楽：ヒップホップ・タミラー
出演：ジェヤム・ラヴィ（ラヴィ・モーハン）、ナヤンターラ、アラヴィンド・スワーミ

ミトラン警部は医療をめぐる巨大な組織犯罪の存在と、天才科学者シッダールトの暗躍とを突き止める。シッダールトは少年時代に現州首相の殺人の罪を自ら被り、引き換えに父親の政界入りと自身の教育とを得てのしあがった悪魔のような男だった。ミトランはシッダールトが企む製薬企業社長の暗殺計画を阻止しようとして銃撃され入院するが、その後、彼の捜査は次々と先回りされ潰されるようになる。警察官と悪の帝王の追う立場と追われる立場が二転三転するスリリングな攻防と、結末の余韻も見事なクライム・スリラー。知性とカリスマ性を備えた悪役の造形も秀逸で、キャリア初の悪役に挑んだアラヴィンド・スワーミはテルグ語リメイク『Dhruva〔ドルヴァ〕』（2016、未）でも同役を演じた。（矢）

Vedalam
妖魔

Editor's Choice

タミル語／2015年／151分
監督：シヴァ
音楽：アニルド・ラヴィチャンダル
出演：アジット・クマール、シュルティ・ハーサン、ラクシュミ・メーノーン、アシュウィン・カクマヌ、カビール・ドゥハーン・シン

ガネーシュと妹のタミルが2人でコルカタに到着するところから物語は始まる。ガネーシュは自分自身にはこれといった目的もなく、タミルが志望する美術学校に入るのに付き添いチェンナイから来たのだった。彼は差しあたっての生活のためタクシー運転手になる。実直な彼は、運転手たちに対して呼びかけられたお尋ね者通報の依頼に応じ、警察に情報を提供する。そのことにより兄妹の平穏な生活に暴力が忍び寄ることになる。同時に温和な彼の驚くべき過去も明らかになる。『バーシャ！　踊る夕陽のビッグボス』（P.28）スタイルの悪人改心譚で、アジットの「子羊から妖魔への変容」シーンが見事。アニルドによるEDM（P.157）「Aaluma Doluma〔かわいい顔してひどい奴〕」も大ヒットした。（安）

Bruce Lee: The Fighter
闘士ブルース・リー

Editor's Choice

テルグ語／2015年／151分
監督：シュリーヌ・ヴァイトラ
音楽：タマン
出演：ラーム・チャラン、ラクル・プリート・シン、アルン・ヴィジャイ、クリティ・カルバンダー、サンパト・ラージ、ナディヤー、チランジーヴィ（ゲスト）

写真提供：インドエイガジャパン

カーヴィヤとカールティクの姉弟は、姉が上級公務員を目指しての進学、弟が映画のスタントマンと、対照的な道を歩む。カールティクはブルース・リーの芸名で活動していたが、ある日仕事に行く途中で、結婚式場から花嫁が暴漢により誘拐されるところに遭遇し、花嫁を救出する。それを目撃した女性リヤーは、たまたま警官の制服姿だった彼をスーパーコップと勘違いして一目惚れする。シュリーヌ・ヴァイトラ監督のトレードマークであるアイデンティティー詐称による入り組んだコメディーで、上を下への大騒ぎが150分をフルに使って繰り広げられる。古いスタイルのテルグ語映画らしく、ヒロイン、悪役、コメディアン、いずれもが複数登場。特にコメディアンはインターミッション後に大量投入される賑やかさ。（安）

Thani Oruvan／Vedalam／Bruce Lee: The Fighter

2016

2016年の主な出来事

◉11月8日の夜、モーディー首相がTV演説で高額紙幣の即時廃止（廃貨）を告知◉タミルナードゥ州首相ジャヤラリターが68歳で死去。往年の大女優でもあった◉Amazon Prime Video、Netflixがインドで映画配信開始◉ハイダラーバード大学所属ダリト出自の研究者ローヒト・ヴェームラ自殺◉インド最高裁が国内の全映画館に上映前に国歌演奏と国旗の映像を流すことを義務づける判決◉**テルグ語興収No. 1は『ジャナタ・ガレージ』**（P.22）

帝王カバーリ
Kabali

タミル興収No.1

タミル語／2016年／143分
監督：パー・ランジト
音楽：サントーシュ・ナーラーヤナン
出演：ラジニカーント、ラーディカー・アプテー、ウィンストン・チャオ、ダンシカー

タミル・ニューウェーブ➔P.106
ダリト・トライブ➔P.152

マレーシアのマラッカ監獄から25年の服役を終えた60歳のカバーリが出所する。当地のタミル人3世の彼は、ギャングながら人々からの信望が厚い。しかし出所と同時に彼の命を付け狙う勢力も始動する。ラジニカーントがニューウェーブの監督とコラボレーションした記念すべき第1作目。しかも監督歴わずか2作のパー・ランジトと組んだことが注目された。リアリティーあるガン・アクションに、ラジニ映画のあり得ない無双&あり得ない不死身ぶりが混ざり、ダークでスモーキーな世界が展開する。ギャング映画の皮を被ってはいるが、ランジトが追求し続けるダリトの人々の多様な生のありかたが提示される。アンベードカル博士と同じ三つ揃いの背広を着た初老の主人公の姿がユニークでスタイリッシュ。（安）

Kirik Party
やんちゃな奴ら

カンナダ興収No.1

カンナダ語／2016年／165分
監督：リシャブ・シェッティ
音楽：B・アジャニーシュ・ローカナート
出演：ラクシト・シェッティ、ラシュミカー・マンダンナ、サムユクタ・ヘグデ、アチユト・クマール、プラモード・シェッティ

カンナダ・ニューウェーブ➔P.124

ハーサンにあるマレナード工科大学に入学したカルナは、上級生に盾つくなどして、騒々しい学生生活を送る。彼は学内で3歳年上のサーンヴィに目を留め、彼女の気を引くため5人の仲間と共に中古のオープンカーを買って乗り回す。彼とサーンヴィとの距離が縮まってきたところで想像もしなかった出来事が起きる。主演のラクシト・シェッティの、いたずらっ子だがはにかみもある大学1年生と猛々しい4年生の演じ分けが印象的。9曲もの楽曲を含む本作は、通常のインド映画のソングとは異なる、語りに組み込まれた音楽を特色とする。言い換えれば欧米のミュージカル映画により近いものとなっており、深刻なプロットを含みながらもミュージカル映画に特有の軽さと祝祭感が全編を支配する。（安）

Pulimurugan
プリムルガン

マラヤーラム興収No.1

マラヤーラム語／2016年／159分
監督：ヴァイシャーク
音楽：ゴーピ・スンダル
出演：モーハンラール、ジャガパティ・バーブ、カマリニ・ムカルジー、ラール、ナミター、キショール、シッディク、マカランド・デーシュパーンデー、ハリーシュ・ペーラディ

ダリト・トライブ→P.152

西ガーツ山中の部族民の住む僻村プリユール。ムルガンは、プリムルガン（虎のムルガン）の異名を持つ男。普段はトラックの運転手や竹の伐採などで生計をたてているが、人々を脅かす虎が村に近づくと、単身で戦い仕留めるスペシャリスト。妻マイナと幼い娘と共に慎ましく暮らしていたある日、弟のマニクッタンの友人が助けを求めてムルガンのもとにやって来る。そして彼は、虎よりも恐ろしい真の敵が村を脅かそうとするのを知る。それは製薬会社を経営するダーディ・ギリジャという実業家で、陰で薬物マフィアとも手を結んでいる男だった。封切り時点で57歳だったモーハンラールのアクション大作。主人公が部族民で、創作された部族の伝説をストーリーに取り込んだことが画期的だった。（安）

A Aa
ア・アー（アナスーヤとアーナンド）

Editor's Choice

テルグ語／2016年／154分
監督：トリヴィクラム・シュリーニヴァース
音楽：ミッキー・J・メイエル
出演：ニティン、サマンタ、アヌパマ・パラメーシュワラン、シュリーニヴァース・アヴァサラーラ、アナンニャ、ナディヤ、ナレーシュ

No Image

テルグ・オルターナティブ→P.117
女性→P.170

ハイダラーバードの裕福な家庭の子女アナスーヤは、不足のない暮らしを送りながらも専横な母マハーラクシュミの干渉に圧迫感を感じ、自殺未遂を起こしてしまう。理解ある父親のラーマリンガムは、マハーラクシュミの故人となった兄弟の家がある、ヴィジャヤワーダ近郊のカルヴァプーディ村に彼女を送り込む。彼女の精神状態を慮った父は、目的地までの道連れになるようアーナンドに頼む。彼もまた家族が村に住んでいる。二人はやがて愛し合うようになるのだが、それぞれには決められた婚約者がすでにいた。女性監督ヴィジャヤ・ニルマラの『Meena［ミーナ］』（１９７３、未）に現代的なリアリティーを加え細部を改変したリメイク。緑豊かな田園風景をバックにした、繊細なロマンス。（安）

Killing Veerappan
ヴィーラッパン殺害

Editor's Choice

カンナダ語／2016年／151分
監督：ラーム・ゴーパール・ヴァルマ
音楽：ラヴィ・シャンカル
出演：シヴァラージクマール、サンディープ・バーラドワージ、ヤジュナ・シェッティ、サンチャーリ・ヴィジャイ、パールル・ヤーダヴ

実在した大盗賊ヴィーラッパン（１９５２－２００４）の最期を創作を交えて描く。ヴィーラッパンは、西ガーツ山脈一帯を根城に白檀の盗伐と象牙採取のための象の密猟をほしいままに行った人物。残虐さで知られ、２００人近い治安担当者や民間人を殺害した。カンナダ語映画界の最大のスター、ラージクマールを誘拐して１０８日間にわたり捕囚としたことで全国的な知名度を得た。そのラージクマールの長男シヴァラージクマールが、ヴィーラッパンを執念で追う特別部隊の隊長を演じる。森の王であるヴィーラッパンと森で戦っても手も足も出ないことを理解した彼は、ヴィーラッパンを何とかして市街地におびき出そうとする。実在のヴィーラッパンの最期を知っていても手に汗握る戦闘シーン。（安）

Pulimurugan／A Aa／Killing Veerappan

2017

2017年の主な出来事

◉2014年に最高裁がタミル伝統の牛追い競技ジャッリカットゥを動物保護の観点から禁止したことに対し、タミルナードゥ州で大規模な抗議活動が起きる◉7月1日から全国均一の商品サービス税（GST）が施行◉マラヤーラム語映画の人気スターであるディリープが、女優への性的集団暴行を教唆したとして逮捕◉ベンガルールでジャーナリストのガウリ・ランケーシュが殺害される◉**テルグ語興収No. 1は『バーフバリ 王の凱旋』**（P.30）

マジック
Mersal

タミル興収No.1

タミル語／2017年／163分
監督：アトリ
音楽：A・R・ラフマーン
出演：ヴィジャイ、カージャル・アガルワール、サマンタ、ニティヤ・メーノーン、S・J・スーリヤー、サティヤラージ

写真提供：SPACEBOX

© Sri Thenandal Films

患者をわずかな報酬で治療するチェンナイの医師マーランは、パリでの国際会議で表彰される。その後、彼に似た男がパリの劇場でマジックショーを行い、先の国際会議にも出席したアルジュン医師がショーの最中に惨殺される。事件を追うラトナヴェール警視は、チェンナイで続発した医療従事者失踪事件の容疑者としてマーランを逮捕し尋問する。アトリ監督が医療問題に鋭く切り込み、壮大な謎解きミステリーに仕立てた。時系列を曖昧にし観客を惑わせる手法が効果的な脚本は、かのV・ヴィジャエーンドラ・プラサードが共同執筆者に名を連ねる。タミル愛を謳った劇中歌「タミル人は支配する」も、ジャッリカットゥ運動を機にタミルナードゥ州で高まった民族的気運の中で大衆を熱狂させた。（矢）

Raajakumara
王子

カンナダ興収No.1

カンナダ語／2017年／148分
監督：サントーシュ・アーナンドラーム
音楽：V・ハリクリシュナ
出演：プニート・ラージクマール、プリヤー・アーナンド、プラカーシュ・ラージ、アナント・ナーグ、サラト・クマール、アヴィナーシュ、アチュト・クマール、ランガーヤナ・ラグ、サードゥ・コーキラ

No Image

オーストラリア在住のNRI実業家の息子シッダールトは、不自由なく育ったナイスガイで父のビジネスをサポートしていた。ナンディという女性と知り合い恋に落ち、順風満帆の人生に、ある日突如悲劇が襲う。打ち沈んだ彼は、自分のルーツのベンガルールを訪れ、縁のある老人ホームを訪れ滞在する。そこに住む老人たちがそれぞれの家族との絆を取り戻すのを助け、さらには医療スキャンダルの告発にも関わっていく。プニート・ラージクマールはいつもながらの不動のモラル支柱を演じており、予定調和の世界。20世紀のカンナダ映画最大のスターである偉大なる父ラージクマールへの言及もたっぷりで、特に父の代表作の一つ『Kasturi Nivasa〔麝香の館〕』（1971、未）へのオマージュが展開する。（安）

マラヤーラム
興収
No.1

Ramaleela
ラーマの遊戯

マラヤーラム語／2017年／158分
監督：アルン・ゴーピ
音楽：ゴーピ・スンダル
出演：ディリープ、カラーバワン・シャージョーン、ラーディカ、シッディク、ヴィジャヤ・ラーガヴァン、ムケーシュ、プラヤーガ・マールティン

左翼・極左➜P.174
ポリティカル・スリラー➜P.176

ケーララ州中部パーラッカードで、左翼政党CDP（実在の政党CPIMがモデル）から除名されたラーマヌンニ。彼の両親も年季の入ったCDP党員で、亡父は政争絡みで暗殺されたことにより党内の英雄とされている。ラーマヌンニは直ちにライバル政党NSP（政党連合NDAがモデル）に移り、州議会の補欠選挙に立候補するが、昨日まで敵対していたNSPの古参からも風当たりが強い。そしてCDPはあろうことか彼の母を対立候補として立てる。選挙戦の最中、CDP有力党員の暗殺事件が起き、ラーマヌンニは容疑者となる。どぎついほどに実在の政党とリンクさせながら、権力闘争に明け暮れる地方支部、マスコミ、警察、激しやすい民衆などを配して、緊張感のあるドラマを作り出した。（安）

Editor's Choice

Arjun Reddy
アルジュン・レッディ

テルグ語／2017年／182分
監督：サンディープ・レッディ・ヴァンガー
音楽：ラダン、ハルシャヴァルダン・ラーメーシュワル
出演：ヴィジャイ・デーヴァラコンダ、シャーリニ・パーンデー、ラーフル・ラーマクリシュナ、カマル・カーマラージュ

写真提供：インドエイガジャパン

テルグ・オルターナティブ➜P.117

ハイダラーバードの富裕層の息子アルジュン・レッディは、マンガルールの医大で学ぶ素行に問題のある学生だった。彼は下級生のプリーティ・シェッティに一目惚れして一方的に愛を宣言し、2人は肉体関係を持つようになる。しかしプリーティの両親は彼を嫌い、娘を見合いで嫁がせてしまう。絶望したアルジュンは酒浸りとなりながら優秀な外科医として病院に勤務する。『バーフバリ 王の凱旋』（P.30）と同年公開で、インパクトはあるいは同作よりも上だったかもしれない問題作。21世紀版のデーヴダースなのだが、良識ある観客からはミソジニーを批判された。結婚という区切りによっても相手を諦めないしぶとさが斬新で、テルグ語映画が伝統的に持つ無茶な楽観性を引き継いでいるようで面白い。（安）

Editor's Choice

Mayaanadhi
夢幻の河

マラヤーラム語／2017年／136分
監督：アーシク・アブ
音楽：レックス・ヴィジャヤン
出演：トヴィノ・トーマス、アイシュワリヤ・ラクシュミ、リヨーノ・リショイ、ハリーシュ・ウッタマン、イラヴァラス、ニテルガル・ラヴィ

マラヤーラム・ニューウェーブ➜P.132

ギャングの子分マータンは、取り引きの現場で警察に踏み込まれ逃走するが、その過程で警官1人を殺害する。たどり着いたコッチで彼は昔付き合っていたアップと再会する。アップは女優の卵で、結婚式の司会などをやって日銭を稼いでいる。2人はつかの間の情事に溺れるが、そこに警察の追手が迫る。ポーランド映画『灰とダイヤモンド』（1958）から着想を得たと思われるクライム／ロマンス。家族やカーストの紐帯から離れた個としての若い男女の根無し草的な生き様が印象的。舞台のコッチを冷たい都会として描く。疲れた職業人としてのヒロインの姿、見た目は典型的なタミルの田舎警官3人組が、それぞれに違う考え方をしており、後ろ暗い任務に対し意見を戦わせるところなど、リアリティーがある。（安）

Ramaleela／Arjun Reddy／Mayaanadhi

2018

2018年の主な出来事

◉日本で前年末に公開された『バーフバリ 王の凱旋』(P.30) がヒットし、第3次インド映画ブーム始まる◉インド最高裁が同性間の性行為を違法としない判決を下す◉伝記映画の流行。スポーツ選手や俳優のものから始まり、翌年の総選挙に向け政治家の伝記映画が立て続けに公開された◉**タミル語興収No. 1は『ロボット2.0』**(P.42) ◉**テルグ語興収No. 1は『ランガスタラム』**(P.41) ◉**カンナダ語興収No. 1は『K. G. F: CHAPTER 1』**(P. 9)

Kayamkulam Kochunni

カーヤンクラムのコッチュンニ

マラヤーラム興収No.1

マラヤーラム語/2018年/170分
監督:ローシャン・アンドリュース
音楽:ゴーピ・スンダル
出演:ニヴィン・ポーリ、モーハンラール、サンニ・ウェイン、バーブ・アーントニ、プリヤ・アーナンド

ケーララ南部のカーヤンクラムに19世紀に実在したムスリムの義賊を描く。貧困の中で育ったコッチュンニは、青年期に武術を習得し、おごり高ぶる地主・金貸しなどの富裕層から盗んでは貧しい人々に分け与えたが、官憲に追われて捕縛され、1859年に絞首刑になった。その生涯は民話・民謡として現地では伝えられていた。『バーフバリ 伝説誕生』(P.30)の成功からの歴史もの・歴史ファンタジー大作への指向はマラヤーラム語映画界にも及んだが、本作はそんなブーム中でも、きらびやかな歴史絵巻を繰り広げることはなく、庶民視点かつ「世界の辺境」感がただよう画面。物語は言い伝えを順々になぞりながら淡々と編年体で語られていくように見えながら、最後のシーンでひっくり返す。(安)

Lakshmi

ラクシュミ

Editor's Choice

タミル語/2018年/130分
監督:A・L・ヴィジャイ
音楽:サム・C・S
出演:プラブデーヴァー、ディティヤー・バーンデー、アイシュワリヤー・ラージェーシュ、サルマーン・ユスフ・カーン、カルナーカラン、コーヴァイ・サララー

芸道もの→P.138

10歳の少女ラクシュミはダンスの才能があり、全国大会に出場することが夢だったが、シングルマザーのナンディニはそれを一切認めなかった。ラクシュミは通学途中に音楽につられてあるカフェに入り、やがて常連になる。カフェの店主VKは、彼女の夢を叶えようと、父だと偽り彼女をダンススクールに入学させる。そこから栄冠を目指すラクシュミの試練の道のりが始まるが、彼女はまずステージ恐怖症を克服しなければならなかった。芸道もののの定番である、身近な者の無理解、挫折を経験したかつての天才の出現、ライバルの陰湿な妨害などを織り交ぜながら、ひたむきな芸への道を描く。全編を通し繰り広げられるローティーン~ミドルティーンの少年少女のハイレベルなダンスが見どころ。(安)

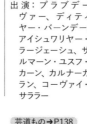

Bharat Ane Nenu
私、バラトは…

Editor's Choice

テルグ語／2018年／173分
監督：コラターラ・シヴァ
音楽：デーヴィ・シュリー・プラサード
出演：マヘーシュ・バーブ、プラカーシュ・ラージ、キヤーラー・アードヴァーニー、デーヴァラージ、サラトクマール

写真提供：インドエイガジャパン

ポリティカル・スリラー→P.176

アーンドラ・プラデーシュ州の州首相が急死し、ロンドンに留学中の息子バラト・ラームが帰国する。与党の古参により後継州首相にされたバラトは、素人の大胆さで革新的な政策を次々と打ち出す。タイトルは公職に就く際の宣誓の言葉の出だし。主人公が様々な敵と戦うストーリーだが、政治的な戦い（与野党の既得権益保持者のサロン）と、肉体的な戦い（ラーヤラシーマのファクショニストの手下たち、そしてシュリーカークラムから来たならず者たち）と、社会的な戦いとの3つがあり、どれもそれぞれに見せ方が凝っている。社会的な戦いは、対マスメディアのものとなっており、演技としてはここが一番の見せ場。テルグ文字が読めず、古風なテルグ語での演説もできない外国帰りの主人公像にリアリティーがある。（安）

Ondalla Eradalla
ひとつでもなく、ふたつでもなく

Editor's Choice

カンナダ語／2018年／130分
監督：D・サティヤ・プラカーシュ
音楽：ヴァースキ・ヴァイバヴ、ノビン・ポール
出演：ローヒト・パーンダヴァプラ、サーイ・クリシュナ・クドラ、M・K・マタ、アーナンド・ニーナーサム、ナーガブーシャナ

カンナダ・ニューウェーブ→P.124

カルナータカ州沿海部トゥルナードのどこか、ペーテ（下町）とのみ呼ばれる坂の多い町。イスラーム教徒の7歳の少年サミーラは牝牛バーヌを相棒として可愛がっていたが、ある時彼が目を離した隙に、バーヌは誤ってトラックに乗せられてどこかに運ばれてしまう。サミーラはバーヌを探して町中を歩き、様々な人々に牛を見なかったかと尋ね回る。彼は町をさまよう中で、カーストにより「虎党」と「牛党」に分かれて争う人々、戻らぬ息子の帰りを待ち続けるキリスト教徒の男などと遭遇する。カルナータカに伝わる牝牛プニャコーティの民話を引用しながらも、しばしばヒンドゥー教の聖牛保護運動の文脈で語られるそれをムスリム少年の物語に落とし込んだ点に映像作家のメッセージが感じられる。（安）

Odiyan
変化妖怪

Editor's Choice

マラヤーラム語／2018年／167分
監督：V・A・シュリークマール・メーノーン
音楽：M・ジャヤチャンドラン、サム・C・S
出演：モーハンラール、プラカーシュ・ラージ、マンジュ・ワーリヤル、シッディク、イノセント、マノージ・ジョーシー

ダリト・トライブ→P.152

20世紀後半のパーラッカード地方テンクリッシ村、黒魔術を行う家に生まれたマニキャンは、術殺の嫌疑をかけられ村から追放されていたが、殺しの真相を明らかにするため15年ぶりに戻ってくる。彼の行う黒魔術は、依頼を受け動物に変化《へんげ》して被害者を驚かすというもので、報酬も酒瓶1本程度だった。一方で、名家の女性プラバへの叶わぬ恋慕の心も彼を苛む。ケーララ州では古くから各種の黒魔術が盛んで、夜間に体を水牛などに変える術を行う者のことをオディヤンと呼び、これを行うのはダリトとされた。伝承上のオディヤンは映画の中よりもはるかに凶悪である。牛の着ぐるみをスタイリッシュに撮る技術、夜の闇に包みこまれたマニキャンとプラバの愛のソングの美しさが特筆もの。（安）

Bharat Ane Nenu ／ Ondalla Eradalla ／ Odiyan

2019

2019年の主な出来事

◉インド総選挙。ナレーンドラ・モーディー首相の第2期開始◉カルナータカ州で一部活動家による公共機関でのヒンディー語使用に反対する運動◉この頃から主として北インドの大都市圏での大気汚染が深刻化◉翌年のコロナ禍での大打撃前、この年のインド映画製作は2010年代の最高潮に達し、約2500作品が検閲通過◉**タミル語興収No. 1は『ビギル 勝利のホイッスル』(P.32)** ◉**テルグ語興収No. 1は『SAAHO ／サーホー』(P.10)**

カンナダ
興収
No.1

Kurukshetra
クルクシェートラ

※正式タイトルは
「Munirathna Kurukshetra」

カンナダ語／ 2019年／ 185分
監督：ナーガンナ
音楽：V・ハリクリシュナ
出演：ダルシャン、メーガナ・ラージ、アルジュン・サルジャー、ラヴィチャンドラン

神話・バクティ➜P.144

叙事詩『マハーバーラタ』を、通常は悪役のドゥルヨーダナ（作中では美称のスヨーダナで呼ばれる）を主役に据えて描く。叙事詩の物語全てをカバーするのではなく、歌舞伎で言うところの「見取り」形式で、見ごたえのあるエピソードを連ねる。NTRが監督・主演した1966年のテルグ語作品『Sri Krishna Pandaveeyam（クリシュナ神とパーンダヴァたち）』（未）から着想したことは明らか。台詞は10〜11世紀のカンナダ語詩人ランナの『Gadayuddha』がベースとなっているという。「クリシュナ使者に立つ」、「バガヴァット・ギーター」のシーンなどでは、古い神話映画に見られる「謡い」が取り入れられている。一方で主要キャストがボディービルで鍛えた体を誇示するような現代的一面もある。（安）

マラヤーラム
興収
No.1

Lucifer
ルシファー

マラヤーラム語／ 2019年／ 174分
監督：プリトヴィラージ・スクマーラン
音楽：ディーパク・デーヴ
出演：モーハンラール、マンジュ・ワーリヤル、ヴィヴェーク・オーベーローイ、トヴィノ・トーマス、プリトヴィラージ・スクマーラン

ポリティカル・スリラー➜P.176

ケーララ州の州首相ラーマダースが急死する。人々は彼の死を悼みながらも、後継者選びに注目する。真っ先に候補として浮上したのが故人の息子ジャティンだった。またジャティンの姉のプリヤダルシニの動向にも衆目が集まる。プリヤダルシニの夫ボービは、違法ドラッグの流通によって得た資金を党費として提供することを申し出る。もちろんそれは見返りを期待してのものだった。その期待を打ち砕き、ボービと真っ向から対決する者として、謎めいたスティーファン・ネドゥンパッリが登場する。州政界を舞台にしたポリティカル・スリラーに、名門一家の内紛や女性への性暴力の問題なども絡め、暗闘・武闘もふんだんな、見どころの多い〝地獄めぐり〟系のエンターテインメントに仕立て上げた。（安）

Brochevarevarura
救いをもたらすお方よ

Editor's Choice

テルグ語／2019年／138分
監督：ヴィヴェーク・アートレーヤ
音楽：ヴィヴェーク・サーガル
出演：シュリー・ヴィシュヌ、ニヴェーダー・トーマス、プリヤダルシ、ラーフル・ラーマクリシュナ、ニヴェーダー・ペートゥラージ、サティヤデーヴ

テルグ・オルターナティブ ➔P.117

ハイダラーバードで助監督ヴィシャールが人気女優シャーリニに自分が温めている脚本のナレーションをする。田舎の高校生ラーフル、ラームバーブ、ラーケーシュは仲の良い3人組。彼らは校長の娘ミトラと仲良くなり、4人はミトラの父をだまして大金を得ようと策略を練る。そこから始まるくんずほぐれつの追っかけっこ。中盤のツイストが見事。特筆すべきはオシャレな色彩設計。貧乏学生3人組の着る平凡なTシャツがなぜかクール。村はずれの狂人や間抜けな犯罪者たちのキャラ立ちも申し分ない。マラヤーラム語のA指定映画からマニラトナムに至るまでの映画ネタ挿入の仕方もさり気なく独特。タイトルは『シャンカラーバラナム 魅惑のメロディ』（P.140）でも流れる古典声楽曲の題名。 （安）

Avane Srimannarayana
彼こそがシュリーマンナーラーヤナ

Editor's Choice

カンナダ語／2019年／184分
監督：サチン・B・ラヴィ
音楽：B・アジニーシュ・ローカナート、チャラン・ラージ
出演：ラクシト・シェッティ、シャーンヴィ・シュリーヴァースタヴァ、アチユト・クマール、プラモード・シェッティ

カンナダ・ニューウェーブ ➔P.124

1980年代、架空の街アマラーヴァティは匪賊が跋扈する無法地帯。族長はある時秘宝を積んだとされるトラックで逃走してきた旅回りの劇団員たちを捕え皆殺しにするが、宝物はどこか別の場所に隠してあることが分かる。彼は2人の息子に、宝物を得たものが頭目となるべしと告げ世を去る。2人の異母兄弟がにらみ合いながら15年が過ぎ、警官ナーラーヤナがアマラーヴァティに赴任してくる。彼には秘められた目的があった。粗筋を要約するのも困難な混沌とした物語世界、不吉な曇天の薄明の中で砂塵を浴び続ける3時間。西部劇のしつらえ、ニヒルなユーモアに、タイトルが示唆するヒンドゥー教神話が被さるが、主演俳優を称えるためのよくあるギミックというレベルを超えたものとなっている。 （安）

Nalpathiyonnu
41

Editor's Choice

マラヤーラム語／2019年／134分
監督：ラール・ジョーズ
音楽：ビジバール
出演：ビジュ・メーノーン、ニミシャ・サジャヤン、シャランジット、ダニヤ・アナンニャ、スレーシュ・クリシュナ、インドランス

No Image

タイトルの「41」とはケーララ州の名刹シャバリマラ寺院への巡礼に定められた41日間の道行きを表す。合理主義者・共産主義者であるウッラース・クマールは、断酒できない末端党員の更生を助けるために41日間の巡礼に付き添う羽目になる。無神論者の目を通して見た有名寺院への巡礼たちの姿。おそらく実際の巡礼のドキュメンタリー画像を使用しているのだろうが、劇映画としての映像とのシームレスな繋がりが見事で、驚異のイメージの連続。巡礼の各段階での参拝先や儀式、そこでの巡礼の振る舞いも詳細に記録されており、また次第に熱狂が増幅していくさまも手に取るように分かる。2011年の巡礼シーズンに実際に起きた大事件を取り入れ、悲痛と諧謔《かいぎゃく》が入り混じる風刺ドラマとした。 （安）

Brochevarevarura ／ Avane Srimannarayana ／ Nalpathiyonnu

2020

2020年の主な出来事

◉3月後半からインド全体をコロナ禍が覆う。3月25日に初のロックダウン開始。以降、数次に渡りロックダウンが繰り返される◉3月末から、インド各地の大都市に出稼ぎで滞在していた貧しい州の出身者が、度重なるロックダウンで放り出され大挙して徒歩で帰省する現象◉9月、大歌手S・P・バーラスブラマニヤムの感染死◉ロックダウンの影響で各言語圏の映画作品の製作本数は激減◉**タミル語興収No. 1は『ダルバール 復讐人』**(P.25)

Ala Vaikunthapurramuloo

このようにヴァイクンタプラムに

テルグ興収No.1

テルグ語／2020年／165分
監督：トリヴィクラム・シュリーニヴァース
音楽：タマン・S
出演：アッル・アルジュン、プージャー・ヘグデ、ジャヤラーム、タブー、ナワディープ

写真提供：インドエイガジャパン

大企業社長のラーマチャンドラとその会社に勤める貧しいヴァールミーキ、偶然にも同じ日に同じ病院でそれぞれの男児が生まれる。境遇に不満なヴァールミーキは、社長の息子を自分の息子とこっそりと入れ替え、バントゥと名付けたその子に辛く当たりながら育てる。成長した彼はある時自分の出生の秘密を知る。同じ頃に縁があってラーマチャンドラと知り合い信頼を勝ち得たバントゥは、息子であることは口にせずに相談役的な立場で実父の豪邸に入り、上流の人々の必ずしも幸せとは言えない生活を目にする。アッル・アルジュンがそれまでに築いてきたスタイリッシュさ・人をくった生意気・軽妙洒脱を集大成したかのようなコメディーだが、血統第一主義的なエンディングだけは批判を浴びた。（安）

Shivaji Surathkal: The Case of Ranagiri Rahasya

シヴァージ・サラトカル：“ラナギリの秘密”事件

カンナダ興収No.1

カンナダ語／2020年／125分
監督：アーカーシュ・シュリーヴァトサ
音楽：ジュダー・サーンディ
出演：ラメーシュ・アラヴィンド、ラーディカー・ナーラーヤン、アーローヒ・ナーラーヤン、アヴィナーシュ

No Image

コダグ地方の東端、ケーララ州との州境近くの深い森の中にあるラナギリは、黒魔術と女性の怨霊にまつわる言い伝えがあり、近隣の住人も近づこうとしない地域。政治家の息子ローシャン・ラヴィはこの地を通過中に車の故障でやむなくリゾートホテルに宿泊するが、翌朝彼は死体で発見される。マイスールからやって来た犯罪捜査課のシヴァージ・サラトカルは署内でシャーロック・ホームズにたとえられる切れ者。大仰な演説で周りの者を煙に巻きながら捜査を進めていくが、彼自身が5年前に遭遇した別の事件の記憶がなぜか立ち上がってくる。有名な古典ミステリーのプロットを用いながら全く別のセッティングで巧みに翻案し、さらに現代インドの社会を覆う大きな問題への告発も織り込んだ一作。（安）

Anjaam Pathiraa
第5の深夜

マラヤーラム 興収 No.1

マラヤーラム語／2020年／144分
監督：ミトゥン・マーヌエル・トーマス
音楽：スシン・シャーム
出演：クンチャッコー・ボーバン、ジヌ・ジョーゼフ、ラミャ・ナンビーサン、ウンニマーヤ・プラサード、シャラフッディーン

コッチで起きた警察官をターゲットにした猟奇的な連続殺人。精神科医のアンワル・フセインは友人のアニル警部の依頼で捜査に関わるようになり、特捜チームに加わる。キャサリン警視の指揮下で、凄腕のハッカーも引き込み、チームは徐々に犯人に近づいていくが、最後にたどり着いたのは遠い昔に山深い田舎の村で起きた事件だった。歌も踊りもない140分ながら、特にそのことで話題になることはなかった。コッチの街中でもとりわけ無機質で殺風景な場所を選んだ撮影が巧み。捜査に当たる主人公に特にパーソナルな屈折を設定せず、純粋な黒子としてストーリーを展開した。細かく見ていけばループホールは幾つもあるが、緊張感の中で陰鬱なムードを楽しむための作品と言えるかもしれない。（安）

ただ空高く舞え
Soorarai Pottru

Editor's Choice

タミル語／2020年／150分
監督：スダー・コンガラー
音楽：G・V・プラカーシュ・クマール
出演：スーリヤ、アパルナ・バーラムラリ、パレーシュ・ラーワル、モーハン・バーブ、ウルワシ、カーリ・ヴェンカト

No Image

マーラーことネドゥマーラン・ラージャーンガムはインド空軍のパイロット。ある時父が危篤との知らせに急遽帰省しようとするが、高額な航空券に手が出ず父の臨終に立ち会うことを逃す。その苦い経験から、彼は格安航空会社の設立を心に誓う。そして企業家として尊敬するジャズ航空オーナーのパレーシュ・ゴースワーミに会い、提携を求めるが、ゴースワーミは「高い航空運賃は貧乏人を排除するための設定だ」と言いマーラーを侮辱する。庶民が利用できる航空会社を創設するための彼の戦いが始まる。実話に基づき、志高い起業家と凄まじい妨害を行う既存勢力とのせめぎ合いを手に汗握る迫力で描く。主人公の妻の、「内助の功」という言葉では形容しきれない独立不羈《ふき》のキャラクターも魅力的。（安）

Ayyappanum Koshiyum
アイヤッパンとコーシ

Editor's Choice

マラヤーラム語／2020年／175分
監督：サッチ
音楽：ジェイクス・ビジョーイ
出演：ビジュ・メーノーン、プリトヴィラージ・スクマーラン、ガウリ・ナンダ

マラヤーラム・ニューウェーブ→P.132

まだ若い退役軍人のコーシ・クリヤンは山中の禁酒エリアで酒瓶を運んでいたことで警察の検問に引っ掛かり、地元警察のアイヤッパン・ナーヤル警部補の取り調べを受ける。コーシの傲慢で反抗的な態度に手を焼きながらも冷静を保とうとするアイヤッパンだったが、コーシの手の込んだ詐術に嵌められて停職処分となってしまう。一民間人となった彼はコーシとつばぜり合いを繰り返し、男たちの対立は決闘にまで発展する。人衆娯楽としての売り物であるアクションを前面に出しながら、階級闘争や被差別民のフォークロア、有害な男性性といった要素を盛り込み、しかしインテリ臭は全くなく、分かりやすい勧善懲悪とも距離を置き、観る者を175分間の途切れることのない狂熱の渦に投げ込む。（安）

2021

2021年の主な出来事

◉中流層の間では、ロックダウンで家に閉じ込められる中で映画配信サイトを利用する率が高まる◉4～5月がインドのコロナ禍の最悪期。多数の死者を屋外で荼毘にふす映像◉農産物販売の自由化をねらい中央政府主導で前年に成立した「2020年農産物流通促進法」に対し、全国の農業家からの激しい抗議運動が続き、法律は廃止となる◉**タミル語興収No. 1は『マスター 先生が来る!』**(P.37) ◉**テルグ語興収No. 1は『プシュパ 覚醒』**(P.34)

Roberrt
ロバート

カンナダ興収No.1

カンナダ語／2021年／166分
監督：タルン・スディール
音楽：アルジュン・ジャニヤ
出演：ダルシャン、ジャガパティ・バーブ、ヴィノード・プラバーカル、アーシャー・バット、ラヴィ・キシャン

写真提供:川縁長者

ウッタル・プラデーシュ州ラクナウに息子アルジュンと共に住むラーガヴァは、吃音症のある腰の低い料理人。真摯な仕事ぶりによりボスの娘アムリタから惚れられる。彼は正体不明な男たちから命を狙われるが、反撃してやすやすと相手を倒す。襲撃者たちの元締めのサルカールという男は、手ごわい相手ラーガヴァを見て愕然とする。そこから回想が始まり、本物のラーガヴァという名を持つ男と彼との悲劇的な友情の物語が展開する。大衆路線のリベンジ・アクションで、『バーシャ! 踊る夕陽のビッグボス』(P.28) 以来、過去に何度も繰り返されてきたパターンの踏襲。ユニークなのは、ドスを利かせた台詞の応酬の中で言及される、ラーマからチトラグプタに至る神話のキャラクターの多さ。(安)

Kurup
クルップ

マラヤーラム興収No.1

マラヤーラム語／2021年／155分
監督：シュリーナート・ラージェーンドラン
音楽：スシン・シャーム
出演：ドゥルカル・サルマーン、インドラジット・スクマーラン、シャイン・トム・チャッコー、ショービタ・ドゥーリパッラ、トヴィノ・トーマス、アヌパマ・パラメーシュワラン

No Image

1980年代に保険金殺人などを行った実在の犯罪者をモデルとした、本格的なピカレスク・ロマン。その犯罪に情状酌量の余地はなく、社会に対する異議申立ての要素も全くない、純然たる悪人の物語。変装で七変化するシーンが最大の見どころ。当人が殺人に手を下す描写はなく、他人を煽って凶悪犯罪を行わせる。しかしそのキャラクターには粗暴な部分もあり、懲罰を受けプライドを挫かれたり、みっともなく逃走したりする場面も。舞台は明らかに中東なのに劇中でペルシャと言われるのは、おそらく政治的配慮から。大衆映画においては大胆なテーマ設定だが、「粋な悪人」の提示だけではなく、その病理を掘り下げるべきと思わざるえない。しかしレトロな雰囲気が愛されたのかヒットした。(安)

Akhanda
全き者

Editor's Choice

テルグ語／2021年／167分
監督：ボーヤパーティ・シュリーヌ
音楽：タマン・S
出演：バーラクリシュナ、プラギャー・ジャーイスワール、ジャガパティ・バーブ、シュリーカーント、スッバラージュ、プラバーカル

写真提供：インドエイガジャパン

ラーヤラシーマ➔P.180

アーンドラ・プラデーシュ州ラーヤラシーマ地方で、名家に双子が誕生したが、1人は死産だったので、その遺体は遊行の修験者の手に委ねられた。歳月が流れ、双子の残された1人、ムラリ・クリシュナは、大地主の嫡子として地域の人々の尊崇を集めていた。彼は鉱業マフィアが行う違法操業をやめさせようと行動を起こすが、殺人の濡れ衣を着せられ、獄に繋がれる。絶望的な状況の中、強力なシヴァ派の修験者で、ムラリ・クリシュナに瓜二つのアカンダが登場する。彼こそは、死んだとされていた双子の兄弟だった。ダンスとスタントの振付が秀逸。繰り返される法輪のイメージが美しく演出される。最後はオカルト風味も混じり、「心頭滅却すれば火もまた涼し」ロジックでとことん盛り上げる。（安）

Garuda Gamana Vrishabha Vahana
ガルダに乗る者、雄牛に乗る者

Editor's Choice

カンナダ語／2021年／151分
監督：ラージ・B・シェッティ
音楽：ミドゥン・ムクンダン
出演：ラージ・B・シェッティ、リシャブ・シェッティ、ゴーパール・クリシュナ・デーシュパーンデー

No Image

カンナダ・ニューウェーブ➔P.124

マンガルールに住む幼馴染のハリとシヴァ。成長につれハリは凡庸な悪人に、シヴァは狂気を湛えた獣人となり、とある殺人をきっかけに2人はギャングとして出世の階梯を昇っていく。しかし、現実的なハリが政治家と手を結ぶようになった頃から、2人の間で不和の種が芽吹く。本作の絵面の風合いには嫌が応にも『Ulidavaru Kandanthe』（P.127）を思い出させるものがある。舞台はアラビア海沿岸でありながら、トロピカルな明るさはどこにもなく、塩気をたっぷりと含んだ熱風の中、強烈な陽光を黒の粒子が翳《かげ》らせる。タイトルからもうかがえる神話の引用は、神の栄光ではなく死への衝動を喚起するかのようだ。インド映画の一般的文脈の中のものとは全く異なる「踊り」は必見。（安）

Joji
ジョージ

Editor's Choice

マラヤーラム語／2021年／113分
監督：ディリーシュ・ポーッタン
音楽：ジャスティン・ヴァルギーズ
出演：ファハド・ファーシル、バーブラージ、ベイシル・ジョーゼフ、シャンミ・ティラガン、ウンニマーヤ・プラサード

本作を紹介したOutlook誌
2021/07/19号

マラヤーラム・ニューウェーブ➔P.132

西ガーツ山地の高原地帯の村、資産家の三男として生まれたジョージは、工科大を中退し、場当たりでベンチャーを興して失敗した若者。厳父クッタッパンは不甲斐ない彼を叱咤し、2人の兄も彼をまともに相手にしない。クッタッパンはある時心臓発作で倒れ、一命をとりとめるも車椅子生活となる。家族の多くがクッタッパンの遠くない死を予測する中、ジョージの心に危険な思い付きが宿る。シェイクスピアの『マクベス』の翻案を謳う。原初の神話的愛憎劇のようでいながら、登場人物はコロナ予防のマスクをしている。怯懦《きょうだ》で落ち着きがなく、世を拗ねた落ちこぼれ、時に動物的なまでに機転が利くが、一方で簡単に馬脚を露す子供じみた振る舞いの男、そんな主人公を演じるファハドの独演ショー。（安）

2022

2022年の主な出来事

◉『RRR』『K.G.F』シリーズなど、南インド発の「汎インド」大型作品が全国を席巻し、「ボリウッドの退潮」の言説がメディアに現れる◉1月に新型コロナウイルス変異種オミクロン株の感染が拡大したが、翌月には急激に減少し、社会全体が「コロナ後」の認識となる◉プロパガンダ色の強いヒンディー語作品『The Kashmir Files』公開、大ヒットとなる◉**テルグ語興収No. 1は『RRR』**(P. 9) ◉**カンナダ語興収No. 1は『K.G.F: CHAPTER 2』**(P. 9)

PS1 黄金の河
Ponniyin Selvan: Part One

タミル興収No.1

タミル語／2022年／167分
監督：マニラトナム
音楽：A・R・ラフマーン
出演：ヴィクラム、アイシュワリヤー・ラーイ・バッチャン、カールティ、トリシャー・クリシュナン、ジェヤム・ラヴィ（ラヴィ・モーハン）

写真提供：SPACEBOX

10世紀後半のタミル地方中部を支配するチョーラ王朝は、その最盛期の一歩手前にあったが、ある時夜空に不吉な彗星が現れ、王家の成員のいずれかの死を意味するものと占われた。同じ頃、王家の重臣たちの間では、病に伏している王の跡を間もなく継ぐだろう皇太子を別の人物に変えようとする陰謀が起きていた。王家の人々の間の連絡役としてチョーラ国やランカ島を縦横に駆け抜ける若い騎士の目を通し、陽光溢れる古代南インドを描く。原作『Ponniyin Selvan［ポンニ川の息子］』は1950年代に刊行されたタミル語の人気小説。約70年後に、空前のマルチスターキャストで映画化。2部構成の大型時代劇であるが、怪力乱神のファンタジー的展開を排し、人間のドラマを端正に描いた。（安）

Bheeshma Parvam
ビーシュマの巻

マラヤーラム興収No.1

マラヤーラム語／2022年／144分
監督：アマル・ニーラド
音楽：スシン・シャーム
出演：マンムーティ、サウビン・シャーヒル、シャイン・トーム・チャッコー

No Image

1980年代のケーララ州の商都コッチを舞台として、有力なシリア派キリスト教徒の一族の間の愛憎と陰謀を、フランシス・コッポラの『ゴッドファーザー』（1972）とヒンドゥー教の叙事詩『マハーバーラタ』に重ね合わせて描くバイオレント・サーガ。アマル・ニーラド監督は、スタイリッシュな映像美を追求することにかけてはマラヤーラム語映画界で随一。そのスタイリッシュさと文芸的ともいえる陰惨さ、ノスタルジー、コッチの旧家の大邸宅のエキゾチックな佇まいなどにより独特な世界が展開する。登場人物が多いが、洗練された映像と、癖のある脇役たちの面構え、そして何よりも公開時点で70歳を迎えていたとは思えないマンムーティの演技とアクションによって観る者を一気に引き込むものとした。（安）

Natchathiram Nagargiradhu
星の移ろい

Editor's Choice

タミル語／ 2022年／ 168分
監督：パー・ランジット
音楽：テンマー
出演：カーリダース・ジャヤラーム、カライヤラサン、ドゥシャーラー・ヴィジャヤン

No Image

タミル・ニューウェーブ→P.106
ダリト・トライブ→P.152

舞台はポンディシェリ。ダリトを中心とした演劇人グループが、新作上演のために集まり、ワークショップを持ちながら芝居を作り上げていく。白人、黒人、トランスセクシュアル、ゲイのメンバーも混じり、タミル社会の中の周辺的な人々が、インテリ演出家のイニシアティブの下で共同生活をする。そこにやってきた異物としての上位カースト出身の俗物アルジュンが、一同の間に波紋を巻き起こし、また彼自身ももみくちゃにされながら徐々に変わっていく。延々と続く高尚な議論、劇団内の内輪もめと恋人たちの痴話喧嘩の末に、「演劇はリアリズム映画とは違う、希望を指し示さなければならない」というコンセプトで練られた芝居が完成した時に、ステージ上で火柱が吹き上がる驚きのクライマックス。（安）

Virata Parvam
ヴィラータ王の巻

Editor's Choice

テルグ語／ 2022年／ 150分
監督：ヴェーヌ・ウードゥグラ
音楽：スレーシュ・ボッビリ
出演：ラーナー・ダッグバーティ、サーイ・パッラヴィ、プリヤーマニ、ナンディター・ダース

写真提供：インドエイガジャパン

テルグ・オルターナティブ→P.117
女性→P.170　左翼・極左→P.174
テランガーナ→P.192

1990年代のアーンドラ・プラデーシュ州テランガーナ地方の山深い村で暮らすヴェンネラは文学少女で、アラニヤという詩人の書いた革命詩を読んでその虜になる。信心深い彼女は暴力とは無縁だったが、ナクサライト狩りの警察官が言いがかりをつけ父に暴力をふるっていたところをナクサライト部隊に助けられ、そこで憧れの詩人がその部隊のリーダーであるラヴァンナと同一人物であると知る。彼に激しい恋心を抱いた彼女は、自分もその闘争に加わろうと生家を出奔してさまよう。『マハーバーラタ』の巻の題名と同じタイトルを持つ本作だが、15世紀末にラージャスターンで王女として生まれ、後にバクティ詩人として伝説化されたミーラー・バーイーの生涯に重ね合わせた部分がむしろ多い。（安）

Kantara
神話の森

Editor's Choice

カンナダ語／ 2022年／ 148分
監督：リシャブ・シェッティ
音楽：B・アジャニーシュ・ロークナート
出演：リシャブ・シェッティ、サプタミ・ガウダ、キショール、アチユト・クマール

予想外のヒットをうけ、本作を特集したFRONTLINE誌2022/12/02号

カンナダ・ニューウェーブ→P.124
ダリト・トライブ→P.152

カルナータカ州沿海部のクンダープラで、19世紀半ばに在地の王と森の神との間で交わされた協約により部族民に下賜された土地を、1970年代になり王の子孫が取り戻そうとして神罰で死ぬ。その際に神託を下したブータ（憑依により神の言葉を伝える霊能者的な芸人）は森に消える。90年代になり、そのブータの息子シヴァが成人し、再び対立が起きる。水牛レースに熱中し、神懸った世界とは無縁だったシヴァが森の神の召喚に応えるまでを描く。極端にローカルな背景を持つドラマだが、クライマックスの憑依による神の怒りが金縛りだと評判になり、予想外の大ヒットに。上位カーストによる部族民への差別・搾取の構図は明確な言葉では語られないが、様々な印象的なエピソードによって示される。（安）

2023

2023年の主な出来事

◉インドの総人口が国連による推計で14億2577万5850人に達し、中国を抜き世界第1位に◉日本で前年10月公開の『RRR』(P. 9)が本格的にヒットし、最終興収24億円超え。『バーフバリ 王の凱旋』(P.30)以来の第3次インド映画ブームは拡大して継続◉SNS上で2020年ごろから始まり、22年ごろに最高潮だった「ボイコット・ボリウッド」のトレンドはこの年に沈静化したが完全終息はせず◉**テルグ語興収No. 1は『SALAAR/サラール』**(P.10)

ジェイラー
Jailer

タミル興収No.1

タミル語/2023年/168分
監督:ネルソン・ディリープクマール
音楽:アニルド・ラヴィチャンダル
出演:ラジニカーント、ヴィナーヤガン、ヴァサント・ラヴィ、ラムヤ・クリシュナン、シヴァラージクマール、モーハンラール、ジャッキー・シュロフ

写真提供:SPACEBOX

引退した警察官ムットゥヴェール・パーンディヤンは、妻と息子夫婦と孫息子と共に平穏な暮らしを送る。しかし熱血警官の息子アルジュンが行方不明になり、ギャングに殺されたらしいということを知ると、及び腰の警察を当てにせずに自らが調査に乗り出す。そして、かつて培った人脈を武器に美術品マフィアとの戦いに踏み込んでいく。封切り時点で72歳だったラジニカーントだが、孫と遊ぶ好々爺という設定は、初めてではないものの珍しい。前年公開のカマル・ハーサン主演『ヴィクラム』(2022)でも、カマルは孫を気遣う祖父として登場しており、両作ともに血飛沫《しぶき》のアクションに転じる。タミル語映画界の2大巨頭のしぶとさとタフネスに感銘する。「フクム」ソングは世代を継ぐラジニファンの頌歌。(安)

Kaatera
カーテーラ

カンナダ興収No.1

カンナダ語/2023年/183分
監督:タルン・キショール・スディール
音楽:V・ハリクリシュナ
出演:ダルシャン、アーラーダナー・ラーム、ジャガパティ・バーブ、クマール・ゴーヴィンド、アチユト・クマール

写真提供:moto

1989年、カルナータカ州南部の村で107体もの人骨が出土し、警察が調査する。同じ頃、服役中の初老の男が仮釈放され、故郷の村に帰省する。そこから物語は70年代に遡る。鍛冶職人カーテーラは切れ味のいい刃物を作る男。低カーストの彼を慕うバラモンの娘プラバにつきまとわれている。小作人たちから厳しく取り立てる村の地主階級に対抗するカーテーラたちに朗報がもたらされる。それは州首相デーヴァラージ・アラスが74年に成立させた急進的な土地改革法で、小作農に土地を分配するものだった。しかし地主たちはこれを何とか阻止しようとする。劇中のアクションのほとんどが刃物を使った武闘で、バラエティある殺陣が次から次へと繰り出される。村で行われる芝居の演出が見事。(安)

2018
2018年

マラヤーラム
興収
No.1

マラヤーラム語／2023年／148分
監督：ジュード・アーントニ・ジョーゼフ
音楽：ノービン・ポール、ウィリアム・フランシス
出演：トヴィノ・トーマス、クンチャッコー・ボーバン、アーシフ・アリ、アパルナ・バーラムラリ

No Image

マラヤーラム・ニューウェーブ➜P.132

２０１８年中頃のケーララ州。精神的な問題で陸軍から除隊したアヌープは、中東で働くビザが下りるのを待ちながら友人たちと遊び暮らしている。漁師の息子ニクソンはモデルになることを夢見ており、家業に勤しむ父や兄とは喧嘩ばかりしている。様々な人々の生活が丁寧に描かれる一方で、モンスーンの雨は勢いを増していき、８月８日の集中豪雨以降、危機的な状況になる。互いに無関係・無関心な人々が自然の脅威の前に持てる力を振り絞る様子を描くサバイバル系感動ストーリー。本作公開当時、与党ＢＪＰ（インド人民党）のプロパガンダの性格の強いヒンディー語作品『The Kerala Story』（２０２３、未）がヒットしており、対抗して本作には「Real Kerala Story」というタグが付けられた。（安）

Viduthalai Part 1
解放：第一部

Editor's Choice

タミル語／2023年／150分
監督：ヴェットリマーラン
音楽：イライヤラージャー
出演：スーリ、ヴィジャイ・セードゥパティ、バヴァーニ・シュリー、ガウタム・メーナン

タミル・ニューウェーブ➜P.106
ダリト・トライブ➜P.152
左翼・極左➜P.174

１９８７年にタミルナードゥ州中部で起きた過激派の工作による列車脱線事故。捜査で浮かび上がったのは「人民軍」という極左組織。森林地帯を鉱業会社に売却する政府への抗議が目的とされた。首領ヴァーティヤール（先生）・ペルマールを逮捕するため警察特別部隊が編成される。新任の巡査クマレーサンは運転手として部隊に加わるが、ティンドゥッカル地方・西ガーツ山中の僻村で極左と特別警察の戦いの巻き添えを食う部族民の窮状を目の当たりにする。普段はコメディアンとして活躍する主演のスーリの身体性が立ち上がる様は驚異的。陰惨な展開が続く中でのソング「Onnoda Nadandhaa〔君と歩く時〕」の美しさはたとえようもなく、ニューウェーブ映画がなぜ歌を捨てないのかがよく分かる。（安）

Leo
レオ

Editor's Choice

タミル語／2023年／161分
監督：ローケーシュ・カナガラージ
音楽：アニルド・ラヴィチャンダル
出演：ヴィジャイ、トリシャー・クリシュナン、サンジャイ・ダット、アルジュン・サルジャー、マドンナ・セバスチャン、ガウタム・メーナン、ジョージ・マリヤーン

写真提供：SPACEBOX

ヒマーチャル・プラデーシュ州の小さな町でカフェを営むタミル人パールティバンは、妻と2人の子と共に暮らす平凡な男。ある時町に凶悪な連続殺人事件が起きる。押し込み強盗をして被害者を口封じのため殺す粗暴な強盗団が、ある夜彼の店に押し入る。最愛の家族の命を守るため、彼は強盗団を返り討ちにするが、その手際の良さはあまりにも常人離れしていた。『囚人ディリ』（P.23）に始まるLCU（ローケーシュ・シネマティック・ユニバース）の、『ヴィクラム』（２０２２）に続く第3弾。ヴィジャイが演じる外連味充分の悪役レオ・ダース、そのダンス「Naa Ready〔準備万端〕」はアイコニックなヒットとなった。米映画『ヒストリー・オブ・バイオレンス』（２００５）に着想を得たと言われている。（安）

2024

2024年の主な出来事

◉アヨーディヤーのラーマ寺院"再建"記念儀式◉インド総選挙。ナレーンドラ・モーディー首相第3期目。連立政権となり、BJPの政策施行に一定の抑制◉カンナダ語映画のトップスターであるダルシャンが殺人への関与の容疑で逮捕される◉タミル語映画のトップスターであるヴィジャイが政党TVKを立ち上げ◉ケーララ州政府の諮問機関として2017年に発足したヘーマ委員会の報告書が公開。マラヤーラム語映画界における女性差別について

The Greatest Of All Time（GOAT）

空前絶後

タミル興収No.1

タミル語／2024年／183分
監督：ヴェンカト・プラブ
音楽：ユヴァン・シャンカル・ラージャー
出演：ヴィジャイ、プラシャーント、アジマル・アミール、プラブデーヴァー、スネーハー、モーハン、ジャヤラーム、ライラー、ミーナークシー・チャウダリー

デリーに住むタミル人のガーンディは政府観光局職員を装いながら、その実は諜報・工作員で、外国にまで出かけて行き、テロの芽を摘むために大がかりな作戦行動も行う男だった。彼は2008年に、妻アヌ、息子ジーヴァンと共にタイに休暇に出かけるが、そこで息子は何者かに誘拐され無残に殺される。それから16年の時が流れ、ガーンディは仕事で訪れたモスクワで、自分と瓜二つの青年を目撃する。AIの作画技術をフルに使い、ヴィジャイが中年の主人公と生き写しの青年とを演じる。台詞は無数の引用に満ちており、また意表を突くキャスティングにより先の読めない展開にしている。本作はSFアクションと称されるが、どこがSFなのかは最終シーンで分かる仕組みになっている。（安）

Pushpa 2：The Rule

プシュパ2：支配

テルグ興収No.1

テルグ語／2024年／201分
（Reloaded版は224分）
監督：スクマール
音楽：デーヴィ・シュリー・プラサード
出演：アッル・アルジュン、ラシュミカー・マンダンナ、ファハド・ファーシル、ジャガパティ・バーブ、ラーオ・ラメーシュ、ターラク・ポンナッパ

No Image

『プシュパ 覚醒』（P.34）の続編。シュリーヴァッリと結ばれたプシュパは、新妻の望みを何でも叶えようとする。彼女が口にしたあることを実現するため、プシュパは紅木を扱う外国の組織と直接取り引きをして巨額の資金を得ようと、日本にまで赴く。しかし、シェカーワトをはじめとする敵対勢力がその前に立ちはだかる。12月に公開され2024年のトップ興収をもぎ取った。強気の製作者は20分超を加えた『Pushpa 2: The Rule Reloaded』を翌月に公開した。中盤のガンゴー・レーヌカ女神の祭礼でのダンスからアクションへとつながる長大なシーンは最大の見せ場で、ヒーローが神と重ね合わせられる、あるいはヒーローに神が降りるというよくある陳腐な演出が、異次元レベルで突き抜けたものとなっている。（安）

Bagheera
黒豹

カンナダ興収No.1

カンナダ語／2024年／158分
監督：ドクター・スーリ
音楽：B・アジャニーシュ・ローカナート
出演：シュリー・ムラリ、ルクミニ・ヴァサント、プラカーシュ・ラージ、ランガーヤナ・ラグ、ガルダ・ラーム、アチュト・クマール

写真提供:川縁長者

カンナダ・ノワール→P.184

2001年のマンガルール、ヴェーダーント・プラバーカルはコミックのスーパーヒーローに憧れる少年だった。そんな彼に母は「スーパーパワーを持たないスーパーヒーロー」として警官である彼の父親を指し示す。目標を与えられた彼は長じてキャリア組の警察官となり、マンガルール南署に警部として着任し、ギャングの一掃に乗り出す。しかし彼の摘発は警察内の権力構造に阻まれる。理想を追求できなくなった彼は、マスクを被った裏の顔でギャングたちの殺戮を始める。『K.G.F』2部作（P.9）のプラシャーント・ニール監督原案の、スーパーパワーを持たないバットマン型スーパーヒーローの物語。ほんわかとした雰囲気の他のインド産スーパーヒーロー映画とは異なり、圧倒的な陰惨さが支配する。（安）

Manjummel Boys
マンニュンマル・ボーイズ

マラヤーラム興収No.1

マラヤーラム語／2024年／135分
監督：チダンバラム
音楽：スシン・シャーム
出演：サウビン・シャーヒル、シュリーナート・バーシ、ジョージ・マリヤーン、ラーマチャンドラン・ドゥライラージ

写真提供:インドエイガジャパン

マラヤーラム・ニューウェーブ→P.132

コッチ郊外のマンニュンマルに住む男たち（必ずしもボーイではない）が、オーナム休暇に連れだってドライブ旅行に出かける。一同はまずタミルナードゥ州パラニ寺院に参拝し、その後思い付きで高原の避暑地コダイッカーナルに立ち寄る。一通りの観光の後、カマル・ハーサンの『Gunaa（グナー）』（1991、未）の舞台を見物するが、ロケ地の洞窟は立ち入り禁止だった。彼らは構わず分け入り岩に落書きをするが、仲間の1人スバーシュが木の葉で覆われていた岩の裂け目を踏み抜いて転落してしまう。タミル語映画『至高の奉仕』（2017）を思わせる展開で、キャストの1人が共通している。実際に起きた事件を比較的忠実に再現したという。コダイッカーナルの神秘的な自然が美しい。（安）

デーヴァラ
Devara: Part 1

Editor's Choice

テルグ語／2024年／172分
監督：コラターラ・シヴァ
音楽：アニルド・ラヴィチャンダル
出演：NTRジュニア、サイフ・アリー・カーン、ジャーンヴィー・カプール、シュリーカーント、プラカーシュ・ラージ、ムラリ・シャルマ、カライヤラサン

写真提供:ツイン

アーンドラ・プラデーシュとタミルナードゥの州境付近の海辺の切り立った山地ラトナギリ。一帯は地理的に隔絶され、1080年代になっても外の世界との交流は限られ、かつて誇り高い戦士だった男たちは密輸に従事するようになっていた。有力者デーヴァラは、自分が加担した密輸が無辜《むこ》の人々を殺す原因になったことを知り、足を洗う決意をするが、反対する者たちとの間で武闘が起き、彼は姿を消す。再び密輸を行えば、必ず彼が犯人に死の裁きを与えると予告して。時が流れ、成長した彼の息子ヴァラダは、外見こそ父に似るが、怯懦《きょうだ》で無力な青年だった。架空の土地を舞台にした伝奇・海洋ロマン。多くのシーンが夜の月光の下で展開し、ラトナヴェールのカメラがとらえた海や森が神秘的。（安）

Bagheera ／ Manjummel Boys ／デーヴァラ

8つの連邦直轄領

① デリー連邦直轄領
② チャンディーガル連邦直轄領
③ ダードラー・ナガル・ハヴェーリーおよびダマン・ディーウ連邦直轄領
④ ポンディシェリ連邦直轄領
（ポンディシェリ、カーライッカール、マヘ、ヤーナームの4ヶ所）
⑤ ラクシャドウィープ連邦直轄領
⑥ アンダマン・ニコバル諸島連邦直轄領
⑦ ジャンムー・カシミール連邦直轄領
⑧ ラダック連邦直轄領

12大映画界

ヒンディー語	マハーラーシュトラ州ムンバイが製作拠点
テルグ語	テランガーナ州ハイダラーバードが製作拠点
タミル語	タミルナードゥ州チェンナイが製作拠点
カンナダ語	カルナータカ州ベンガルールが製作拠点
マラヤーラム語	ケーララ州内外の主要都市で製作される
マラーティー語	マハーラーシュトラ州ムンバイが製作拠点
ベンガル語	西ベンガル州コルカタが製作拠点
グジャラーティー語	グジャラート州アフマダーバードが製作拠点
パンジャービー語	パンジャーブ州アムリトサルやモーハーリーなどで製作される
オディヤー語	オディシャー州ブヴァネーシュワルやカタクなどで製作される
ボージプリー語	ビハール州パトナーやウッタル・プラデーシュ州ラクナウで製作される
アソム語	アソム州グワーハーティーなどで製作される

インド全図

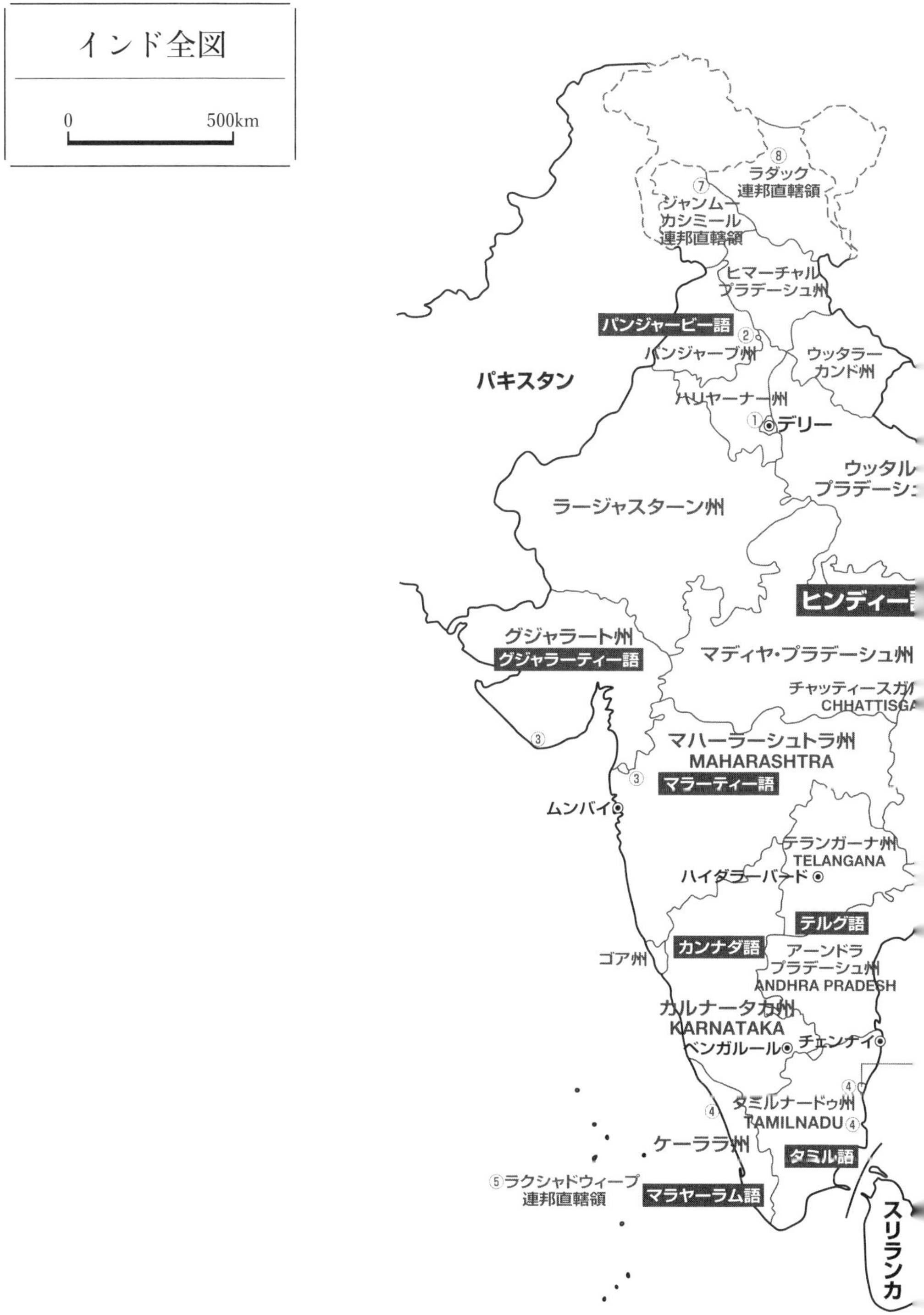

0
500km
⑧ラダック
連邦直轄領
⑦ジャンムー
カシミール
連邦直轄領
ヒマーチャル
プラデーシュ州
パンジャービー語
②パンジャーブ州
ウッタラー
カンド州
パキスタン
ハリヤーナー州
①デリー
ウッタル
プラデーシュ
ラージャスターン州
ヒンディー語
グジャラート州
グジャラーティー語
マディヤ・プラデーシュ州
チャッティースガル
CHHATTISGA
③
マハーラーシュトラ州
MAHARASHTRA
③
マラーティー語
ムンバイ
テランガーナ州
TELANGANA
ハイダラーバード
テルグ語
カンナダ語
ゴア州
アーンドラ
プラデーシュ州
ANDHRA PRADESH
カルナータカ州
KARNATAKA
ベンガルール
チェンナイ
④
タミルナードゥ州
TAMILNADU
④
ケーララ州
タミル語
⑤ラクシャドウィープ
連邦直轄領
マラヤーラム語
スリランカ

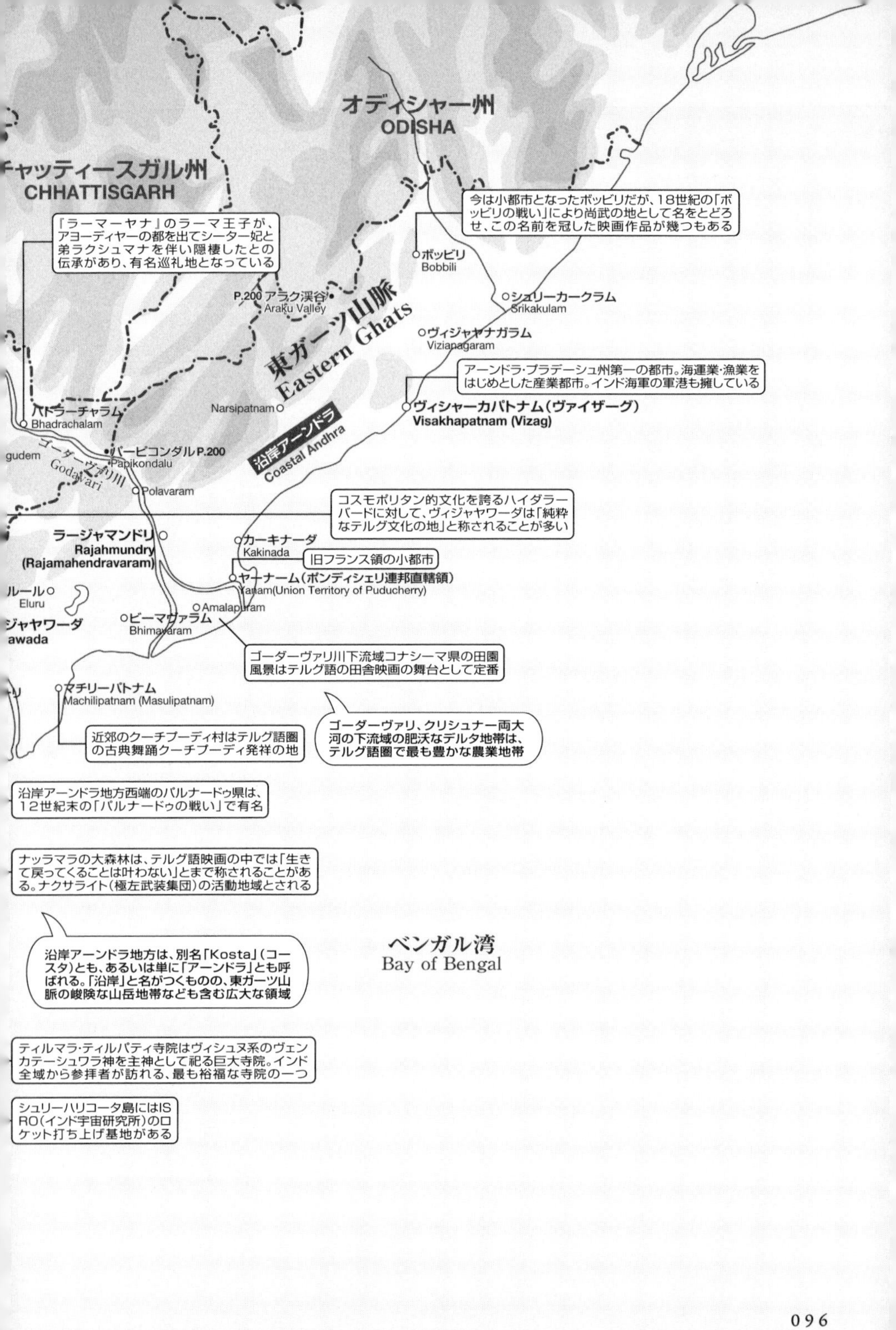

オディシャー州
ODISHA
チャッティースガル州
CHHATTISGARH
『ラーマーヤナ』のラーマ王子が、アヨーディヤーの都を出てシーター妃と弟ラクシュマナを伴い隠棲したとの伝承があり、有名巡礼地となっている
今は小都市となったボッビリだが、18世紀の「ボッビリの戦い」により尚武の地として名をとどろかせ、この名前を冠した映画作品が幾つもある
ボッビリ
Bobbili
P.200 アラク渓谷
Araku Valley
東ガーツ山脈
Eastern Ghats
シュリーカークラム
Srikakulam
ヴィジャヤナガラム
Vizianagaram
アーンドラ・プラデーシュ州第一の都市。海運業・漁業をはじめとした産業都市。インド海軍の軍港も擁している
ヴィシャーカパトナム（ヴァイザーグ）
Visakhapatnam (Vizag)
Narsipatnam
沿岸アーンドラ
Coastal Andhra
バドラーチャラム
Bhadrachalam
ゴーダーヴァリ川
Godavari
パーピコンダル P.200
Papikondalu
Polavaram
gudem
コスモポリタン的文化を誇るハイダラーバードに対して、ヴィジャヤワーダは「純粋なテルグ文化の地」と称されることが多い
ラージャマンドリ
Rajahmundry
(Rajamahendravaram)
カーキナーダ
Kakinada
旧フランス領の小都市
ヤーナーム（ポンディシェリ連邦直轄領）
Yanam(Union Territory of Puducherry)
ルール
Eluru
Amalapuram
ビーマヴァラム
Bhimavaram
ジャヤワーダ
awada
ゴーダーヴァリ川下流域コナシーマ県の田園風景はテルグ語の田舎映画の舞台として定番
マチリーパトナム
Machilipatnam (Masulipatnam)
近郊のクーチプーディ村はテルグ語圏の古典舞踊クーチプーディ発祥の地
ゴーダーヴァリ、クリシュナー両大河の下流域の肥沃なデルタ地帯は、テルグ語圏で最も豊かな農業地帯
沿岸アーンドラ地方西端のパルナードゥ県は、12世紀末の「パルナードゥの戦い」で有名
ナッラマラの大森林は、テルグ語映画の中では「生きて戻ってくることは叶わない」とまで称されることがある。ナクサライト（極左武装集団）の活動地域とされる
沿岸アーンドラ地方は、別名「Kosta」（コースタ）とも、あるいは単に「アーンドラ」とも呼ばれる。「沿岸」と名がつくものの、東ガーツ山脈の峻険な山岳地帯なども含む広大な領域
ベンガル湾
Bay of Bengal
ティルマラ・ティルパティ寺院はヴィシュヌ系のヴェンカテーシュワラ神を主神として祀る巨大寺院。インド全域から参拝者が訪れる、最も裕福な寺院の一つ
シュリーハリコータ島にはISRO（インド宇宙研究所）のロケット打ち上げ基地がある

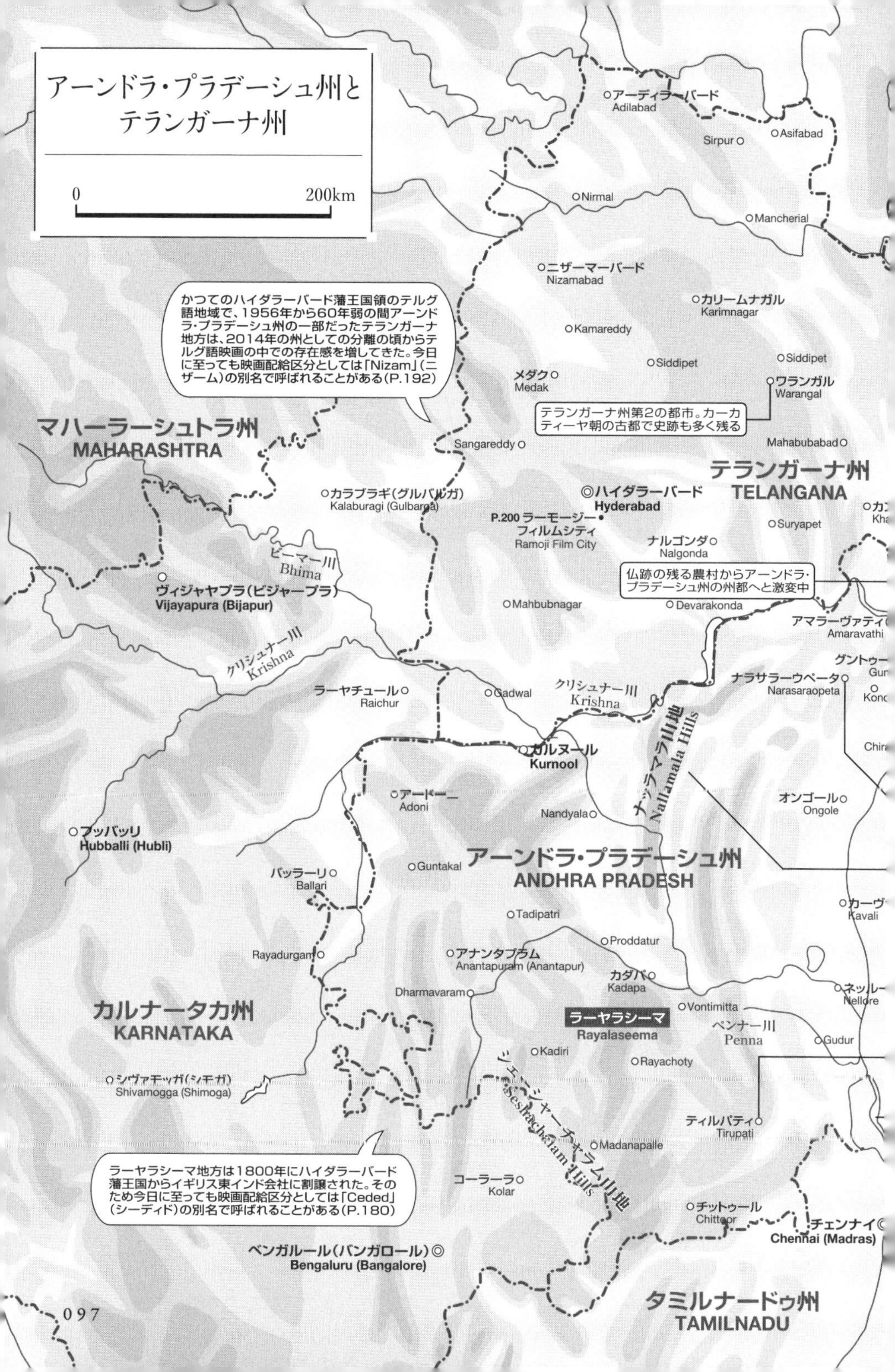

アーンドラ・プラデーシュ州と
テランガーナ州
0
200km
かつてのハイダラーバード藩王国領のテルグ語地域で、1956年から60年弱の間アーンドラ・プラデーシュ州の一部だったテランガーナ地方は、2014年の州としての分離の頃からテルグ語映画の中での存在感を増してきた。今日に至っても映画配給区分としては「Nizam」(ニザーム)の別名で呼ばれることがある(P.192)
テランガーナ州第2の都市。カーカティーヤ朝の古都で史跡も多く残る
仏跡の残る農村からアーンドラ・プラデーシュ州の州都へと激変中
ラーヤラシーマ地方は1800年にハイダラーバード藩王国からイギリス東インド会社に割譲された。そのため今日に至っても映画配給区分としては「Ceded」(シーディド)の別名で呼ばれることがある(P.180)
アーディラーバード
Adilabad
Sirpur
Asifabad
Nirmal
Mancherial
ニザーマーバード
Nizamabad
カリームナガル
Karimnagar
Kamareddy
Siddipet
Siddipet
メダク
Medak
ワランガル
Warangal
Sangareddy
Mahabubabad
マハーラーシュトラ州
MAHARASHTRA
テランガーナ州
TELANGANA
カラブラギ(グルバルガ)
Kalaburagi (Gulbarga)
ハイダラーバード
Hyderabad
P.200 ラーモージー・フィルムシティ
Ramoji Film City
Suryapet
ナルゴンダ
Nalgonda
ビーマー川
Bhima
ヴィジャヤプラ(ビジャープラ)
Vijayapura (Bijapur)
Mahbubnagar
Devarakonda
アマラーヴァティ
Amaravathi
クリシュナー川
Krishna
グントゥー
ナラサラーウペータ
Narasaraopeta
ラーヤチュール
Raichur
Gadwal
クリシュナー川
Krishna
ナッラマラ山地
Nallamala Hills
カルヌール
Kurnool
アードーニ
Adoni
オンゴール
Ongole
Nandyala
フッバッリ
Hubballi (Hubli)
バッラーリ
Ballari
Guntakal
アーンドラ・プラデーシュ州
ANDHRA PRADESH
Kavali
Tadipatri
Proddatur
Rayadurgam
アナンタプラム
Anantapuram (Anantapur)
カダパ
Kadapa
Dharmavaram
Vontimitta
Nellore
カルナータカ州
KARNATAKA
ラーヤラシーマ
Rayalaseema
ペンナー川
Penna
Gudur
Kadiri
Rayachoty
シェーシャーチャラム山地
Seshachalam Hills
シヴァモッガ(シモガ)
Shivamogga (Shimoga)
ティルパティ
Tirupati
Madanapalle
コーラーラ
Kolar
チットゥール
Chittoor
チェンナイ
Chennai (Madras)
ベンガルール(バンガロール)
Bengaluru (Bangalore)
タミルナードゥ州
TAMILNADU

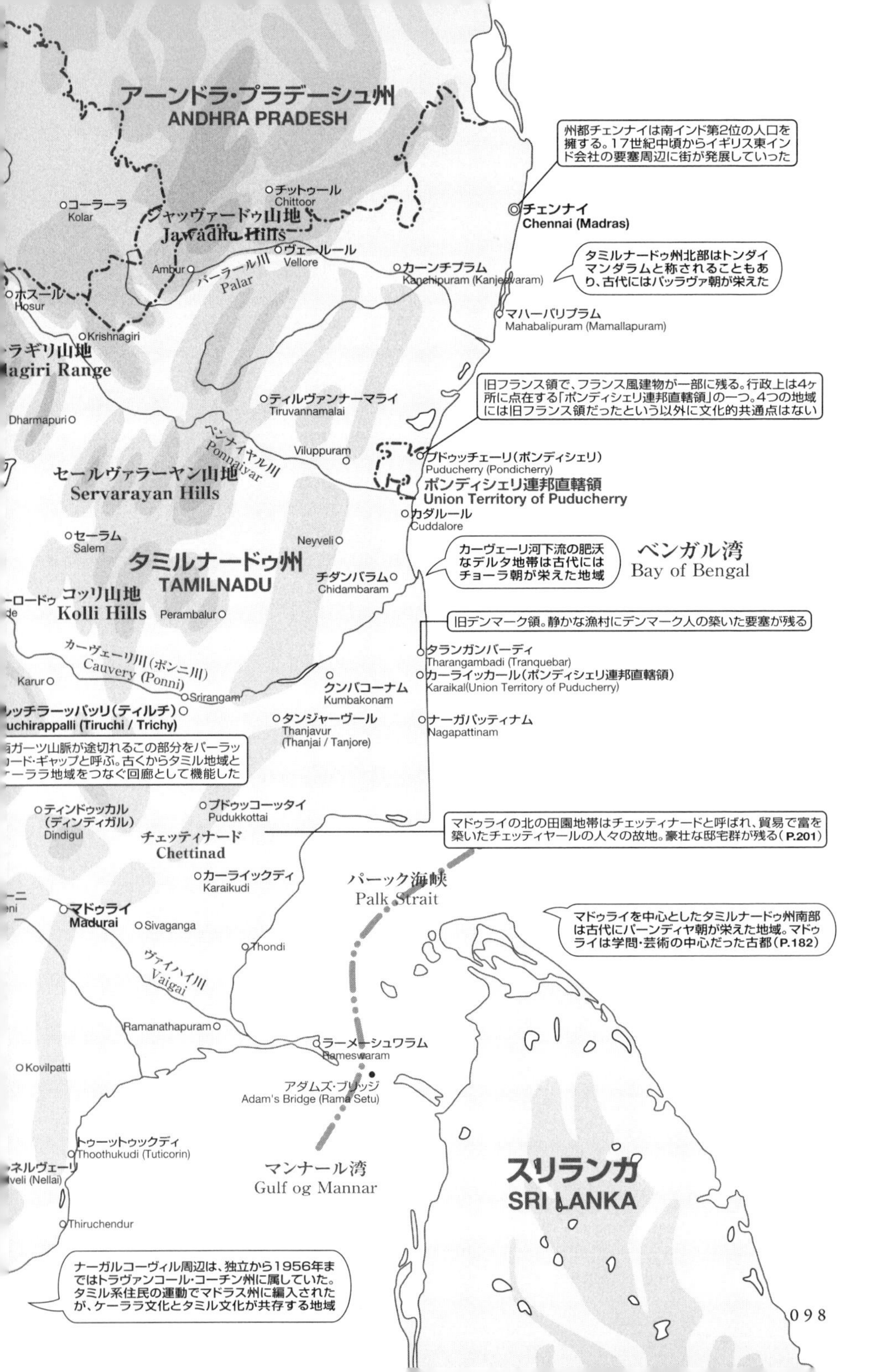
アーンドラ・プラデーシュ州
ANDHRA PRADESH
州都チェンナイは南インド第2位の人口を擁する。17世紀中頃からイギリス東インド会社の要塞周辺に街が発展していった
チェンナイ
Chennai (Madras)
チットゥール
Chittoor
コーラーラ
Kolar
ジャッヴァードゥ山地
Jawadhu Hills
ヴェールール
Vellore
Ambur
パーラール川
Palar
カーンチプラム
Kanchipuram (Kanjeevaram)
タミルナードゥ州北部はトンダイマンダラムと称されることもあり、古代にはパッラヴァ朝が栄えた
ホスール
Hosur
マハーバリプラム
Mahabalipuram (Mamallapuram)
Krishnagiri
ラギリ山地
agiri Range
旧フランス領で、フランス風建物が一部に残る。行政上は4ヶ所に点在する「ポンディシェリ連邦直轄領」の一つ。4つの地域には旧フランス領だったという以外に文化的共通点はない
ティルヴァンナーマライ
Tiruvannamalai
Dharmapuri
ペンナイヤル川
Ponnaiyar
Viluppuram
プドゥッチェーリ(ポンディシェリ)
Puducherry (Pondicherry)
セールヴァラーヤン山地
Servarayan Hills
ポンディシェリ連邦直轄領
Union Territory of Puducherry
カダルール
Cuddalore
セーラム
Salem
Neyveli
カーヴェーリ河下流の肥沃なデルタ地帯は古代にはチョーラ朝が栄えた地域
ベンガル湾
Bay of Bengal
タミルナードゥ州
TAMILNADU
チダンバラム
Chidambaram
ーロードゥ
de
コッリ山地
Kolli Hills
Perambalur
旧デンマーク領。静かな漁村にデンマーク人の築いた要塞が残る
タランガンバーディ
Tharangambadi (Tranquebar)
カーヴェーリ川(ポンニ川)
Cauvery (Ponni)
カーライッカール(ポンディシェリ連邦直轄領)
Karaikal(Union Territory of Puducherry)
Karur
クンバコーナム
Kumbakonam
Srirangam
ッチラーッパッリ(ティルチ)
uchirappalli (Tiruchi / Trichy)
タンジャーヴール
Thanjavur
(Thanjai / Tanjore)
ナーガパッティナム
Nagapattinam
西ガーツ山脈が途切れるこの部分をパーラッカード・ギャップと呼ぶ。古くからタミル地域とケーララ地域をつなぐ回廊として機能した
ティンドゥッカル
(ディンディガル)
Dindigul
プドゥッコーッタイ
Pudukkottai
チェッティナード
Chettinad
マドゥライの北の田園地帯はチェッティナードと呼ばれ、貿易で富を築いたチェッティヤールの人々の故地。豪壮な邸宅群が残る(P.201)
カーライックディ
Karaikudi
パーック海峡
Palk Strait
ーニ
eni
マドゥライ
Madurai
Sivaganga
マドゥライを中心としたタミルナードゥ州南部は古代にパーンディヤ朝が栄えた地域。マドゥライは学問・芸術の中心だった古都(P.182)
Thondi
ヴァイハイ川
Vaigai
Ramanathapuram
ラーメーシュワラム
Rameswaram
Kovilpatti
アダムズ・ブリッジ
Adam's Bridge (Rama Setu)
トゥーットゥックディ
Thoothukudi (Tuticorin)
ネルヴェーリ
veli (Nellai)
マンナール湾
Gulf og Mannar
スリランカ
SRI LANKA
Thiruchendur
ナーガルコーヴィル周辺は、独立から1956年まではトラヴァンコール・コーチン州に属していた。タミル系住民の運動でマドラス州に編入されたが、ケーララ文化とタミル文化が共存する地域

タミルナードゥ州とケーララ州

カルナータカ州
0 100km
マハーラーシュトラ州
MAHARASHTRA
ビーダラからベラガーヴィにかけての北部地方にはマラーティー語話者住民も多い
ビーダラ Bidar
Humnabad
ショーラープール Solapur
カラブラギ(グルバルガ) Kalaburagi (Gulbarga)
ハイダラーバード Hyderabad
ゴアを父祖の地としてマンガルール周辺の沿岸地域に住むカトリックのキリスト教徒を狭義の「マンガローレアン」と称する。広義の「マンガローレアン」として、宗教を問わずトゥルナードに住む人々全体を指すこともある
ビーマー川 Bhima
テランガーナ州
TELANGANA
コールハープール Kolhapur
ヴィジャヤプラ(ビジャープラ) Vijayapura (Bijapur)
ショーラープラ Shorapur
ットゥールは19世紀前半にイギリスと
った王妃チェンナンマの武勇で有名
クリシュナー川 Krishna
ゴーカーカ Gokak
Bagalkote
Lingsugur
ラーヤチュール Raichur
ラガーヴィ(ベルガウム) Belagavi (Belgaum)
14-17世紀に栄えたヴィジャヤナガル王国の首都だったハンピには、多数の史跡が残り、ユネスコの世界遺産となっている
トゥンガバドラ川 Tungabhadra
カルヌール Kurnool
キットゥール Kittur
パナジ Panaji
ダールワーダ Dharwad (Dharwar)
ガダガ Gadag
ハンピ Humpi
ラーヤチュールからコーラーラにかけての東部州境付近にはテルグ語話者住民も多い
ゴア州
GOA
Dandeli
フッバッリ Hubballi (Hubli)
Hosapeta
バッラーリ Ballari
ウッタラ・カンナダ県北部にはコンカニ語話者住民も多い
アーンドラ・プラデーシュ州
ANDHRA PRADESH
ーラワーラ Karwar
Haveri
Gokarna
西ガーツ山中のシヴァモッガを中心としたエリアはマレナード(山の国)と呼ばれる。インドの中で最も降雨量の多い地域の一つ
アナンタプラム Anantapuram (Anantapur)
ダーヴァナゲレ Davanagere
ハイダル・アリーの軍隊と一人で戦った女傑オナケ・オッババの武勇が伝えられるチトラドゥルガ城塞がある
Honnavar
・フォールズ(ジョグ滝)は
mの落差を落ちる巨大滝
チトラドゥルガ Chitradurga
シヴァモッガ(シモガ) Shivamogga (Shimoga)
Bhatkal
Bhadravathi
西ガーツ山脈
Eastern Ghats
Thirthahalli
クンダープラ Kundapura
マレナード Malenadu
カルナータカ州
KARNATAKA
アラビア海 Arabian Sea
ウドゥピ Udupi
チッカマガルール Chikkamagaluru
トゥマクール Tumakuru (Tumkur)
ホイサレーシュワラ寺院 P.202 Hoysaleshwara Temple
トゥルナード Tulunad
コーラーラ Kolar
Sakleshpura
ハーサン Hassan
P.202 コーラーラ金鉱跡地 Kolar Gold Fields (K.G.F.)
ンガルール(マンガロール) Mangaluru (Mangalore)
ベンガルール(バンガロール) Bengaluru (Bangalore)
コダグ(クールグ) Kodagu (Coorg)
マンガルールはタミル語
ヤマラヤーラム語では「マ
ンガラプラム」と称される
メールコーテ P.202 Melkote
ホスール Hosur
カーサルゴード Kasaragod
マンディヤ Mandya
マディケリ Madikeri
カーヴェーリ川 Cauvery
州都ベンガルールは南インド第1の人口を誇る巨大都市
クンダープラからケーララ州カーサルゴードにかけての沿岸部はトゥルナードと呼ばれる。カンナダ語とマラヤーラム語の両方に近い独自のトゥル語が話される
マイスール(マイソール) Mysuru (Mysore)
カンヌール Kannur (Cannanore)
かつて富み栄えたマイソール藩王国の首都だったマイスールは、現在はカルナータカ州第2の都市
マディケリを中心としたコダグ地方は、かつて独立した王国だった。コダグ語が話され、衣食などに独特の文化を今も保持する
ウーティ Ooty (Udhagamandalam)
セーラム Salem
コーリコード(カリカット) Kozhikode (Calicut)
イーロードゥ Erode
タミルナードゥ州
TAMILNADU
ケーララ州
KERALA

1956年以前の南インド

1956年	アーンドラ州→アーンドラ・プラデーシュ州
1960年	ボンベイ州→マハーラーシュトラ州
1969年	マドラス州→タミルナードゥ州
1973年	マイソール州→カルナータカ州
2014年	テランガーナ地方→テランガーナ州
1991年	トリヴァンドラム→ティルヴァナンタプラム
1995年	ボンベイ→ムンバイ
1996年	マドラス→チェンナイ
1996年	コーチン→コッチ
2001年	カルカッタ→コルカタ
2006年	バンガロール→ベンガルール(認可は2014年)
2014年	マイソール→マイスール
2014年	マンガロール→マンガルール

Photo Collection

マラヤーラム語映画界のスーパースター、モーハンラール。『Angel John〔天使のジョン〕』(2009、未)の撮影現場にて

ハイダラーバードで最も格が高いとされるシネコンのプラサーズに飾られた『マッキー』(P.38)のハエのカットアウト。封切り前のプロモーションの一環としてS・S・ラージャマウリ監督自身が設置に訪れた

タミルナードゥ州北部ティルヴァンナーマライ市街地のアンブ劇場。地方都市にはこのような趣あるシングルスクリーン劇場が残っていることがある

カルナータカ州沿岸部最大の都市マンガルールのシングルスクリーン館プラバート・トーキーズで上映されていたトゥル語映画『Dabak Daba Aissa〔こういう風にちゃんと押さえろ〕』(2016)の大型カットアウト

第3部

ジャンル別お勧め作品

南インドが生み出した秀作から、21世紀のものを中心に、テーマに分けて144作品をピックアップした。21世紀の南インド映画の最も注目すべき出来事はそれぞれの映画界で起きたニューウェーブ的な動きであると考え、その総括から始める。そして、テルグ語圏がリードした神話映画、タミル語圏で目覚ましい作品が現れたダリト・トライブの映画など、個別テーマに進む。

インド映画のジャンルと言語別映画界

芸術映画と商業映画、2つの大きな区分

インド映画の中で、芸術映画またはアート映画は、くっきりとした輪郭を持つ。「芸術」という語から耽美的なものを想像しがちだが、インド映画の場合は「芸術のための芸術」ではなく、社会的メッセージを理知的なスタイルで語るものが大部分だ。発表の場は国内外の映画祭で、一般劇場公開はされないこともある。映画祭で受賞などすれば凱旋として一般上映の道が開ける可能性はある。映画祭に集うインテリ観客がターゲットであるため、グローバルスタンダードを意識して、2時間以下の短尺で、歌や踊りなどインド的な特徴を排したものになることが多い。一般的には低予算で製作されるため、商業映画の世界を目指す映像作家の登竜門となることもあるが、一方では商業映画を見下しているアート一筋の映像作家や観客もいる。だが世間一般では、高踏的な芸術映画の作り手よりも、大向こうを相手に娯楽作品を作り成功させる商業映画のヒットメーカーの方がより尊敬を受けているのは間違いない。また芸術映画は、その理知的なスタイルゆえに、そのメッセージが一番必要なはずの大衆に届かないという問題点を持つ。南インドの芸術映画は、観客の映画への熱量が高いタミル語圏とテルグ語圏では低調で、一方カンナダ語圏とマラヤーラム語圏、特に後者で盛んで、マラヤーラム語作品は各種映画賞の常連となっている。

それに対して商業映画または娯楽映画は特定の言語圏の大衆をターゲットとして、あらゆる娯楽的デバイスを駆使して観客を楽しませようとする。当該言語圏の外の観客への意識は伝統的には薄かった。商業映画に特徴的な要素はソングとダンスだけではなく、長尺とそれに由来するインターバル付き上映、インターバルを前提とした作劇、スター主義、幕の内弁当式にあらゆる要素を詰め込む構成なども挙げられる。

商業映画の特異なジャンル分け

商業映画は、右に述べたように1本の作品中に様々な要素を取り込むことが多かった。アクションが主体の作品中にも、ロマンスや家族センチメント、それに主筋との関連性が薄いコメディー・トラックも挿入されるという具合である。このような特徴を持つ作品が主流のインド映画は、他の国々の映画に共通するジャンル分けには馴染まなかった。

サイレント期から適用されてきたインド映画固有のジャンル分けは、①神話・バクティ、②ソーシャル、③フォークロアというものだった。インド映画の草創期、神話・バクティ映画はデフォルトと言えるほど盛んな題材だった。そうで

ないものが消去法的に「ソーシャル（＝同時代を舞台にしたもの）」と呼ばれた。社会問題を扱うものでなくとも、同時代が舞台ならソーシャルだった。そして第3のジャンルであるフォークロアは、西欧風の時代衣装をまとった登場人物が活躍する剣戟で、魔法使いや怪しげな神格により超常現象が起こることもある、何でもありのファンタジー映画である。これは当時の批評家からは退嬰《たいえい》的と非難されたが、一般観客からの絶大な支持を受けた。日本で公開された『灼熱の決闘』（1948）は典型的なフォークロア作品である。

時代が下るにつれ、ソーシャル映画がほかを圧倒するようになり、現在ではこの区分はほぼ意味を失っている。しかし『マガディーラ 勇者転生』（P.37）などは、現代のテクノロジーを駆使してのフォークロアの再生と見ることもできる。そして、2000年頃からのグローバル化の中で、諸外国と同じようなジャンル映画化（たとえばホラー、さらにその中のゾンビものなど）も進行中である。

言語ファクター

独特なジャンル概念とその緩やかな消失以外で頭に入れておきたいのは、言語の問題だ。インドが10を超える言語別の映画界に分かれている（P.94参照）のは、基本的に母語でのみ映画を楽しみたい人々が多数を占めるからである。字幕を頼りに母語以外の映画を楽しむという習慣は大衆の間にはなく、特定の映画界の作品が言語を異にする観客の目に触れるためには、リメイクか吹替え（ダブとも言うが、ここでのダブは映画製作の工程でのアフレコに相当するダビングとは別物である）という手段が採られる。しかしリメイクは別の作品だし、吹替え作品は多くの場合、安っぽいプロダクトと見なされ、封切り前の宣伝もあまり行われず、批評家もほぼ無視する。これは一般観客の、耳で味わう言葉に対する高い審美的要求によるものとされる。特に俳優の口の動きと台詞の音声のシンクロを意味するリップ・シンクロナイゼーションへのこだわりが強く、現地観客は数分の予告編を見ただけで、それがオリジナル言語の作品か吹替え作品かが分かるという。

自分の作品をより多くの観客に届けたいと願う南インドの映像作家は、ヒンディー語映画界に進出することが以前は多かった。しかし、2010年代中盤から、自作を多言語同時公開してインドの隅々にまで行き渡らせることを考える映像作家が登場する。そのパイオニアがS・S・ラージャマウリ監督である。同監督はテルグ人俳優が主演するテルグ語映画を作りながら、それを複数言語で同時撮影し、また手の込んだプロモーションを行い、ヒンディー語圏を含む主要4〜5言語で大々的に同時公開する手法で大成功し、「汎インド映画」のトレンドのトップランナーとなった。汎インド映画は製作にコストがかかるとされ、その回収のために大作化し、2部作映画が流行することになった。出来上がった作品に安易に吹き替え音声を被せるのとは異なる、多言語同時製作の汎インド映画の撮影がどれだけ精緻で手間のかかるものなのかは、『マッキー』（P.38）のブルーレイの特典映像にあるインタビューで、ラージャマウリ自身が詳細に語っている。

タミル語映画の21世紀

ニューウェーブとタミル語映画の未来

深尾淳一

タミル語映画の100年

タミル語は話者人口約7500万人で、南インドのタミルナードゥ州のみならず、インド国外でもスリランカやマレーシア、シンガポールなどで一定数の話者集団を持つ、ドラヴィダ語族を代表する言語である。約2000年近い文学伝統を保持していることから、自らの言語に強い誇りを持つタミル語話者は少なくない。タミル語映画はインドを代表する映画産業の一つとなっており、年間製作本数は、ヒンディー語映画、テルグ語映画とともに三指に入り、興収でも例年トップテン入りする大ヒット作品を輩出している。

最初のタミル映画とされているのは、1918年のサイレント映画『Keechaka Vadham〔キーチャカの殺害〕』（未）だが、これは、この作品が出演者・スタッフがタミル人で占められており、マドラス（現チェンナイ）で撮影されたためである（一方、最初のタミル語トーキー映画は、『Kalidas〔詩聖カーリダース〕』〈1931、未〉である）。以来、タミル映画は100年以上の歴史を歩んできた。

タミル語映画の「第一の波」と「第二の波」

今世紀のタミル語映画を大きく彩る特徴は、やはりニューウェーブの登場ということになるであろう。ある映画研究者は、このニューウェーブの流れを「第三の波」と呼ぶ。それによると、「第一の波」は、ドラヴィダ運動に伴う映画の興隆を指している。ドラヴィダ運動については別稿（P.152）の通り、バラモンの支配を北インド起源の人々の支配と考え、それを脱して本来南インドに先住するドラヴィダ人が自分たちの支配を確立するべきだと考える社会的・政治的運動である。この理念を広く浸透させるために映画が効果的に利用された。代表的な作品に、『Parasakthi〔女神パラーシャクティ〕』（1952、未）や『Naadodi Mannan〔放浪の王〕』（1958、未）、『Adimai Penn〔虐げられた女性〕』（1969、未）などがある。

「第二の波」とされているのは、1990年代のタミル語映画の北インドへの進出の動きである。その先駆けとなるのが、マニラトナム監督の『ロージャー』（1992）である。それまでは、話題となったタミル語映画でも、ボリウッドのスタッフや俳優によってヒンディー語リメイクとして作り直されることがほとんどだったが、『ロージャー』はその壁を乗り越えて、全インド的にヒットしたタミル語映画となった。今や世界的評価を得たA・R・ラフマーンも『ロージャー』を通してインド全土に知られるようになった。またシャンカル監督も、ボリウッドを凌駕するレベルの製作費で大作を製作し、

1996年の『インドの仕置人』（P.13）（日本発売盤はヒンディー語版、タミル語版原題は『Indian』）や2005年の『多重人格 アンニヤン』（P.55）などの作品が北インドでも紹介された。彼らが切り開いたこの流れは今世紀に入っても続き、シャンカル監督の2010年の『ロボット』、2018年の『ロボット2・0』（ともにP.42）は、それぞれその年のインド映画全体で興収トップを記録した。さらにこの流れは、A・R・ムルガダース監督、アーミル・カーン主演の『Ghajini〔ガジニ〕』（2008、未）やアトリ監督、シャー・ルク・カーン主演の『JAWAN／ジャワーン』（2023）などタミル人監督によるヒンディー語映画のメガヒットへとつながっていく。

この「第二の波」の背景には、それに先立つ『お水よお水』（1981）のK・バーラチャンダル監督、『第一の敬意』（1985）のバーラティラージャー監督、『三日月』（1982）のバール・マヘーンドラー監督ら、作家主義的な映画監督の存在があったことも忘れてはならないであろう。

タミル語映画のニューウェーブ

そして、今世紀に入る頃から「第三の波」ニューウェーブ映画が登場してくる。その地平を切り開いた存在として挙げられるのがバーラー監督である。バーラー監督は、『セードゥ』（1999）、『Nandhaa』（P.47）、『Pithamagan〔神の息子〕』（2003、未）、『Naan Kadavul〔我は神なり〕』（2009、未）、『Paradesi〔さすらい人〕』（2013、未）など、次々と注目作を生み出し、インド国家映画賞など様々な賞で高い評価を得てきた。ほぼ無名に近い俳優を起用し、社会の枠組みから逸脱する人々の非情な現実をリアルに活写するその作風は、初期のニューウェーブ作品と共通する特徴である。初期のニューウェーブ作品としては、ベルリン映画祭NETPAC特別賞受賞作、アミール監督の『Paruthiveeran』（P.110）、バーラージ・シャクティヴェール監督の『Kaadhal』（P.158）、ラーム監督の『Kattradhu Tamil〔学んだのはタミル語〕』（2007、未）、シャシクマール監督の『Subramaniapuram』（P.183）、ヴェンカト・プラブ監督の『Chennai 600028』（P.110）などが挙げられよう。いずれも、マサラ映画的な過剰な演出を極力排する一方で、アートフィルムのような堅苦しさにも偏らない娯楽作品として広く受け入れられた。また、『セードゥ』、『Nandhaa』『Paruthiveeran』がそれぞれヴィクラム、スーリヤ、カールティという21世紀を支えるべき俳優をスターダムに押し上げた点も特筆すべきである。

こうしたニューウェーブの流れは、タミル語映画にどのような影響を与えたのだろうか。まず、これまで扱われてこなかった題材や人物が映画で扱われるようになり、映画のストーリーにも多様性が見られるようになったと言えるであろう。インド映画はナヴァラサ（9つの情感）を盛り込んでいると、かつてはよく言われていた。映画の多様化が進むとともに、必ずしも全ての映画にナヴァラサを盛り込む必要はないとの考えも広まり、歌やダンスがほとんどない映画も増えてきた。例えば、ヴェッテリマーラン監督の『尋問』（P.113）やローケーシュ・カナガラージ監督の『囚人ディリ』（P.23）

にはアイテムナンバーのような歌やダンスは含まれていない。

また社会的にマイナーな存在に特に注視して描くというニューウェーブの特徴から、社会階層の底辺にあるいわゆるダリトや部族民を主人公に据えた映画も増えてきている。『Paruthiveeran』の主人公はカーストヒンドゥーの父親と部族民の母の間に生まれた子で、部族出身者を主人公としたおそらく最初期のタミル語映画であろう。詳しくは別項（P.152）に譲るが、パー・ランジト監督やヴェットリマーラン監督、マーリ・セルヴァラージ監督などの名を挙げておく。

近年、実在の人物を扱った伝記もの映画が増えていることも、ストーリーを重視する傾向とつながっていると考えられる。スーリヤ主演の『ただ空高く舞え』（P.85）と『ジャイビーム－万歳ビームラーオ』（P.160）、R・マーダヴァン監督・主演の『Rocketry: The Nambi Effect（ロケット工学ナンビ・エフェクト）』（2021、未）、シヴァカールティケーヤン主演の『Amaran（アマラン）』（2024、未）はそれぞれ実在の実業家、弁護士、科学者、軍人の生き様を描いた作品で、国家映画賞受賞など、高い評価を得ている。

ニューウェーブ映画のもう一つの影響として挙げたいのは、新しい人材の広がりである。ニューウェーブという新たな風とともに映画製作へと新しい人材が流入してきた。これまでタミル語映画界には『インディラ』（1995）のスハーシニ・マニラトナムなどを除き女性監督はほとんど見られなかったが、東京国際映画祭でも上映された『最終ラウンド』（映画祭上映時のタイトルは『ファイナル・ラウンド』）（2015）、『ただ空高く舞え』が高い評価を得たスダー・コンガラーのような才能ある女性監督が出現してきた。また、『ヴィクラムとヴェーダ』（2017）のプシュカル－ガーヤトリー監督も夫婦共同監督ではあるが、女性の監督進出の一例として挙げておきたい。

さらに注目されることは、40代前半までの若手監督が続々と登場し、映画界に活気をもたらしていることである。まず、長編デビュー作『ピザ 死霊館へのデリバリー』（P.33）で一躍注目を浴び、『ジガルタンダ』（P.113）が高い評価を得て、とうとう『ペーッタ』（2019）で憧れのラジニカーントを主演に迎えるまでになったカールティク・スッバラージ監督の名を挙げられよう。近作『ジガルタンダ・ダブルX』（P.161）に至るまでの彼の作品を見ると、彼がいかに熱狂的な映画マニアであるのかがよくわかる。長編デビュー以前から多くの短編映画を撮っており、その『殺人カメラ／Black and White』（2010、主演はボビー・シンハー）が、日本のショートショートフィルムフェスティバル&アジア2011でも上映されている事実はあまり知られていない。

オーディションTV番組『明日の監督』でカールティク・スッバラージに見出されたローケーシュ・カナガラージは、ヴィジャイ主演の『マスター 先生が来る！』（P.37）と『Leo』（P.91）、カマル・ハーサンの『ヴィクラム』（2022）とメガヒットを連発し、今やタミル語映画界を代表するヒットメーカーとなった。カールティ主演の『囚人ディリ』も含め、それらの作品の登場人物をつなげた映画世界（LCU＝

ローケーシュ・シネマティック・ユニバース）を作り出しているところも、タミル語映画では画期的である。

また、ダリト映画のところで言及したパー・ランジト、ヴェットリマーラン、マーリ・セルヴァラージも40代だ。さらに、ヴィジャイ主演の『ビギル 勝利のホイッスル』（P.32）や『マジック』（P.78）などが大ヒットし、『JAWAN／ジャワーン』でボリウッドでもその名を知らしめたアトリ、ラジニカーント主演の『ジェイラー』（P.90）、ヴィジャイ主演の『Beast〔野獣〕』（2022、未）などのネルソン・ディリープクマール、『ピザ！』（P.33）、『ラストファーマー』（2021）で国家映画賞受賞のM・マニカンダン、ヴィジャイの引退作『Jana Nayagan〔民衆のヒーロー〕』の監督H・ヴィノートなど枚挙に暇がない。国家映画賞受賞作の『マンデラ』（2020）やシヴァカールティケーヤン主演の秀作『マーヴィーラン 伝説の勇者』※（2023）のマドーン・アシュヴィンも若手注目株だ。

近年の注目すべき傾向をもう一つ挙げるならば、歴史ファンタジー映画の盛況だ。ここでは歴史的事象に名を借り、自由な創造性のもと空想を交えて語られた作品をその名で呼ぶ。これは明らかに、『バーフバリ』2部作（P.30）がインド映画に与えた大きな影響の一つであろう。マニラトナム監督が30年以上も夢見ていながら製作に漕ぎ着けられなかった歴史長編小説『Ponniyin Selvan』の映画化が、『PS1 黄金の河』（P.88）、『PS2 大いなる船出』（2023）として見事に結実したのも、今でこそ可能だったのであろう。『Yaathisai』（P.113）のような低予算作品がサプライズヒットとなったのも、今の傾向を示している。（※の邦題は変更になる可能性あり）

タミル語映画の将来

タミル語映画は21世紀をこれからどう進んでいくのであろうか。先述した新進気鋭の若手監督たちが、これからも映画界を牽引していくことは間違いない。彼らの多くは、タミル語映画界の二大巨頭ラジニカーントとカマル・ハーサン、またはヴィジャイと組んで、めざましい成果を残してきたが、ヴィジャイが政治活動に集中するため2026年には映画界からの引退を表明している中、その空白をいかにして埋められるかが注目される。

演じ手では、ヴィジャイと近い世代であるアジット・クマールやヴィクラム、スーリヤ、カールティらに続く世代を見てみると、まずはヴェットリマーラン監督の『Aadukalam〔競技場〕』（2011、未）と『アスラン』（2019）ですでに2度も国家映画賞最優秀男優賞を受賞しているダヌシュがトップランナーであろう。さらに、『マーヴィーラン 伝説の勇者』、『Amaran』で進境著しいシヴァカールティケーヤンも注目すべき俳優だ。さらに、『Super Deluxe〔スーパー・デラックス〕』（2019、未）で国家映画賞受賞のヴィジャイ・セードゥパティ、『ジガルタンダ・ダブルX』などの怪演が記憶に残るS・J・スーリヤー、『Viduthalai Part 1』（P.91）で主演俳優への鮮やかな転身を見せたスーリらが加わってくる。

21世紀初頭からのニューウェーブの動きが今後のタミル語映画をどう導いていくのか、興味が尽きない。

Autograph
記念のサイン

タミル語／2004年／168分
監督：チェーラン
音楽：バラドワージ、サベーシュ - ムラリ
出演：チェーラン、ゴーピカー、スネーハ、マッリカ、イラヴァラス

広告業界人のセンディルは結婚を間近に控え、知人たちに式の招待状を手渡すため、チェンナイから故郷のティンドゥッカルに旅立つ。彼は初恋の相手だったカマラーに再会する。彼女は今は三児の母となっている。次にケーララ州アレッピーに向かい、ラティカを探す。それまでの人生で最も劇的な恋の思い出が彼に押し寄せる。結婚を目前にした男が過去に関わった3人の女性との思い出をフラッシュバックを織り交ぜ語るナラティブは、当時のタミル語映画では斬新なものと受け止められた。複数の異性との間の様々なレベルの交情を経て人が大人になっていくのは、ありふれたことに思えるが、それが映画の中で語られるのは型破りだった。恋に破れた若者が自暴自棄になる傾向もリアルに描かれる。（安）

Paruthiveeran
パルッティ村の勇者

タミル語／2007年／162分
監督：アミール・スルターン
音楽：ユヴァン・シャンカル・ラージャー
出演：カールティ、プリヤーマニ、ポンヴァンナン、サラヴァナン

ダリト・トライブ➔P.152
村の映画➔P.166
マドゥライ➔P.182

1990年代中頃のマドゥライ地方の小村パルッティユール。ヴィーランは定職もなく暴力沙汰に明け暮れる生活を送っていた。仲間のトラック運転手が買った娼婦を横取りするなど好き放題に振る舞う彼だが、その腕っ節の強さを恐れて手出しをする者はいなかった。親戚の娘ムッタラフは、幼い頃井戸で溺れかけたところをヴィーランに助けられて以来、彼を結婚相手と心に決め、ヴィーラン当人に疎ましがられても揺らぐことがなかった。しかし2人の家は親戚でありながら現在は犬猿の仲だった。農村の閉鎖性とカースト間の争い、若者の荒んだ生活をリアリズムで鮮血とともに描く「マドゥライ映画」の嚆矢《こうし》にして代表作。驚くべきは舞台となったマドゥライ地方でもロングランを記録したことである。（安）

Chennai 600028
郵便番号チェンナイ600028

タミル語／2007年／141分
監督：ヴェンカト・プラブ
音楽：ユヴァン・シャンカル・ラージャー
出演：シヴァ、ジェイ、アラヴィンド・アーカーシュ、プレームジ・アマラン、ニティン・サティヤー

チェンナイの草クリケットチームのシャークスとロッカーズは、グラウンドの外でさえも会えば喧嘩のライバル同士。ある日、シャークスの地元にロッカーズの大学生ラグが引っ越してくる。街ではシャークスの面々に睨まれ、転居を理由にロッカーズとも疎遠になっていたラグだが、ある事情からシャークスのカールティクと親しくなり、思いがけずチームに加入することになる。チェンナイの若者たちの友情と恋、飾らない日常を明るく綴った青春群像劇。ヴェンカト・プラブ監督のデビュー作で、娯楽映画の従来の約束を排し、無名の若手俳優らを起用して生まれたラフでリアルな質感に目を見張る。その新しさは都市型タミル・ニューウェーブの先駆けとされ、2016年には同キャストでの続編が公開された。（矢）

Angadi Theru

バザール通り

タミル語／2010年／157分
監督：ヴァサンタバーラン
音楽：ヴィジャイ・アーントニ、G・V・プラカーシュ・クマール
出演：アンジャリ、マヘーシュ、パーンディ、スネーハ（特別出演）

夜の街路で寝る貧しい人々の一群を、制御を失った消防車が轢く悲惨な事故。大怪我を負った犠牲者の中に、ジョーティとカニの若いカップルもいた。そこから物語は2人の出会いの時に遡る。ジョーティは一家の稼ぎ手だった父を事故で失い、勉学を諦めチェンナイの大型アパレル店に就職する。しかし華やかな店舗の外見とは裏腹に、50～60人の若い男女の店員は奴隷のような過酷な条件下で働かされていた。苦しい日々に彼は同僚のカニに心惹かれていく。苛烈な社会のシステムの前にただ一人立ち向かわざるを得ない個人の運命をリアリズムの中に描く。この時期の南インドの都市では、食品や生活必需品を扱う店よりも先に、サリー店と宝石店が異様なほどに発達し、ある種の歪みを感じさせていた。（安）

Mynaa

マイナー（インドハッカ）

タミル語／2010年／146分
監督：プラブ・ソロモン
音楽：D・イマーン
出演：ヴィダールト、アマラ・ポール、タンビ・ラーマイヤー、セードゥ

人々が心躍らせるディーパーヴァリ祭の前日、囚人のスルリが脱獄する。刑務官のバースカルとラーマイヤーは家族から帰宅を催促されながらも彼を追い、山奥の故郷の村で確保する。彼の脱獄は、ほかの男との婚約を強いられた幼馴染の恋人マイナーを守るためであった。刑務官の2人は行きがかり上マイナーも同行させ街を目指すが、山の清冽な空気の中で恋人たちの純粋な愛と人柄に触れ、休暇返上の激務の原因となった彼らへの怒りと苛立ちが少しずつやわらぐ。一貫して自然と人間との関わりを描き続けるプラブ・ソロモン監督が、辺境に生きる男女の純愛を描いた。その野生の美が下界の人間の視野の狭さや愚かさを浮き彫りにする衝撃的なロマンスで、ほぼ全編が西ガーツ山脈の山中で撮影された。（矢）

Nandalala

ナンダの息子

タミル語／2010年／125分
監督：ミシュキン
音楽：イライヤラージャー
出演：ミシュキン、スニグダー・アコールカル、アシュワト・ラーム

盲目の祖母と暮らす8歳のアキレーシュは母の顔を見たことがない。遠くの街に住むという母にひと目会いたいと学校を抜け出した彼は、同じく母を捜すため施設を抜け出した知的障碍者の青年バースカル・マニと出会う。なりゆきで道づれとなり、ヒッチハイクで旅を続ける2人の道中に起こる様々な出来事と、互いに心を通わせてゆく姿とを、芸術的な映像で綴ったロード・ムービー。主演も務め見事な演技を披露したミシュキン監督は北野武監督『菊次郎の夏』（1999）へのオマージュを含むと語っているが、温かさと悲哀とシュールなおかしみに満ちた挿話や社会的弱者へのまなざしにも、監督独自の世界観と感性とがにじむ。物語に優しく寄り添うイライヤラージャーの音楽にも心洗われる。（矢）

Engaeyum Eppothum
どこでも、いつでも

タミル語／2011年／138分
監督：M・サラヴァナン
音楽：C・サティヤ
出演：ジェイ、アンジャリ、シャルワーナンド、アナンニャ

チェンナイ〜ティルッチラーッパッリ（ティルチ）間のハイウェイのヴィルップラム付近で起きた高速バス同士の正面衝突事故。阿鼻叫喚の現場で必死の救出作業が始まる。そこから、その2台のバスに乗っていた2組の男女の物語が時計の針を戻す形で語られ始める。チェンナイ在住のクールなIT技術者ガウタムと就職のため田舎から出てきて戸惑うアムダとの出会い、そしてティルチで工員として働くカディレーサンの近所に住む看護師のマニメーガライへの憧れと片思い。彼らがそれぞれ事故現場に至るまでの一部始終と、事故後の運命の明暗とが、平凡な一般人の身に起きたドラマチックな物語として、純情と真心を織り込み展開する。社会派監督として名高いA・R・ムルガダースのプロデュース。（安）

事件番号18/9
Vazhakku Enn 18/9

タミル語／2012年／124分
監督：バーラージ・シャクティヴェール
音楽：R・プラサンナ
出演：シュリー、ウルミラー・マハンター、ミトゥン・ムラリ、マニシャー・ヤーダヴ、ムットゥラーマン

屋台で働くヴェールサーミは、過去に苛烈な児童労働を経験し、チェンナイの路上にたどり着いた少年。彼はその付近の共同住宅で何軒も掛け持ちしてメイドとして働くジョーティと出会い、2人の間に初々しい恋心が芽生える。同時に、ジョーティが出入りする共同住宅に住む甘やかされた中流のティーンエージャー、アールティとディネーシュの恋人としての付き合いが進行する。彼らの軽薄な恋愛遊戯が破綻した時、無関係なはずのヴェールサーミとジョーティを、むごい運命が襲う。底辺の人々の過酷な運命を描き、さらに社会に巣くう女性への暴力の常態化への問題提起が織り込まれる。しかし、リアリティー溢れる人間のドラマと追いつめられた弱者の反撃の激烈さがメッセージを凌駕して何よりも胸を打つ。（安）

Goli Soda
ラムネ・ソーダ

タミル語／2014年／117分
監督：S・D・ヴィジャイ・ミルタン
音楽：S・N・アルナギリ、アヌープ・シーリン
出演：キショール・D・S、シュリーラーム、パサンガ・パーンディ、ムルゲーシュ、シーター、チャンディニ、マドゥスーダン・ラーオ、スジャーター・シヴァクマール、イマーン・アンナーッチ

チェンナイ西部の巨大なコーヤンベードゥ市場で暮らすミドルティーンの4人組。彼らは捨て子や孤児で、学校にも行かず、荷下ろしなどの雑役をして暮らしていた。自分の本名も知らず、身分証も持たない彼らは、自分たちの存在証明として、大人たちの力を借りて市場の中に小さな食堂を開き、懸命に働く。しかしある日、市場のゴロツキが店内を占拠して仲間と酒盛りを始め、女性を連れ込み暴行する挙に出る。少年たちの幼いほのかな恋も交えたほのぼのとした日常の描写から始まるが、中盤からは実在の巨大市場を舞台にしたリアルで手に汗握るアクション。4人組を子供とは見なさず全力で襲いかかってくる荒くれ男たちと主人公たちとの戦いはスリリング。弱者の懸命な抵抗を共感をもって描く。（安）

ジガルタンダ
Jigarthanda

タミル語／ 2014年／ 171分
監督：カールティク・スッバラージ
音楽：サントーシュ・ナーラーヤナン
出演：シッダールト、ボビー・シンハー、ラクシュミ・メーノーン、カルナーカラン

写真提供：SPACEBOX

マドゥライ➔P.182

勝ち抜き形式の短編映画コンテスト番組に出場したカールティクは、作品を酷評され敗退を宣告されるが、有名プロデューサーが彼の映画への出資を決める。その条件として「暴力と血飛沫《しぶき》が彩るギャング映画の製作」を提示されたカールティクは、マドゥライの極悪非道のギャング・セードゥの映画を撮るべく、密かに取材を開始する。K・スッバラージ監督が古今東西の映画とラジニカーント、さらに故郷マドゥライへの愛とオマージュをちりばめ、映画という媒体の持つ力を風刺も込めて描いてみせた。物語を二転三転させ、思いもよらぬ高みへと導く斬新な構成で観る者に衝撃と感動を与えた大ヒット作。2023年に本作のスピリットを継いだ続編『ジガルタンダ・ダブルX』（P.161）が公開された。（矢）

尋問
Visaranai

タミル語／ 2015年／ 118分
監督：ヴェットリマーラン
音楽：G・V・プラカーシュクマール
出演：ディネーシュ・ラヴィ、アーナンディ、サムドラカニ、ムルガダース、キショール

ダリト・トライブ➔P.152

アーンドラ・プラデーシュ州グントゥールの田舎町。パーンディはタミルナードゥ州から来たダリトの出稼ぎ労働者で、似た境遇の貧しい若者3人と野宿して暮らしていた。ある日、4人はいきなり警察署に連行され激しい暴行を受ける。高級官僚宅での窃盗事件の解決を急ぐ警察に自白を強要された彼らは、執拗に続く拷問の苦痛に耐えかねて身に覚えのない罪を自白し、さらなる地獄へと足を踏み入れる。実話ベースの小説を基に、名匠ヴェットリマーランが苛烈な拷問やエンカウンター（超法規的処刑）をはじめとする警察の闇をあぶり出し、緊迫感溢れる犯罪スリラーに仕立てた。強大な権力を前に市民は無力である事実がリアルに映し出される。その容赦ない暴力描写と絶望的な展開に人々は震撼した。（矢）

Yaathisai
南の方角

タミル語／ 2023年／ 121分
監督：ダラニ・ラージェーンドラン
音楽：チャクラヴァルティ
出演：シャクティ・ミトラン、セーヨーン、ラージャラクシュミ、グル・ソーマスンダラム

写真提供：moto

8世紀頃のタミル地方、山岳部族エイの若者コティは、パーンディヤ王ラナディーラを倒して自らが王になる野心を持つ。パーンディヤに敗れ亡命政権となっているチョーラ朝から後方支援の約束も取り付けた彼は、移動中のパーンディヤ王を武装した仲間と共に襲うが仕損じる。しかしかつてのチョーラ朝の城塞を占領したコティはしばし王者の気分に浸る。そんな中コティとパーンディヤ王の一騎打ちの時が迫る。インド映画は一般に、歴史上の自らの「蛮習」を認めるのを嫌うが、本作においては戦の前のコットラヴァイ女神への人身御供や、ナヴァカンダムと呼ばれる自らを斬首する自死の風習などが描写される。ロマンチックな古代憧憬を排した、むき出しの権力欲と大流血の肉弾戦の物語。（安）

ジガルタンダ／尋問／ Yaathisai

テルグ語映画の21世紀

メジャーとオルターナティブ

テルグ語映画とは何か

「テルグ語映画とは南インドのテランガーナ州で作られる映画である」。筆者がとある出版物の編集に携わっていた際に目にした、書き手不詳の文にこのようなものがあった。これは何一つ嘘がないにもかかわらず不適切な定義で、日頃から南インド映画にどっぷり浸かっている身には盲点を突かれるような表現だった。言うなれば「ヒンディー語映画とはマハーラーシュトラ州で作られる映画である」が事実であり、かつ説明として適切でないのと同じことだ。地理的に広大で、長い歴史を持つインド映画において、製作拠点と製作者の出身地やメインの市場がよじれているのは時にある／あったことだ。

テルグ語映画の初のトーキー作品は、『Bhakta Prahlada（帰依者プラフラーダ）』（1932、未）で、これは英領インドのマドラス管区マドラス市（現タミルナードゥ州チェンナイ）で製作された。P.101の地図から分かるように、マドラス管区は今日の南インドの相当の部分を包摂する地域で、管区政庁が置かれたマドラス市は多言語のコスモポリタン都市だった。マドラス管区でテルグ語話者が住むのはマドラス市より北、今日のアーンドラ・プラデーシュ州地域が中心だったが、マドラス市より南の今日のタミルナードゥ州地域にも一定数が住んでいた。現代のタミル語映画界のスターにも、故ヴィジャヤカーント、ヴィシャール、ボビー・シンハーなど、テルグ語を母語とする人物が珍しくないのはそれゆえである。

マドラス市は、映画という最新テクノロジーを使った先端的な娯楽が生まれ、産業として成長した地であり、それ以降長らくボンベイ市（現ムンバイ）と並ぶ映画の都であり続けた。テルグ語映画もまたマドラスを拠点に製作されたが、配給業だけは徐々に沿岸アーンドラ地方のヴィジャヤワーダ市が中枢としてのプレゼンスを獲得してゆく。大まかに言えば、クリエイティブ部門はマドラスに、それを下支えする実務部門はマドラスとヴィジャヤワーダの2拠点にまたがって発達していったのである。もう一つのテルグ語圏であるテランガーナ地方は、1956年の州界再編で、沿岸アーンドラ地方・ラーヤラシーマ地方とともに新たにアーンドラ・プラデーシュ州を構成することになり、映画の市場としての重要性を徐々に増していったが、マドラスからの視点では辺境だった。

その出発点において、映画はベンチャービジネスであり、創作者がプロデューサーや興業主も兼ねるような未分化状態は、インドのどの映画界にも共通していた。このようなベンチャー企業では、事業がひとたび成功すれば親族を引き込むのは当然の流れだ（映画に限らずインドの民間企業はそのほとんどが同族企業と言われている)。そして、同族ではなくとも似たような社会的地位・カースト・経済状態の者たちが後を追って参入するのも自然なことだろう。テルグ語映画界の場合はなぜかこれが極端で、沿岸アーンドラ地方のゴーダーヴァリ・クリシュナー両大河下流域の肥沃なデルタ地帯で農業資本家として余剰を蓄積してきたカンマ・カーストの中の成功者たちが、その余剰の投資先としての映画産業を創出し、ほぼ独占することになったのだ。彼らはマドラス市に移住して、そこで故地の同胞に向けた映画作品を作り続けた。

古い時代のインド映画には、エンディングの「終」にあたるテロップで、サンスクリット語起源の「Shubham（シュバム、吉祥）」という語を表示することが多かった。テルグ語映画の本質はまさにこれで、政治的メッセージや社会批評などが含まれる作品であっても、最後には観客に上質な娯楽に触れた後の満たされた幸福な感覚で劇場を後にしてもらうべきという、言葉にするまでもない大前提があったようだ。その最も分かりやすい例が、『RRR』（P.9）の多幸感に溢れた最終ソング「エッタラ・ジェンダ」ではないだろうか。

このような価値観に基づく映画は、娯楽性をとことん追求し、盛り沢山の娯楽的アイテムを詰め込んだヒーロー中心の作品となる。ケチケチしたことを嫌い、大盤振る舞いで非日常を演出し、定型化を恐れず、作り手の作家性の表出やリアリティーにはあまり関心を払わない。ヒーローをもり立てるヒロインが清純派とヴァンプ（妖婦）系とで2人キャストされることは珍しくなく、コメディアンも1作品に5～10人も投入されることがある。彼らが繰り広げるギャグは、テルグ人観客だけを想定した、どこまでもローカルなものである。テルグ語映画全体が、テルグ人以外の観客を意識することはほとんどなく、また実際にテルグ人以外がテルグ語映画に関心を持つこともほぼないという状態が長らく続いていたのだ。

テルグ語映画の黄金時代から90年代まで

20世紀前半、他の映画界と同様に、カンパニー・ドラマと呼ばれた神話や民話などの題材をアレンジした大衆向け舞台劇から多くを受け継ぎながら、テルグ語映画は成長していく。そして、第二次世界大戦とインド独立を経た1950年代に、大きく花開く時期を迎える。まずアッキネーニ・ナーゲーシュワラ・ラーオ（ANR）、続いてナンダムーリ・ターラカ・ラーマ・ラーオ（NTR）がスーパースターの座にのぼり、女優ではバーヌマティ、サーヴィトリが活躍した。

カンパニー・ドラマの演目を受け継ぐ神話映画から出発したテルグ語映画だが、この時期には神話映画がますます洗練されたものになるとともに、ソーシャル、フォークロアのジャンルも製作本数が増え、大ヒット作も出るようになる。神話・ソーシャル・フォークロアの大ヒット作の嚆矢《こうし》には、それぞれ『Maya Bazar』（P.148）、『Missamma〔ミス・マダム〕』（1955、未）、『Pathala Bhairavi〔地底の女神〕』（1951、未）などがあり、その後も古典作と言われる作品が多出し、50～60年代は後に黄金時代と称されることになる。

ANRとNTRのスターダムは1970年代末まで続く

が、70年代には若手スターとしてショーバン・バーブ、ガッタマネーニ・クリシュナが台頭した。80年代に入ると、インドの他映画界と同じく、「怒れる若者」ブームが起き、その頂点に立ったのがチランジーヴィだった。そのアクションとダンスの激しさは、先行する時代とは一線を画するものだった。同時に50年代のスターの息子世代が相次ぎ主演デビューし、テルグ語映画界の特質の一つであるスターファミリーの寡占体制の基礎が固まる。ANRの息子ナーガールジュナ、NTRの息子バーラクリシュナ、大プロデューサーの息子ヴェンカテーシュなどである。テルグ語が母語の女優は70年代にシュリーデーヴィー、ジャヤスダ、ジャヤプラダが、80年代にはヴィジャヤシャーンティ、バーヌプリヤがデビューするが、それ以降はヒロインを演じる女優はヒンディー語圏や南インドの他州の出身者が圧倒するようになる。

チランジーヴィがスターダムに上った頃から、ヒーロー中心のメジャー映画は復讐・世直しなどをテーマにしたバイオレンス・アクションが基本になっていく。そんな中、チランジーヴィの16歳年下の弟で1996年にデビューしたパワン・カリヤーンは、キャリアの初期に、それまでいなかったタイプのスタイリッシュな青春スターとして絶大なファンベースを築いた。また90年代には、テルグ語映画の製作拠点のマドラスからハイダラーバードへの移転が完了した。

21世紀の躍進と大いなる転機

本格的な世代交代が起き、今日のスーパースターたちが出揃うのは世紀の変わり目頃から2010年頃にかけてで、デビュー順にマヘーシュ・バーブ、NTRジュニア、プラバース、アッル・アルジュン、ラーム・チャランなど、スターファミリーの第2・3世代の御曹司たちが登場する。彼らの出生地はハイダラーバードやチェンナイだったが、先行世代と同じく沿岸アーンドラ地方にルーツを持ち、正調とされる沿岸アーンドラのテルグ語を話した。若く身体能力の高い彼らと技術革新とがシンクロし、アクション映画がますます大掛かりで娯楽性の高いものになり、アクション以外でも衣装・小道具から始まり外国のロケ地に至るまで贅をつくした、今日見るテルグならではの映像世界が確立していく。01年デビューのS・S・ラージャマウリに始まり、プーリ・ジャガンナード、トリヴィクラム・シュリーニヴァース、スクマールなど新世代の監督も続々登場する。

このように2000年代中盤以降のテルグ語映画界は活気に溢れ、新世代スターや新進監督たちの成長と歩を合わせ、どこまでも娯楽的かつやや保守的な性質を保ったまま、映像や殺陣は洗練の度合いを増し、興業収入も記録更新を繰り返していく。そうした上り調子に冷や水を掛けたのが、09年末から盛んになったテランガーナ地方の分離要求の住民運動である。この運動の経緯については別稿（P.190）に詳説されているので省略するが、これ以降、14年6月2日にテランガーナ州が成立するまでの間に徐々に緊張が高まっていった。特に州の分離を中央政府が認めた13年7月前後には、テランガーナ分離運動活動家を自称する者たちが映画の撮影現場に乱入して撮影を妨害する事件がしばしば報道された。ただし、この妨害者たちが本当に分離運動活動家だったかどうかは分からない。多数の人間が集まることが暴動を誘発する危険性があるとして大作映画の封切りが何ヶ月も延期された。

テランガーナ分離運動活動家がテルグ語映画界に向けた憎しみは、テランガーナの主都であるハイダラーバードで作られていながら、創り手・演じ手の多くが沿岸アーンドラ地方出身者やその末裔（狭義のアーンドラ人）であり、地元テランガーナの文化（その代表がテランガーナ方言である）に対しては無視か揶揄しかしないことから来ていた。対するアーンドラ人のメインストリーム映画業界人たちは、「我々はひとつだ」と言明しながらも裏では沿岸アーンドラ地方で製作拠点の代替となりうる土地を漁っていたとも言われる。最悪の場合、テルグ語映画界が（その市場も含め）２つに分裂する可能性すら考えられていたのだ。

北インド全域で流通し、それ以外の地域でも広く観られているヒンディー語映画とは異なり、テルグ語をはじめとする地方語映画は、その言語領域内を市場として、同胞たる人々にメッセージを届け、その言語話者のアイデンティティーの拠り所の一つとなる面も持つ。州の分離はテルグ語映画自体のアイデンティティーの危機とも言えた。これ以降のテルグ語のメジャー作品には、アクション映画のフォーマットの中に、それまでになかった逡巡や省察のあとが見られるようになる。社会的に有用な何らかのメッセージを作中に込めようとする努力がなされ、しかし従来型のヒーロー一人勝ちの作劇とうまく折り合わせることができず、チグハグな結果に終わった作品も枚挙に暇がない。２０１４年を挟んだ作風の変化は、例えばマヘーシュ・バーブ主演の03年『Okkadu』（P.51）の迷いのなさと、18年『Bharat Ane Nenu』（P.81）の晦渋さを比べてみるだけでも明らかだろう。

「汎インド映画」の発祥と「オルターナティブ」

そのような停滞の中で、２０１５年からのＳ・Ｓ・ラージャマウリ監督による『バーフバリ』２部作（P.30）、『ＲＲＲ』などのマルチリンガル大作の全国的成功はテルグ人の自尊心を満たし、「汎インド映画」という呼称が流行した。テランガーナとアーンドラの関係は極端な展開を迎えることはなく、アーンドラ人の作る映画の中でのテランガーナ・モチーフの取り込みや、テランガーナ映画人の緩やかな進出などによって穏健な融和に向かっているように見える。

本書では主に21世紀の南インド映画界を扱い、テルグ語以外の各言語圏では「ニューウェーブ」と称される作品群を中心に紹介しているが、テルグ語圏に関してはこの言葉を使うのが憚られる。新風を吹き込む映像作家が時折現れて評判にはなるが大きな潮流にはならず、才能ある彼らがより潤沢な予算や人的資源を与えられて羽ばたくことが少ないからだ。ただし、彼らの手になる低予算映画から、ナーニのような演じ手が出現して映画界の主流に居場所を確保する成功例も出ている。彼らの試みを、ここでは「オルターナティブ」と呼んでその一部を次ページから紹介したい。

Anand
アーナンド

テルグ語／2004年／156分（ディレクターズ・カットは179分）
監督：シェーカル・カンムラ
音楽：K・M・ラーダークリシュナン
出演：ラージャ、カマリニ・ムカルジー、サティヤ・クリシュナン、アニーシュ・クルヴィッラ

両親を交通事故で失い孤児として育ったルーパは独立不羈《ふき》の女性。北インド人男性と恋愛結婚しようとするが、式の当日に花婿の母と揉めて結婚を取りやめる。彼女の両親の死を招いた事故を起こした裕福な実業家はそれ以来精神を病んでいた。その息子アーナンドは、ルーパの結婚式に身分を隠し出席するためアメリカからやってきて、彼女に一目惚れし、式の中止以降ひたすら彼女にアタックする。2人は議論や喧嘩を繰り返しながらゆっくり距離を縮めていく。当時のアーンドラ・プラデーシュ州全体の6館でしか封切られなかった低予算作品だが、口コミにより人気を呼びヒットとなった。「上質の珈琲のような映画」というキャッチコピーには商業映画の主流とは違うものを指向する意志が現れる。（安）

Godavari
ゴーダーヴァリ川

テルグ語／2006年／160分
監督：シェーカル・カンムラ
音楽：K・M・ラーダークリシュナン
出演：スマント、カマリニ・ムカルジー、ニートゥ・チャンドラ、カマル・カーマラージュ

女性→P.170

ハイダラーバードに住むITエンジニアで、政治の世界に入ることにも意欲を持つ若い男ラームと、同じくハイダラーバードでファッションデザイナーの卵として苦闘する若い女性シータが、それぞれの理由からラーマ神の聖地バドラーチャラムに向かうクルーズボートに乗り込み、アーンドラきっての大河ゴーダーヴァリを遡る。ストーリーラインの類似は全くないながら、「テルグのタイタニック」と呼ばれたが、その綽名に恥じないスケール感と華やかさに満ちている。クレジットこそスマントが筆頭だが、事実上の主役はカマリニで、ソウルメートを探してさまよう女性が意中の男性の心の内を推しはかろうと悶々とする様を演じている。浮き立つ心を描写したラーダークリシュナンによる劇中歌も見事。（安）

人形の家
Bommarillu

テルグ語／2006年／169分
監督：バースカル
音楽：デーヴィ・シュリー・プラサード
出演：シッダールト、ジェネリヤ、プラカーシュ・ラージ、ジャヤスダ

建設会社社長のアラヴィンドは息子のシッドゥに後を継がせるつもりで、学業から服のチョイスに至るまで細かく口出しする。シッドゥは父の干渉にプレッシャーを感じながらも退けることができずにいたが、ある日ハーシニという女性に出会って恋をする。自分で選んだ相手との結婚を親に認めてもらおうと彼が提案したのは、奇妙な共同生活だった。シッダールトとジェネリヤのフレッシュな魅力と軽快な語りとが、若い観客の心を摑み大ヒットした。2人がときめく心のままにそぞろ歩くハイダラーバードの街頭風景も楽しい。親からの精神的自立というテーマを笑いに包んだ、テルグ語青春映画のクラシック。タミル人のシッダールトは本作の成功により、しばらくテルグ語映画に専心することになった。（安）

Maya Bazar
幻の市場

テルグ語／2006年／150分
監督：モーハナクリシュナ・インドラガンティ
音楽：K・M・ラーダークリシュナン
出演：ラージャー、ブーミカー・チャーウラー、S・P・バーラスブラマニヤム、タニケッラ・バラニ、ダルマヴァラプ・スブラマニヤム

ソシオ・ファンタジー→P.146

富の神クベーラはティルパティ寺院への毎週の集金に疲れ切っていた。それは浄財とは名ばかりの、人間の強欲と罪によりもたらされた財宝だったからだ。この苦役は遠い昔彼が犯した過ちの償いで、穢れない無私の心を持った人間を探し出し、奉仕することによってのみ呪いが解けるという。一方人間界では、貧乏な若者シュリーニが、難病に冒された少女シリの手術費用の捻出に奔走していたが実を結ばず、神に暴言を吐く。クベーラは彼こそが自分を解放する稀なる人間だと信じ、地上に降り立つ。自分の意のままにならない問題を抱える子供っぽい神様が、聖仙や人間たちの間で救いを求めて右往左往するのを笑うソシオ・ファンタジー。現代的な批評意識とファンタジーのブレンド具合が心地よい。（安）

Jagadam
闘い

テルグ語／2007年／163分
監督：スクマール
音楽：デーヴィ・シュリー・プラサード
出演：ラーム・ポティネーニ、イシャー・サハーニー、プラディープ・ラーワト、プラカーシュ・ラージ

シーヌは子供時代から喧嘩をするのが好きで、自分を取り巻く大人たちが怖れる相手であるギャングのボスに憧れていた。やがて彼はマニキャムというボスのもとで使い走りをするようになるが、惚れた相手のスッバラクシュミから懇願されてこなした仕事が、結果的にマニキャムに逆らうものとなってしまう。暴力の格好よさに憧れる若者が道を踏み外し、大きな代償と引き換えに最後に過ちを悟るという、大変に教訓的で、しかも陳腐なストーリー。しかし、語り口が大変にフレッシュで、テンポもよく、ブラックなユーモアもある。特にギャングのボスが、暗黒街映画で語られるようなスタイリッシュかつ豪胆な男でもなく、時に間抜けで臆病ですらあるというリアルな描写には訴えるものが大きい。（安）

Ala Modalaindi
このように始まった

テルグ語／2011年／135分
監督：ナンディニ・レッディ
音楽：カリヤーニ・マーリク
出演：ナーニ、ニティヤ・メーノーン、スネーハー・ウッラール、アーシーシュ・ヴィディヤールティ、ローヒニ、チャイタニヤ・クリシュナ

ハイダラーバードでTV局に勤めるガウタムは、ベンガルールに向かう途中でジョン・アブラハムと名乗るギャングに誘拐される。強面のジョンはガウタムに何か面白い話をしろと求め、彼は自分の恋物語を語り出す。ガウタムは交際相手から棄てられ、彼女と別の男との結婚披露宴に出てヤケ酒をあおっていた。そこで同じように泥酔しているニティヤと出会う。彼女は新郎の元カノだった。意気投合した2人はその後ハイダラーバードで偶然再会し、心を通い合わせる。しかし2人の前にはそれぞれ別の異性が現れ、すれ違いが幾度も起こる。女性監督ナンディニ・レッディのデビュー作で、軽妙でポップなドタバタ系ラブコメ。深酒をするヒロインや、リード・ペア共通の友人ピンキーの造形など、斬新さが光る。（安）

Maya Bazar ／ Jagadam ／ Ala Modalaindi

Andala Rakshasi
美しき羅刹女

テルグ語／2012年／144分
監督：ハヌ・ラーガヴァプディ
音楽：ラダン
出演：ナヴィーン・チャンドラ、ラーヴァンニャー・トリパーティー、ラーフル・ラヴィーンドラン、プラガティ、C・V・L・ナラシンハ・ラーオ

1991年、裕福な家に生まれ気楽に暮らすガウタムは、ミドゥナという女性と巡り合い一目惚れする。彼女には過去にスーリヤという恋人がいたが、彼はこの世を去っていた。ガウタムは彼女がスーリヤの思い出から自由になれるまでは彼女に手を触れないと誓い婚約する。そこから回想により、ミドゥナとスーリヤの恋が語られる。『沈黙の旋律《ラーガ》』（1986）とよく似た設定ながら、テクスチャーは全く異なり、あえて現実感を拭い去った、詩的で幻想的な三角関係ロマンス。白い紗がかかったような画面を不吉な霊気と冷気が支配する。特に後半に登場する「寺院」のイメージには息を呑む。テルグ語映画につきものの楽観性や賑やかさからかけ離れた一作。S・S・ラージャマウリがプロデュース。（安）

Mithunam
カップル

テルグ語／2012年／119分
監督：タニケッラ・バラニ
音楽：スワラヴィーナーパーニ
出演：S・P・バーラスブラマニヤム、ラクシュミ

定年退職した教師アッパダースとその妻ブッチラクシュミは、アーンドラ地方デルタ地帯の緑豊かな村に住む。2人は子宝に恵まれたが、成長した子供たちは皆アメリカに移住し、老夫婦の元には寄り付かない。そのことは彼らの心に影を落としてはいるが、夫婦は毎日を朗らかに暮らしていた。アッパダースは菜園の手入れと毎日の食事に情熱を注ぎ、他愛ないことでふざけ回る。母親のようにそれを見守るブッチは料理に精を出す。しかし老齢の2人に別れの時が近づく。テルグ語文学者シュリーラマナによる同名の短編小説を基にした文芸映画。登場人物はバラモンの老夫婦2人のみ。長年連れ添ったカップルの姿を通して描かれる究極の愛と保守的な通念への静かな異議申し立て。性格俳優タニケッラ・バラニの監督デビュー作。（安）

Swamy Ra Ra
神様、来て

テルグ語／2013年／120分
監督：スディール・ヴァルマ
音楽：サンニ・M・R
出演：ニキル・シッダールト、スワーティ・レッディ、ラヴィ・バーブ、プージャ・ラーマチャンドラン、ジーヴァ、ラヴィ・ヴァルマ

ケーララ州ティルヴァナンタプラムのパドマナーバスワーミ寺院から小さなガネーシャ像が盗み出される。それを手にした人物は車で移動の最中に事故で死んでしまう。現場に落ちた神像を子供が拾う。神像は次から次へと人の手に渡り、取引の値はどんどん上がっていく。スーリヤ、バヌ、ラヴィはハイダラーバードでスリをしている3人組。彼らはTVレポーターのスワーティと知り合いになる。ある日ギャングの関係者が神像を持って逃走中に、一時しのぎにスワーティのバッグにそれを入れたことから、彼らも神像を巡る大騒動に巻き込まれる。富の神のガネーシャ像が、まるでパチンコの玉のように予測不能に転がる。アンチクライマックス、アンモラル、ニヒリズムに映像作家の反骨精神が感じられる。（安）

Oohalu Gusagusalade
夢想がささやく

テルグ語／2014年／131分
監督：シュリーニヴァーサ・アヴァサラーラ
音楽：カリヤーニ・マーリク
出演：ナーガ・シャウリヤ、ラーシー・カンナー、シュリーニヴァーサ・アヴァサラーラ

ハイダラーバードの小さなTV局に勤めるヴェンキーはアナウンサーに憧れているが、テレフォンショッピングの司会しか任されず不満を感じている。彼は如才がなく朗らかで、異性の友人たちとも賑やかに会話を楽しむ才能を持つ。しかし彼の上司であるウダヤは正反対で、異性の前で緊張しておかしなことを口走る失敗を重ねていた。ウダヤはお見合いをすることになり、ヴェンキーの助けを求める。しかしその相手は、5年前にヴァイザーグでヴェンキーが付き合っていた相手だった。19世紀末のフランス戯曲『シラノ・ド・ベルジュラック』（またはそれが1990年に映画化されたもの）から想を得たという、肩の凝らないコメディー。回想シーンでのヴァイザーグ市の美しい避暑地のような描写が印象的。（安）

Pelli Choopulu
お見合い

テルグ語／2016年／118分
監督：タルン・バースカル
音楽：ヴィヴェーク・サーガル
出演：ヴィジャイ・デーヴァラコンダ、リトゥ・ヴァルマ、プリヤダルシ、ナンドゥ、アニーシュ・クルヴィッラ

テランガーナ➜P.192

舞台はハイダラーバード。若干の才覚はあるものの、ものぐさが全てを台無しにしている若者プラシャーントと、「本当は男児が欲しかった」と言う父との間で感情の行き違いを味わい続けてきたチトラは、お見合いで出会う。チトラの家で2人が部屋に入ったところで、ドアが誤ってロックされてしまう。修理・開錠を待つ間、2人は心の内を率直に語り合う。ダメ成分含有度の高い男子と、ソフトな抑圧に対して鬱憤を感じている女子の組み合わせはテルグのオルターナティブ系映画につきものか。概ねハッピーエンドは予測されるが、そこに至る紆余曲折はかなりよく考えられている。その時点では無名の俳優を配し、会話中心の作劇ながらテランガーナの若者のリアリティーが評価されロングランとなった。（安）

Lakshmi's NTR
ラクシュミーのNTR

テルグ語／2019年／152分
監督：ラーム・ゴーパール・ヴァルマ、アガスティヤ・マンジュ
音楽：カリヤーニ・マーリク
出演：J・K・ヴィジャイ・クマール、ヤジュナ・シェッティ、シュリーテージ、ラージャシェーカル・アーンヂ、VJバール、スワルナカーント

No Image

ポリティカル・スリラー➜P.176

最晩年のNTRと若い後妻ラクシュミーの孤立した日々を描く。2019年の総選挙をにらみ、政治家の伝記映画が盛んに作られる中、ナンダムーリ・バーラクリシュナが実父を演じた『NTR』2部作（2019、未）が華々しく封切られた。同作構想の時点でテルグ語映画界にはほかに3つのNTR伝記映画企画が存在したが、同作製作告知により2つは立ち消えになった。本作は最後までしぶとく残り、ラーム・ゴーパール・ヴァルマ監督は〝NTR宗家〟に対して挑戦的な姿勢を示し舌戦を繰り広げた。出演する俳優は他州出身者かテルグ人でも舞台俳優が中心。話題先行の露悪映画と思いきや、しっかりと掘り下げた愛憎ドラマ。ラクシュミーのNTRへの献身、宮廷クーデタの描写など、全てが『マハーバーフタ』。（安）

Oohalu Gusagusalade ／ Pelli Choopulu ／ Lakshmi's NTR

カンナダ語映画の21世紀

ニューウェーブを中心に

カンナダ語映画の20世紀

カンナダ語映画はカルーナタカ州の州公用語であるカンナダ語で作られ、映画界は同州南部が白檀の産地であることにちなみサンダルウッドと呼ばれることもある。映画製作の中心はかつてはマイスール（旧名マイソール）だったが、現在は州都ベンガルール（旧名バンガロール）。州の総人口は約6250万人、うち65～70％がカンナダ語を母語としている。

南インド主要4言語の中で、カンナダ語映画は数年前まで外部から注目されることが少なかった。その理由は、映画界の小規模さに由来するやや低調なプロダクション・バリューの問題や、後述する風変わりな価値観が他言語圏の観客を寄せ付けないものを持っていたからかもしれない。しかし独特の詩的なエトスや美しい風景の描写には探究心を刺激するものがあり、実際に分け入っていけば隠れた宝石のような佳品との出会いも少なくない。歴史的に特異なのは、20世紀の大半を、不世出の名優ラージクマール（1929－2006）が、ただ1人のスーパースターとして君臨したことだ。その高貴な風貌と篤実を結晶化したような名演により『Bangaarada Manushya』（P.167）をはじめとする多数の古典的傑作が生み出された。同時代の著名女優には、B・サロージャ・デーヴィ、カルパナ、リーラーヴァティなどがいた。

ラージクマールが君臨する映画界ではあったが、世界的な「怒れる若者」の潮流と無縁ではなく、1970年代後半からのアクションスターとして、ヴィシュヌヴァルダン、アンバリーシュが現れた。80年代にはラヴィチャンドランが頭角を現し、ラージクマールの長男シヴァラージクマールもデビューした。女優では90年代にプレーマが登場する。

1990年代にラージクマールが半ば引退して、カンナダ語映画はまるで孤児となったかに見えた。カンナダ人の中でカンナダ語映画を観る層が狭まり、近隣州の映画界と比べて、技術面で明らかに劣ると言わざるを得ない状況となったのだ。理想のカンナダ人とその高潔なモラルを体現することができた万能の俳優ラージクマールを欠いた映画界は、一気に混乱と模索の時代に入った。大衆的アクション・ヒーローとしてのカリスマ性と社会派映画を監督するインテリ性とを併せ持つ新世代スターだったシャンカル・ナーグが、90年に交通事故で早世したのも打撃だった。強力な旗振りのいない映画界は、ある意味で各種の実験の場となり、『ウペンドラ』（P.126）のようなパンク的表現法をとるものから、農本主義と合体して地方の封建的な大地主を礼賛する超保守的なお館様映画、ベンガルールを舞台にしたノワール映画（P.

184）まで、バラエティに富んだ作品が現れた。

他言語の作品に親しんだ後にカンナダ語映画を観て独特に思えるのは、愛や生きる意味といったテーマについての生真面目な問いかけや、ヒンドゥー教神話からの引用の多さ、そして年長者を敬うことに大きな価値を見出すような保守性である。また、母なるカルナータカの地とカンナダ語に対する、時に声高に、時に屈折した形で示される愛にも、強烈な印象を受ける。

コスモポリタン都市ベンガルールとカンナダ語映画

21世紀に入り、州都ベンガルールはIT産業の全インド的な中心となり、好景気に沸いたが、これはカンナダ語映画に影響した。全国から英語を話す高学歴のIT技術者が押し寄せ、都市自体が購買力のある彼らをスタンダードと見なすようになる中で、カンナダ語のみを話す旧来の下層住民（カンナダ語母語人口は市全体のわずか35〜45%である）は不満を募らせ、20世紀後半から存在した排外主義が些細なきっかけから暴力的に噴出する事件も時おり起きるようになる。映画作品中に時に見られる大げさなカルナータカ称揚・カンナダ語礼讃は、ベンガルールが多言語のコスモポリタン都市であるゆえに生じる、カンナダ語母語の住民が感じているとされる圧迫感や不公平感が反映されているように思える。同時にこれは、カンナダ語映画界が観客の中核であるこうした人々を切り捨てることはないという意思表明でもあっただろう。

カルナータカ州では「カンナダ語映画の保護」を名目として、他言語映画のカンナダ語吹き替え版の上映が業界内規制により事実上禁止されていた（オリジナル言語での上映は盛んに行われてきた）が、そこには他言語映画を見る障壁を高くすることにより、ただでさえ少ないカンナダ語映画の観客を囲い込もうとする意図が透けていた。法律に拠らないこの吹き替え禁止の慣行は、1940年代あたりから始まったとされるが、「消費者の権利」の観点から違法性を指摘した活動家が裁判に訴えたことにより、2015年に撤廃された。それまでは、この業界慣行に異を唱えるスター俳優や監督はごく稀だった。00年代後半から、技術的な後進性は改善され、20年代の現在は他言語圏と比べて全く遜色ないものとなっている。また、声高な連呼以外の方法で郷土への愛を表現する方法も模索されるようになる。

新しいスターたち

世紀の変わり目前後にデビューして数年のうちにトップスターとなったのが、スディープ（スディーパとも）、ダルシャン、プニート・ラージクマールの3人である。スディープはロマンス映画『Sparsha〔タッチ〕』（2000、未）で、ダルシャンは素朴なリアリズムと幻想性が入り混じるクライム・スリラー『Majestic』（P.49）で、それぞれ注目されるようになった。ラージクマールの三男として生まれたプニートは子役から脱却しての初の主演『Appu〔アップ〕』（2002、未）で、ラージクマール・ファンクラブの熱心なメンバーとして登場した。一足遅れて2007年にデビューしたヤシュは、ヒロインが主役の作品の助演で、ソフトで優し気な王子様としてスタートした。彼らはブレイクの後数年で、一様にアクション映画を中心に演じるようになっていった。問題とされたのは、10年前後からこれら第一線のスターの主演作が、軒並みタミル語やテルグ語のアクション大作のリメイクで占められるようになっていったことである。前述の他言語映画の吹き替えの禁止に守られ、他言語映画界で成功した作品のリメイク権を買い、多少のローカライゼーションを加えて製作することは、ビジネスの観点からは安全牌だったが、映画ファンや批評家からは非難を浴びた。00年代の女優としては、ラムヤー（ディヴィヤ・スパンダナ）、ハリプリヤ、シュルティ・ハリハランなどが登場した。

ニューウェーブの誕生

そうしたやや行き詰った状態からぽつぽつと芽吹いてきたのがカンナダ語ニューウェーブである。最初に現れた監督がヨーガラージ・バットだった。バットは『Mungaru Male』（P.57）をヒットさせたことで一躍注目を浴びたが、それ以降も非スター俳優を好んで使い、哲学的な香りを持つ作品を作り続ける。スーリは監督デビュー作『Duniya』（P.59）のタイトルを冠してドゥニヤ・スーリとも呼ばれるが、リアルなタッチの暗黒街映画を作り、スモーキーな独自の世界を持つ。ヨーガラージ・バット作品の脚本家からスタートし、『ルシア』（P.127）をヒットさせたパワン・クマールはニューウェーブの立役者と言ってもいい存在になった。同作が持てはやされることにより、「ニューウェーブ以外は見る価値はない」というほどの空気が一時的には支配したほどである。このパワンがSNS上に書き綴る苦労話や裏話は映画業界への省察として興味深い。そして、2014年に『Ugramm』（P.73）によってアクション映画にスタイリッシュな新風を巻き起こしたプラシャーント・ニールは、続く『K.G.F』シリーズ（P.9）の汎インド映画としての成功によりニューウェーブという括りを突き抜けた存在となった。もともと夢幻的な表現を好み、内省的な傾向を持つ作品を生んできたカンナダ語映画界なので、ニューウェーブの流れは途切れることはなく、そのほかにもヘーマント・M・ラーオ、アヌープ・バンダーリといった映像作家が続いた。

トゥルナードからの新風

ベンガルール出身の映画研究者で、カンナダ語映画も研究対象としているM・K・ラーガヴェーンドラは、その著書『Bipolar Identity: Region, Nation and the Kannada Language Film』（2011）の中で、「州界再編が行われた1956年以前のカンナダ語映画は、基本的には旧マイソール藩王国の領域内で作られ、領域内の住民を観客として想定したものだった。そのコンテンツも、同地の保守的風土を反映した独特な価値観を持つものが主流だった。そしてこのマイソール藩王国の記憶は、カンナダ語映画の中でその後も長く尾を引き、1980年代末頃まで残存し続けた」（引用者による要約）との論を展開している。つまりカルナータカ北部や沿海地方は、カンナダ語映画が想定する〝我々〟からは外れた存在だったということだ。

しかしニューウェーブの一部として、特筆すべき流れが目につくようになった。それは「トゥルナード」と呼ばれるカルナータカ沿海地方出身の映画人の躍進と同地方を扱う作品の増加である。トゥルナードとは、州の南北を貫く西ガーツ山脈により明確に画される細長い平野部の南半分で、カンナダ語とマラヤーラム語の中間にあるようなトゥル語が話される。185万ほどの話者人口を持つトゥル語では、細々と映画製作も行われているが、産業化以前の段階にとどまっている。一般にトゥル人には、母語をアイデンティティーの中心に据えて熱く自己主張するような傾向は薄く、英語、カンナダ語、ヒンディー語などの大言語を器用に使いこなして暮らす。ドミナント・カーストはバントと自称するコミュニティーで、シェッティ、ライ（ヒンディー語化でラーイ）、ヘグデなどの姓が多い。グル・ダット、アイシュワリヤー・ラーイ・バッチャン、ディーピカー・パードゥコーン、スニール・シェッティ、ローヒト・シェッティなど、トゥルナードにルーツを持ちながらヒンディー語映画界で活躍する／した映画人も少なくない。

カンナダ語映画界で活動するトゥル系人材としてはこれまでプラカーシュ・ラージ（ライ）が知られていたが、2010年代になり、ラクシト・シェッティ、リシャブ・シェッティ、ラージ・B・シェッティの3人が監督として登場し、特異な作風でカンナダ語映画に新風を吹き込み活性化した。〝カンナダのRRR〟とでも呼びたい彼らは、俳優業を兼業し、さらに脚本や製作を担当することもある。ラクシトとリシャブは俳優デビューの4年後に監督業に手を染めた。ラージは監督・主演兼任でデビューしたが、迫力ある悪役としても引く手あまたになっている。

彼らは俳優として充分に顔を売っているが、雲の上のスーパースターという佇まいはない。ラクシト・シェッティは、どこにでもいるような温厚なホワイトカラー風の容貌で、アクションヒーローとはかけ離れた青年を演じることが多いが、監督・主演を兼ねた『Ulidavaru Kandanthe』（P.127）があまりに鮮烈だったため、ラクシト・ブランドが確立し、俳優としてのみ参加している作品（監督作は未完成のものも含めこれまで2つしかない）であってもラクシトのタッチを求め観客は期待を膨らませる。リシャブ・シェッティは監督作『Kirik Party』（P.76）のヒットで注目を集め、トゥルナードのトライブのきわめてローカルな世界を扱った監督・主演作『Kantara』（P.89）のまさかの汎インド映画化で驚かせた。

不確かな未来へ

2022年は『K.G.F: CHAPTER 2』（P.9）と『Kantara』の2作が公開され、全インドの興収成績でそれぞれ2位と6位につけるという、カンナダ語映画にとって空前の当たり年だった。しかし21年にはプニート・ラージクマールが46歳で急逝し、24年にはダルシャンが殺人に関与した容疑で逮捕されるなど、不安定要因もある。この先どこに向かっていくのか予想が難しいという意味では、カンナダ語映画界は南インドの中でもとびぬけているかもしれない。

ウペンドラ
Upendra

カンナダ語／1999年／138分
監督：ウペンドラ
音楽：グルキラン
出演：ウペンドラ、ダーミニ、ラヴィーナー・タンダン、プレーマ、アルン・ゴーヴィル、サロージャンマ

「ナーヌ（私）」と名乗る得体の知れない男は、人が生きる上での本心と世間体との使い分けが我慢できず、欺瞞を暴露し、身勝手を押し通すので、いたるところで騒動を巻き起こす。彼が追い回す／追い回される3人の女性はそれぞれ愉楽、富や権力、家庭生活の責任を象徴するという。本作はカンナダ・ニューウェーブには含まれないが、初監督作『Tharle Nan Maga〔悪い子〕』（1992、未）から本作までの初期のウペンドラは後のニューウェーブを準備したとも言える。卑語俗語を多用した騒々しさ、嘲笑・哄笑に満ちたニヒリズムはカンナダ語映画として空前のものだった。アバンギャルドな本作は、インテリ層からは激しい非難を受けながら、若者を中心とした庶民の観客の間では喝采を浴びたという。（安）

Lifeu Ishtene
これが人生ってやつ

カンナダ語／2011年／130分
監督：パワン・クマール
音楽：マノー・ムールティ
出演：ディガント、サムユクタ・ホールナード、シンドゥ・ローカナート、サティーシュ・ニーナーサム、アチユト・クマール

ヴィシャールはベンガルールの中産階級の生まれで、ギタリストになることを夢見る若者。富裕層ではないが、貧困を経験することなく育ち、それゆえに彼の心を揺らすのはいつも異性のことだった。小学校の同級生ディヴィヤから始まり、幾度も恋をしても実らず、女性たちが入ってきては出ていく自分の人生を、彼は〝公衆便所〟と自嘲する。平凡な男の恋愛遍歴を描く点では、タミル語の『Autograph』（P.110）と共通するが、こちらはずっとシニカルで軽く、時にシュールで時に間抜けなタッチ。人生の一大イベントとしての恋愛を盛り上げたり、失恋を慰めたりするイマジナリーなお囃子の男たちが小粋。都会を舞台にしながら、最先端の流行や富の誇示などとは距離を置き、リアルな若者像を描く。（安）

Simpallaag Ond Love Story
シンプルな恋物語

※タイトルはSimple Agi Ondh Love Storyとも

カンナダ語／2013年／130分
監督：スニ
音楽：バラト・B・J
出演：ラクシト・シェッティ、シュウェーター・シュリーワスタブ、RJラチャナー、アヌシャー・ラーオ、シュリーナガラ・キッティ

広告マンのクシャールは、ラジオジョッキーをしている妹ラチャナーの勧めで、彼女のフィアンセの妹であるイティハーシニ医師と非公式なお見合いをするため、コダグ地方のパーリベッタ村を訪れる。クシャールは一目でイティハーシニに恋をするが、彼女には謎めいたところもある。2人は過去の恋愛経験などを洗いざらい告白し、お互いに好意を持つようになる。しかしイティハーシニの隠された秘密が明らかになる。美しいコダグの自然を背景に、主演の2人が皮肉やジョークを交えてただ喋りまくる不思議な展開。それぞれの過去の恋の回想部分でも映像として現れるのはクシャールとイティハーシニであることがシュールなタッチを加える。降り続くモンスーンの雨が全てを洗い流していく爽やかさ。（安）

Kaddipudi
噛みタバコ

カンナダ語／ 2013年／ 143分
監督：ドゥニヤ・スーリ
音楽：V・ハリクリシュナ
出演：シヴァラージクマール、ラーディカー・パンディット、アナント・ナーグ、ランガーヤナ・ラグ、バール・ナーゲーンドラ

カンナダ・ノワール➔P.184

アーナンダはベンガルールの下町でギャングの下働きをする男。綽名の「カッディプディ」は彼の祖母が噛みタバコ売りだったことから。対立する2つの政治的セクトの片方、レーヌカージーのため汚れ仕事も引き受けていたが、やはり底辺の女性ウマーと知り合い愛し合うようになり、結婚を機にギャング稼業からの足抜けを考える。しかしこれまでの抗争の中で彼とやりあっていた犯罪者たちが、報復のためにやってくる。黒社会からの足抜けの困難さというありふれたテーマだが、リアリズムの中にヘビーなシニシズムが、さらにいくばくかの乾いた笑いも混じる。苦界の女性の悲哀を描くソング中のダンスで、ほんの数秒シヴァラージクマールが見せる所作が印象的。ラストでのヒロインの変化も痛快。（安）

ルシア
Lucia

カンナダ語／ 2013年／ 137分
監督：パワン・クマール
音楽：プールナチャンドラ・テージャスウィ
出演：ニーナーサム・サティーシュ、シュルティ・ハリハラン、アチユト・クマール、サンジャイ・アイヤル、プラシャーント・シッディ、リシャブ・シェッティ

ベンガルールの下町の映画館で働くニキルは不眠に悩んでいる。ある夜、眠れないまま街路に出た彼は、怪しげな売人から「ルシア」という睡眠薬を買う。それは単に睡眠に導入するだけでなく、極上の夢を見せ、その夢を次の晩に引き続き楽しませるというものだった。製作資金確保、キャスティング、コンテンツからリリース方法に至るまで、すべてが破格で、カンナダ語映画ニューウェーブの本格的な到来を告げた。スリラー的な展開の中で、「夢見る装置としての映画」という、ユニバーサルなモチーフが現れ、カンナダ語映画のローカルな風土がマジカルに被さる。多くの場面が夜、あるいは映画館の暗がりの中で展開し、夢と現実の境界が曖昧になっていく。「映画についての映画」ジャンルの夢幻的な傑作。（安）

Ulidavaru Kandanthe
他の者に見えたもの

カンナダ語／ 2014年／ 154分
監督：ラクシト・シェッティ
音楽：B・アジニーシュ・ローカナート
出演：ラクシト・シェッティ、キショール、ターラ、アチユト・クマール、リシャブ・シェッティ、ヤジュナ・シェッティ、シータル・シェッティ、ソフセート・シェッティ

1990年代のカルナータカ州沿岸地方ウドゥピ。レジナというジャーナリストがこの地で起きた殺人について調査する。リッチとラグは幼馴染だったが、少年の頃2人でいた時にリッチが誤って人を殺してしまい、リッチは少年院に入り、ラグはムンバイに逃走してギャングになる。そのラグが15年ぶりに帰還した時に3件の殺人事件が起きる。証人の立場により証言の内容が食い違う『羅生門』（1950）スタイルの筋立て。しかしスリラーの種明かしよりも、ねっとりとベタつく潮風の感触、ジャンマシュタミの祭事を祝う人々の常ならぬ興奮の気配、影を内包する強烈な日差しに照り付けられるうちに物事の意味というものが溶けていくような感覚、といった芸術映画的な要素が本作を特別なものにしている。（安）

Kendasampige Part II
金香木：パート2

カンナダ語／2015年／99分
監督：ドゥニヤ・スーリ
音楽：V・ハリクリシュナ
出演：ヴィッキ・ワルン、マーンヴィタ・ハリーシュ、ラージェーシュ・ナタランガ、プラカーシュ・ベラワーディ、チャンドリカ、シータル・シェッティ、プラシャーント・シッディ

カンナダ・ノワール→P.184

ベンガルールに住むラヴィとガウリは恋人同士だが、富裕層の子女ガウリは、貧しいラヴィとの仲を親に打ち明けていない。ラヴィと一緒の娘を目撃した彼女の母親は、警察に相談し、ラヴィを犯罪者に仕立て上げることを頼む。ここからラヴィとガウリの逃避行が始まる。北カルナータカ・デカン高原の乾いた風景とスリリングな展開との相性が抜群。無名俳優のリードペアであるため、「大スター保険」（大スターは普通は劇中で死なない）がなく、究極のハラハラドキドキが味わえる。前作があるわけではないのに「パート2」をつけた挑発的なタイトル。アフリカ系インド人の俳優プラシャーント・シッディが短いが重要な役で登場。クールでファンクな最終シーンは、これ以降のどの2部作のそれも及ばない衝撃度。（安）

Godhi Banna Sadharana Mykattu
小麦色の肌、中肉中背

カンナダ語／2016年／144分
監督：ヘーマント・M・ラーオ
音楽：チャラン・ラージ
出演：ラクシト・シェッティ、アナント・ナーグ、シュルティ・ハリハラン、アチュト・クマール、ヴァシシュタ・M・シンハ

ムンバイで多忙な銀行マンとして暮らすシヴァは、昇進とニューヨーク転勤を目前に、故郷ベンガルールに一時帰省する。ベンガルールでは、アルツハイマーと診断され介護老人ホームに入所している父のヴェンコーブに再会する。連れ立って買い物に出かけた際に、シヴァは父に苛立って暴言を吐いてしまうが、その後父は行方不明になる。シヴァはホームの精神科医であるサハナーに助けられながら父の捜索を始める。ヴェンコーブは、入り組んだ経緯からギャングのランガによって拉致されていた。父と息子の絆を軸としたエモーショナルなスリラー。アルツハイマーの描写は若干きれい過ぎる感もあるが、老人が口にする「心の中に飼う天使と魔物、餌を沢山与えた方が勝つ」などという警句が印象的。（安）

ベルボトム
Bell Bottom

カンナダ語／2019年／130分
監督：ジャヤティールタ
音楽：B・アジャニーシュ・ローカナート
出演：リシャブ・シェッティ、ハリプリヤー、アチュト・クマール、ヨーガラージ・バット、プラモード・シェッティ

写真提供：SPACEBOX

村の映画→P.166

1980年代のカルナータカ州の田舎町。ディワーカラは子供の頃から探偵小説が大好きで、探偵を天職と考えていたが、巡査の父により警察官にされてしまう。彼が新米として働き始めると、警察が窃盗団から押収して金庫に入れてあった貴金属が盗まれる事件が起きる。別の事件で手柄を上げていたディワーカラは、この事件の捜査を私服で行うことを上司に認めさせ、怪しい人物を挙げて行くが、その中で密造酒屋のクスマという美女に惚れてしまう。謎解きものだがスリラーというよりもコメディーの要素が強く、艶笑ジョークも混じる。社会正義を訴えるテーマもあるが、80年代へのノスタルジーと呑気さが何よりも心地よい。カルナータカ州で勢力のある宗教リンガーヤタ派のモチーフが見え隠れする。（安）

Kavaludaari
交差路

カンナダ語／ 2019年／ 143分
監督：ヘーマント・M・ラーオ
音楽：チャラン・ラージ
出演：リシ、アナント・ナーグ、アチュト・クマール、スマン・ランガナータン、ローシニ・プラカーシュ、アヴィナーシュ

No Image

カンナダ・ノワール➔P.184

ベンガルール市警察の警部補シャームは交通課で真面目に職務にあたっていたが、犯罪捜査に関わることへの憧れも強かった。ある時、高架道路の建設現場で約40年前のものとされる3体の人骨が見つかる。シャームはこの件を自分で捜査したいという欲求が抑えきれず、ジャーナリストのクマールと共に調査を始める。人骨の身元を割り出したシャームは、当時捜査を担当したという元警察官のもとを訪ねる。スリラーとして惜しい点が幾つかあり、必ずしもスッキリした謎解きにはならない。背景に組み込まれた歴史性として、都市ベンガルールの野放図な拡張、1970年代の非常事態宣言下での多数の犯罪者の政界入りという2つが巧みに語られる。また現代に続くものとして、公共心の欠如の問題提起も。（安）

Swathi Mutthina Male Haniye
真珠のような雨粒よ

カンナダ語／ 2023年／ 101分
監督：ラージ・B・シェッティ
音楽：ミドゥン・ムクンダン
出演：ラージ・B・シェッティ、シリ・ラヴィクマール、バーラージ・マノーハル、スーリヤ・ヴァシシュタ

No Image

女性➔P.170

西ガーツ山脈のどこか、静かな湖のある町。プレーラナーはホスピスに勤めるカウンセラー。アッパー・ミドルに属するが、夫との関係は冷めており、上辺だけを取り繕っている。人の死と向き合うタフな仕事にも惰性が忍び込んできている。ある日新しく入って来たアニケートは、カウンセリングを拒否するなど問題のある患者だった。最初は彼と衝突したプレーラナーだったが、彼の書いた詩を目にして心が動く。やがて2人の間には患者と職員という関係を超えた絆が生まれていく。清涼な高原を舞台に人間の死についての哲学的な思惟、文学的な感傷、ロマンス、通俗道徳への静かな反逆などを描く。終末期の人間の描写はややきれい過ぎるが、寓話としてのしつらえが優先されたことは理解できる。（安）

Ibbani Tabbida Ileyali
露に抱かれた大地

カンナダ語／ 2024年／ 160分
監督：チャンドラジト・ベリヤッパ
音楽：ガガン・バデリヤ
出演：ヴィハーン・ガウダ、アンキター・アマル、マユーリ・ナタラージャ、ギリジャー・シェッタル

写真提供：川縁長者

シドは結婚式を前にして心に迷いが生じ、式の最中に結婚を取りやめる。学生時代に知り合って忘れられない相手がいるからだ。過去の回想が始まる。2008年のベンガルール、彼は工科大の最終学年。学生イベントの会場でポラロイドカメラを持ちたどたどしいカンナダ語をしゃべる女子大生に心惹かれるが、名前すら聞き出せずに終わる。4年後に偶然再会した2人は今度は距離を縮めるが、彼女は彼の求婚を断る。文学を愛する女性と自己実現を求める男との交情を少女趣味といえるほどの詩的な語り口で描く。登場する年長者が、恋愛を引き裂いたり、通俗的モラルの導き手になったりはしない点が目新しいが、恋愛を物語りながら、「愛とは何か」と根源的に問うカンナダ語映画の伝統を引き継ぐ。（安）

Kavaludaari ／ Swathi Mutthina Male Haniye ／ Ibbani Tabbida Ileyali

マラヤーラム語映画の21世紀　ニューウェーブを中心に

マラヤーラム語映画とケーララ州

マラヤーラム語映画は、インド南西端のケーララ州の公用語マラヤーラム語で作られる映画。マラヤーラム語を母語とする人々はマラヤーリと呼ばれ、州人口約3600万人のうちの97％を占める。州人口3600万人とは、インド全人口14億人の2・5％強にしかならないが、インド映画におけるマラヤーラム語のプレゼンスは人口比率よりもかなり高い。

その高いプレゼンスの内実を具体的に見ると、まず、確立した歴史ある映画産業があり、コンスタントに相当な数の作品が作られ続けていることがある。2000年には約50本、2010年代に入ってからは毎年100本超えの作品が生み出されて検閲を通っている。これはヒンディー語やタミル語、テルグ語に次ぐほどの数である。次に、芸術映画の分野で著名な映像作家を多く輩出してきた歴史があり、国際映画祭にも出品されるマラヤーラム語作品が多いことが挙げられる。芸術映画から商業映画に目を転じると、話者人口が少ないことからくる市場の狭さゆえに、一般に低予算で映画製作がなされ、それがかえって脚本の質で勝負する佳作を生み出しているという実態がある。マラヤーラム語で作られた作品自体は、ケーララ州内と欧米などのマラヤーリ移民のコミュニティーの外には市場を持たないが、よく練られた脚本は、ヒンディー語、タミル語をはじめとした他言語圏の映画界でリメイクされ、より多くの観客を得る。そのこと自体はマラヤーラム語映画界にリメイク権売却益以上のものをもたらさないが、他言語圏の映画人（特にプロデューサーや監督）はマラヤーラム語映画に水面下でかなりの注目をしているのである。

マラヤーラム語映画の様々な特質は、歴史的・地理的な条件によるところが大きい。南北580㎞に延びる細長い州は、西をアラビア海、東を西ガーツ山脈によって外界から隔てられ、小さな別天地として歴史を刻んできた。インド独立まではマラバール、コーチン、トラヴァンコールと3つの領域に分かれ、異なる行政体だった。そのせいか、現在でも地方分権的な色合いが濃く、チェンナイやベンガルールのような巨大都市を州内にもたない。州公用語の母語率が高いだけではなく、識字率も全国トップの94％を誇る（全国平均は74％）。それにより、新聞や出版業が発達し、文学も広く親しまれている。こうした土壌が、マラヤーラム語映画の一部に文芸的な香りを添えていることは間違いない。多くのケーララ人が、マラヤーラム語映画の特質を、リアリズムと脚本の重視にあると誇らかに言明する。裏を返して言えば、並外れたカリスマを持つスター俳優のワンマンショー、あるいは奇想を凝らして演出されるダンスやアクションの現実離れした世界といった、ほかの南インド映画に多く見られるアトラクションを欠いているということでもある。

　マラヤーラム語の単一言語に近い言語環境とは対照的に、宗教別人口の構成比率は、ヒンドゥー教55％・イスラーム教27％・キリスト教18％で、ヒンドゥー教徒が圧倒的多数ではないというのも特徴的である。これは映画にも反映され、一般的な商業映画作品の中でイスラーム教徒やキリスト教徒がメインの登場人物である作品が驚くほど多い。これらは当該コミュニティーの観客だけを当てにしているのではなく、マラヤーリ全体に向けて作られるもので、実際に幅広い層の人々に受容されている。またケーララ州では伝統的に左翼運動が盛んで、インド共産党により1957年に成立した州政権は、「世界史上初の、選挙で合法的に成立した共産党政権」とも言われている。左翼的な風土は映画界にもあり、俳優・技術者など業種ごとに組合が存在し、比較的強い権限を持っているし、映画作品中にも組合活動家や共産主義者がよく登場する（P.174参照）。

　ケーララ州の主要産業は農業や観光業だが、高い教育を受けた層には充分な雇用がなく、1970年代から中東湾岸諸国への出稼ぎが盛んになり、現在では中東の各地に定住者も含むケーララ人社会ができている。出稼ぎ者を通してケーララに還流した湾岸マネーは州経済を潤し生活水準を底上げしたが、州内での雇用の不足は解消されず、同時に低賃金・単純労働への忌避が広がったため、インド国内の他地域から国内労働移民が大量に流入するという状況にもなっている。高識字率やGDPの高さだけではなく、乳幼児死亡率、新生児の男女比率、平均寿命などでも、ケーララ州は優良な数値を示し、全体に高い社会指標を誇っている。

マラヤーラム語映画の草創期

　マラヤーラム語での映画の製作は、サイレント期の『Vigathakumaran〔消えた息子〕』（1928または1930、未）が嚆矢《こうし》で、同時代が舞台のメロドラマであった。これはヒンドゥー教神話映画を題材とする作品から始まったほかの多くの映画界と対照的である。初のトーキー映画は『Balan（バーラン）』（1938、未）で、これもまたソーシャル・ジャンルのものである。以降、ゆったりとしたペースでマラヤーラム語の作品は作られていくが、技術的な制約から、映画製作はマドラス（現チェンナイ）で行われ、台詞こそマラヤーラム語であっても、タミル語映画の影響を強く受けたものだった。

　そんなマラヤーラム語映画がアイデンティティーを確立したと言われるのが、1965年（封切りは翌年）の『えび』（P.187）だった。

芸術映画の隆盛から商業映画の黄金時代へ

　1970年代になると、アドゥール・ゴーパーラクリシュナン、G・アラヴィンダン、シャージ・N・カルンなどの芸術映画の映像作家たちを続々と輩出し、マラヤーラム語映画は国家映画賞をはじめとした賞レースの常連となっていった。映画祭サーキットとは別に、一般の人々が楽しむ商業映画の世界では、最初のスーパースターとしてプレーム・ナジールが、同世代のサティヤンやマドゥと共に60年代から君臨していたが、70年代には「怒れる若者」として登場したジャヤンがスタイリッシュな魅力で新風を吹き込んだ。

１９８０年代に入ると、マンムーティ、モーハンラールが若手スターとして台頭し、商業映画の世界は徐々にこの２人を中心に回り始める。国家映画賞を何度も受賞するほどの演技力とカリスマを持つ2人は、それぞれ年間に20本を超える作品に主演する売れっ子となっていく。同時に80年代には、商業映画の世界でパドマラージャン、バラタン、ハリハランといった繊細で文芸的な感性を表現する映像作家が登場し、現在も語り継がれる名作を多く生み出した。80年代初頭から91年（パドマラージャンの没年）頃までを「マラヤーラム語映画の黄金期」として懐かしむ映画好きは多い。

１９９０年代には、カマル、ファーシル、シッディク・ラール、プリヤダルシャン、シビ・マライルといった新しい世代の映像作家がシーンの中心に現れ、コメディーやアクション、ホラーなど、娯楽的な諸ジャンルがより多く作られるようになった。

2000年代のスランプ期

２０００年にはマンムーティが49歳、モーハンラールが40歳となったが、この2人に重度に依存する映画界の体質は変わらず、壮年期に入った両人に合わせた重々しい家父長制礼賛的なアクション映画が量産される。これは隣のタミル語映画の安っぽい模倣ではないかとの批判を浴びたが、人々は一度愛した者を容易に手放さず、歳を重ねつつあるスーパースターたちを支持し続けた。しかし彼らを使って作品を作る映像作家たちには、アイディアの明らかな枯渇が見られた。

たとえば、１９９０年代のスター監督ファーシルは、息子ファハドの俳優デビューのためロマンス映画『Kaiyethum Doorath（手の届くところ）』（２００２、未）を撮ったが、同作は古臭い感性と凡庸なストーリーを批判され興行的に失敗し、ファハドはキャリアを中断して渡米した。２０００年代、特に後半は、マラヤーラム語映画界の大スランプ時代と見なされることになった。スターによる前述の家父長制礼賛の「タンブラン（御館様）ムービー」、そして俗に「ミミクリー（物真似）ムービー」と称される様式化されたコメディー映画が、一定の興収を保証するものとして盛んに作られた。

ニューウェーブの誕生へ

変化の兆しは２００６年の『Classmates』（P.57）によってもたらされた。学園を舞台にして青年たちの群像をスリラー仕立てで描いた本作の成功は、監督のラール・ジョーズ、主演のプリトヴィラージを第一線に押し出した。本格的な変化は２０１１年の『Traffic』（P.１３４）のヒットをきっかけに堰を切ったように起こった。同作はやはり群像映画で、互いに無関係な人間たちの行動が影響を与え合って思いもよらぬドラマが生じるというタイプのもので、まず第一に脚本家の手腕が問われる「ハイパーリンク・ドラマ」だった。同じ頃に映画のデジタル化が進んだこともあり、製作に参入する障壁が相対的に低下し、デビューから1~3作の監督による作品が溢れた。10年代のこのような潮流はマラヤーラム・ニューウェーブと呼ばれた。ニューウェーブは若手監督が牽引し、少し遅れてその中から若手スターが生まれてきた。

ニューウェーブ初期の映像作家たちにはランジット、ラール・ジョーズ、アマル・ニーラド、アンジャリ・メーノーン、アンワル・ラシード、アーシク・アブなどがいる。彼らは比較的ギャラの安い若手俳優や熟年の性格俳優を使い、アクロバティックなストーリー、斬新な映像技法を駆使しながら、ただ1人のヒーローを礼賛する数年来のフォーマットから外れた、スリリングな作品群を産んだ。とはいえ、そこには欧米や韓国の映画からの重度の影響（剽窃とは言えないまでも）が認められた。このような中から新世代の若手スター俳優も現れ始めた。すっかり面変わりして『Kerala Cafe』（P.63）でカムバックしたファハド・ファーシルを筆頭に、ドゥルカル・サルマーン、ニヴィン・ポーリ、パールヴァティ、リマ・カッリンガルなどである。彼らが出演するということは、すなわちニューウェーブ映画であると言えるほどで、また不思議なことに、彼らはまるで宗教的禁忌でもあるかのように映画中でほとんど踊らないという共通点があった。

新世代の台頭を目にしたマンムーティとモーハンラールがどうしたかといえば、彼らは全く動じず、ただし年間出演作品数をやや絞り、ニューウェーブの成果を部分的に取り入れながら丁寧に作り込み、興収の上位をキープし続けた。

深化するニューウェーブ

2010年代も後半になると、ハイパーリンク・ドラマは飽きられ、ケーララの地域特性をより深く掘り下げた作品群が現れる。また、伝統的に非バラモン上位カーストの世界を背景としていたメロドラマからも踏み出し、ダリトやトライブにスポットライトを当てた作品も目立つようになる。この時期から現在に至るまで活躍している映像作家にディリーシュ・ポータン、ベーシル・ジョーゼフが、新たなスターとしてトヴィノ・トーマス、アイシュワリヤ・ラクシュミ、カリヤーニ・プリヤダルシャンらがいる。

2017年には映画界を震撼させた出来事があった。マンムーティ&モーハンラールとプリトヴィラージとの中間の世代としてはただ1人のスターだったディリープが、ある女優の身に起きた性的暴行を教唆したとして逮捕されたのだ。本稿執筆時点でこの件に関してはまだ結論が下されていないが、映画界に与えた衝撃は大きく、作品の中でもミソジニーや有害な男性性が盛んに取り上げられるようになった。

2020年代初頭のコロナ禍は、マラヤーラム語映画界にとっても試練の時となったが、同時にインド全体で配信コンテンツへの需要が急激に増大した中で、英語字幕付きのマラヤーラム語映画が他言語圏の視聴者にも届くようになり、その脚本の上質さや演技者の素晴らしさがより幅広く人々に認識されることになった。

Traffic
トラフィック

マラヤーラム語／2011年／122分
監督：ラージェーシュ・ピッライ
音楽：メジョー・ジョーゼフ、サームソン・コーットゥール
出演：シュリーニヴァーサン、クンチャッコー・ボーバン、アーシフ・アリ、アヌープ・メーノーン、ラフマーン、ラミャ・ナンビーサン

ある日の朝、エラナークラムの交差点で信号を待つ人々。ＴＶ局に初出勤する若者、マラヤーラム語映画界のトップ・スター、愛妻への贈り物を買った医師などが同じ場所にいた。数時間後、コッチ警察のアジマル・ナーサルは、コッチからパーラッカードまで、デリケートな荷物を運ぶ作戦を政府高官から命じられる。両都市間の距離は１５０km、自動車専用道は存在しない。平日の午後にこの区間を平均時速１００km、2時間で走り抜けなければならない。何よりも厳しいのは綿密に作戦を練る時間がないこと。その荷物とは何か。いわゆるグランドホテル形式のストーリー。2時間ほどのランタイムの中で大勢の登場人物の性格や置かれた状況を的確に表出するテクニックの見事さに圧倒される。（安）

Chaappa Kurishu
表か裏か

マラヤーラム語／2011年／131分
監督：サミール・ターヒル
音楽：レックス・ヴィジャヤン
出演：ファハド・ファーシル、ヴィニート・シュリーニヴァーサン、ローマ・アスラーニ、ラミャ・ナンビーサン、ニヴェーダ・トーマス

建設会社ＣＥＯのアルジュンは傲慢なパワーエリート。両親が決めた婚約者とつきあいながら、会社の部下ソニアと密かに肉体関係を持っていた。フォート・コーチンの安アパートに住むアンサーリはスーパー勤務。教育程度が低いだけでなく元来の性格にも鈍重なところがあり、周りから馬鹿にされている。ある日アルジュンは、自室に訪ねて来たソニアとの情事をスマホで録画するが、そのスマホをうっかり落としてしまう。それを拾ったのはアンサーリだった。落とし物に気づいたアルジュンの煩悶と焦燥の日々がそこから始まる。韓国映画『The Phone』（２００９）などから影響を受けたと思われるスリラー。スマホを遊びに使う富裕層と、電源のオンオフしか知らない低層の若者との対比が鮮やか。（安）

眠り
Nidra

マラヤーラム語／2012年／104分
監督：シッダールト・バラタン
音楽：ジェシー・ギフト、プラシャーント・ピッライ
出演：シッダールト・バラタン、リマ・カッリンガル、ジシュヌ・ラーガヴァン、KPACラリタ、ヴィジャイ・メーノーン

資産家の次男ラージュは、宇宙科学研究者を目指したが内向的な性格から世間とうまく折り合えず、定職にも就かず無為に過ごしていた。彼は周囲の反対を押し切り幼馴染のアシュワティと恋愛結婚する。希望にあふれ新生活を始めたアシュワティだったが、時にバランスを崩しそうになる夫の精神状態を見て不安を覚えるようになる。幾つもの不運な出来事の連鎖で、ラージュの症状は悪化の一途をたどる。アシュワティは自分たち夫婦が肉親からさえも見放されつつあることを悟る。監督・主演のシッダールトの父バラタン監督による１９８１年の同名作品のリメイク。演技者としてのシッダールトも、自分を見つめる他人の瞳に映る恐怖と憐憫に深く傷つく孤独な若者の姿をリアリティーを持って描写する。（安）

Traffic ／ Chaappa Kurishu ／眠り

Manjadikuru
ナンバンアカアズキの実

マラヤーラム語／2012年／137分
監督：アンジャリ・メーノーン
音楽：ラメーシュ・ナーラーヤンほか
出演：ティラカン、ラフマーン、ムラリ、ジャガティ・シュリークマール、カヴィユール・ポンナンマ、ウルヴァシ、ビンドゥ・パニッカル、プリトヴィラージ・スクマーラン（ゲスト）、パドマプリヤ（ゲスト）

1990年代初頭のケーララ州中部。ドバイで生まれ育った10歳のヴィッキは、祖父の死去を受け両親に連れられて母の故郷であるトリシュール近郊の村に行く。大邸宅には祖母と大叔父が住み、敷地内にはおじ一家が小さな離れを建てて住んでいる。デリー、チェンナイ、アメリカに散らばるその他の親族も到着し、極左運動に身を投じるため出奔した長男ムラリまでもが十数年ぶりに姿を現し、大家族が一堂に会する。故人の遺言が読み上げられるまでの緊張した16日間を過ごすヴィッキと親戚の子供たちの世界を描く。子供の目から見た大人世界へのありがちな批判と同時に、大人気ない大人たちの「大人の事情」もが幅広い諧調で描写され、「白と黒の間には無限の色が存在する」ことが示される。（安）

Annayum Rasoolum
アンナとラスール

マラヤーラム語／2013年／167分
監督：ラージーヴ・ラヴィ
音楽：K（クリシュナ・クマール）
出演：ファハド・ファーシル、アーンドリヤー・ジェレマイヤー、サンニ・ウェイン、サウビン・シャーヒル、ランジット

コッチでハイヤーのドライバーをしている若者ラスールは、エラナークラムの大型アパレル店の店員をしているアンナを見初めて追いかけまわす。地味で変化のない生活を送るアンナは、最初こそ彼を迷惑がるものの、結局は命がけで愛し抜くという選択をする。インド映画に数多いシェイクスピア翻案もので、『ロミオとジュリエット』をベースに、ムスリムとクリスチャンの男女の愛を描く。フォート・コーチンとエラナークラムを結ぶ湾内フェリーのロマンチックな描写、ヴァイッピン島の車も入れないような隘路がくねくねと続く様子など、舞台となるコッチの風景も魅力的。一方で、主人公の故郷でケーララ・ムスリムの集住地域であるマラバール地方ポンナニの、寂しげな漁村の風景も印象に残る。（安）

Amen
アーメン

マラヤーラム語／2013年／159分
監督：リジョー・ジョーズ・ペッリッシェーリ
音楽：プラシャーント・ピッライ
出演：ファハド・ファーシル、インドラジット・スクマーラン、スワーティ・レッディ、カラーバワン・マニ、マカランド・デーシュパーンデー

ケーララ中部クッタナード地方のクマランカリは、住人のほとんどがシリア派クリスチャンの村。ソロモンは伝説的なクラリネット奏者ルイスの息子で、やはりクラリネット吹きだが、仲間と結成したバンドはコンテストで勝てたことがない。彼は裕福な家の娘ショーシャンマと密かに愛し合っており、新任の教区司祭ヴィンセント神父は2人の味方をする。そこに近隣の村との対抗バンドコンテストが近づく。封切り当初「魔術的リアリズム」という評言が多く見られたファンタジー。キリスト教徒特有の白無垢の伝統装束をまとった群衆が緑眩しい水郷地帯で踊り歌う、鮮やかで心地よい白昼夢の世界。しかしストーリー展開はヒンドゥー教のある種のバクティもの（P.145）とよく似た類型を踏襲する。（安）

Manjadikuru ／ Annayum Rasoolum ／ Amen

満ちる潮の物語
Mosayile Kuthira Meenukal

マラヤーラム語／2014年／131分
監督：アジット・ピッライ
音楽：プラシャーント・ピッライ
出演：アーシフ・アリ、サンニ・ウェイン、ジャナニ・アイヤル、スワーティ・レッディ、ニシャント・サーガル、ジョージュ・ジョージ、ネドゥムディ・ヴェーヌ

写真提供:SPACEBOX
© Frames Inevitable

キリスト教徒の名家の14番目の子として生まれたアレックス・クリヤンは、それを笑われ続けて屈折し、無責任な放蕩息子となる。身から出た錆で犯罪に巻き込まれ、服役することになった彼は、脱獄を試み、途中で出会ったアクバル・アリと共に、ラクシャドウィープ諸島に遁走する。アクバルは、一度離婚した相手と再婚する場合には、女性の側が別人と結婚した上で離縁されていなければならないというイスラームの奇妙な決まりに翻弄されていた。地位も境遇も宗教も異なり、それぞれ利己的な目的を持ち行動する男女の、共感と歩み寄りへの道筋をコメディーとして描く。『ジャッリカットゥ 牛の怒り』（P.21）、『デーヴィド 二つの物語』（P.27）を手掛けたプラシャーント・ピッライの音楽が冴える。（安）

KL 10 Patthu
KL10（ナンバープレートの認識番号）

マラヤーラム語／2015年／130分
監督：ムフシン・パラーリ
音楽：ビジバール
出演：ウンニ・ムクンダン、チャンディニ・シュリーダラン、サイジュ・クルップ、アジュ・ヴァルギーズ、シュリーナート・バシ、ニーラジ・マーダヴ

サッカーマニアの若者アフメドは、自称ウェブジャーナリストだが、実態は無職に近かった。ある時彼は高い教育を受け建築士の資格を持つシャーディヤという女性と会い、互いに愛し合うようになる。2人が乗用車で呑気に駆け落ちをする様子と周りの人々のおかしな人間模様が描かれる。劇的な物語展開はなしで、スラング・方言による掛け合いの面白さで見せる若者群像映画。舞台となるケーララ州北部のマラップラム県はムスリム人口が70％近くを占める特異な地域。またサッカー熱でも有名。大都会の洗練や富のもたらす自由などとは全く無縁の、普通の人々のタメ口のやり取りが、観る者にある種の憧れを抱かせるような稀有な一作で、『Chennai 600028』（P.110）とも相通じるところがある。（安）

Kammatipaadam
カンマッティッパーダム

マラヤーラム語／2016年／177分
監督：ラージーヴ・ラヴィ
音楽：K（クリシュナ・クマール）
出演：ドゥルカル・サルマーン、ヴィナーヤガン、ショーン・ローミマ、アニル・ネドゥマンニャード、ニカンダン・R・アーチャーリ、ヴィナイ・フォールト

ダリト・トライブ→P.152

1957年の土地改革法によりコッチ市のエラナークラムに住んでいたダリトたちは一定の土地を自らのものとした。クリシュナンの幼馴染のガンガもそうした受益家庭の出身だった。しかし60年代に入りコッチの急速な都市化とともに、土地を巡りマフィアたちが暗躍しだす。そしてクリシュナンとガンガ、その他の仲間たちは土地マフィアの下働きをするようになっていた。マラヤーラム語映画としては珍しく「ダリト・ノワール」と紹介されたギャング映画。カンマッティッパーダムとはエラナークラム市街地東部の広範な地域を指していた名前。リアルなタッチで描かれた下層の人々の年代記だが、ところどころ分かりにくい飛躍がある。それは公開前に25分ほどがカットされたことが原因かもしれない。（安）

Kumbalangi Nights
クンバランギの夜

マラヤーラム語／ 2019年／ 135分
監督：マドゥ・C・ナーラヤナン
撮影：シャイジュ・カーリド
音楽：スシン・シャーム
出演：ファハド・ファーシル、サウビン・シャーヒル、シェイン・ニガム、シュリーナート・バーシ、アンナ・ベン、グレース・アーントニ

ケーララ州中部コッチ近郊のバックウォーター地帯クンバランギの荒漠とした村外れに、4人の男の住む、作りかけて放置された家がある。一家の主は他界し、その2番目の妻は修道女となるため家を捨てた。残された4人の息子たちは、様々な問題を抱えながら共住していた。3番目のボービは、近隣に住むベビモールと恋仲になり、兄弟たちと結婚の申し込みに赴くが、彼女の義兄シャンミは家の格の違いを理由に反対する。そして、シャンミという男の恐るべきミソジニーが徐々に明らかになってゆく。社会低層の自己肯定感の低い若者たちを中心に据え、腹違いや再婚の連れ子からなる寄せ集め兄弟が壊れた家族を再生していく様子を描き、もう一方で極端に父権主義的な男性優位観の問題を扱う。（安）

Unda
弾薬

マラヤーラム語／ 2019年／ 130分
監督：カーリド・ラフマーン
音楽：プラシャーント・ピッライ
出演：マンムーティ、ランジット、ディリーシュ・ポーッタン、シャイン・トーム・チャッコー

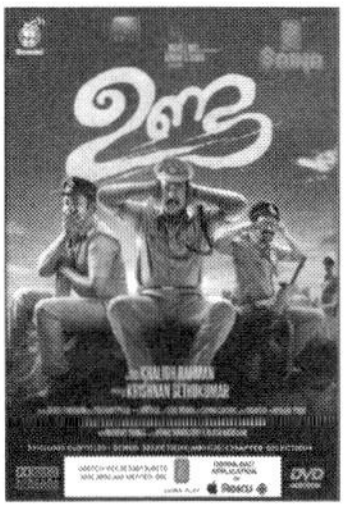

ケーララ州の山深いイドゥッキ地方から、州警察の小隊が特別任務で東インドの森林地帯に出かけていく。極左反政府勢力が猛威を振るう地域で、選挙が安全に行われるよう投票所などを警護するのが任務だ。若手から隊長まで、全員に実戦の経験がなく、隊長には健康問題までが忍び寄ってくる。ケーララ州警本部は頼りにならない。最後に訪れる緊迫状況の中で、彼らが手にしたのは、故郷での通常任務において使い慣れた武具だった。日本で映画祭上映されたヒンディー語作品『ニュートン』（2017）と対になるかに思われるブラック・ユーモア炸裂の秀作。ケーララから来た警官たちの、それぞれの個性的な人間味、現地言語とのギャップやチーム内での不和などがリアルかつ印象的に描かれる。（安）

Malik
王

マラヤーラム語／ 2021年／ 162分
監督：マヘーシュ・ナーラーヤナン
音楽：スシン・シャーム
出演：ファハド・ファーシル、ニミシャ・サジャヤン、ヴィナイ・フォールト、ジョージュ・ジョージ、ディリーシュ・ポーッタン、インドランス、ジャラフジャー、リリム・クマール

ティルヴァナンタプラム近郊のラーマダパッリはムスリムとクリスチャンが主に暮らす海辺の村。村のドンであるアハンマダリ・スレイマーン（通称アリ）はクリスチャンの妻ローズリンの勧めでメッカ巡礼に赴こうとするが、出発の空港でテロ容疑で逮捕される。収監された彼を刺客が狙う。回想により1960年代からのアリの生い立ちと、その愛憎が語られる。ビーマパッリという村で実際に起きた事件をもとにしたコミュナル抗争のスリラー。1人の男の30年を超える人生行路を演じるファハドが見事。多くのレビューがフランシス・コッポラの『ゴッドファーザー』（1972）、マニラトナムの『ナヤカン／顔役』（1987）との類似性を指摘したが、主人公を英雄化・悲劇の英雄化するアングルはほとんどない。（安）

Kumbalangi Nights ／ Unda ／ Malik

歌えや踊れや、華麗なる芸道ものの世界

名前を持たないジャンル

「インドではパフォーミング・アートに従事する芸術家の生き様を描く作品が作られ続けていますが、これらをまとめるジャンル名はあるのでしょうか？」——、『響け！情熱のムリダンガム』（P.34）の東京国際映画祭での上映（その際の邦題は『世界はリズムで満ちている』）の舞台挨拶で来日した同作の監督ラージーヴ・メーナンを囲む席で尋ねたことがあった。わずかな間を置いて返ってきた監督の返答は一言「ミュージカル」だった。「でもそれを言ったらインドの商業映画のほとんどはミュージカルでは？」というこちらの返しはうやむやに流されてしまった。実際に2020年代の現在も、商業映画には3〜6曲程度の劇中歌は健在だし、アクション要素が勝っている作品にさえ時には冒頭のクレジットで「〈作曲家名〉のミュージカル」のような文言が現れることもある。

一方で日本には「芸道もの」というジャンル名が存在し、近年はあまり流行らないものの、『残菊物語』（1939）のような歴史的名作から『フラガール』（2006）に至るまで多数の作例がある。同じ東アジアの韓国映画や中国映画でもそうした傾向の作品が作られており、韓国の『風の丘を越えて／西便制』（1993）や中国の『さらば、わが愛／覇王別姫』（1993）など日本で高く評価されているものもある。

芸道もののお約束

インドでも、明確なジャンル名がないながらも「芸道もの」としか呼びようのない作品は多くある。芸能者の人生が中心テーマで、その芸能者はインド映画の華である歌や踊りに従事することが圧倒的に多いが、時には美術家や作家などが主人公になることもある。音楽や舞踊に関しては、プロとしてそれに従事できる人間にはカーストの縛りがあることが多く、芸道もの映画はカーストの制限を超えて芸の道を歩もうとする登場人物の「芸に従事する資格」を巡るものとなりがちだ。さらに1つの芸能ジャンル内での地位の上下もある。同じ古典音楽でも人間の体だけを使って演奏する声楽が至高のものであり、続いてヴィーナーなどの糸もの、そして動物の革や土を素材にして作られる打楽器が下に置かれるという序列がある。古典音楽と称されるものに対して、大衆音楽・民俗音楽が劣位に置かれる構造も厳然としてある。

また、芸を極めた主人公が三昧境のうちに生を終えたり、極限まで追求された歌や踊りが何らかの超自然的現象を招く描写も見られる。インドの宗教史には、歌によって教えを広めた聖人たちも多く、芸道ものとバクティもの（P.145）が

クロスオーバーすることもある。「芸に従事する資格」以外にも、よくあるプロットとして「師に入門を許されるまでの苦難」、「恋愛など世俗の幸福の断念」、「恵まれたポジションにある優等生的なライバルとの戦い」、「堕落した西欧のポピュラーカルチャーの誘惑」、「継承者となるべき新たなる才能の登場」などもあり、また「芸能バトル」で優劣が決まるクライマックスもしばしば見られる。世俗のほとんどの人々の無理解を背に芸の道を歩む主人公だが、鋭い審美眼を師やライバルたちと共有しており、彼／彼女がその探求を極めた瞬間には、周りの彼らもその圧倒的な芸の力の前でエゴを捨てて喝采する。主役となる芸術家たちは基本的にはストイックで清貧を貫くタイプで、自由奔放な放蕩型芸術家像は少ない。

芸道もの製作にたずさわる作曲家・演奏家や振付師・踊り手には、劣ったパフォーマンスと神がかったパフォーマンスとを観客に分かりやすく提示する必要があり、さらに前者をもそれなりに見ていて楽しいものに仕立てることも要求されるので、腕の見せどころとなる。

芸道ものの南インドでの展開

インドの研究者によれば、芸道もの的特性を備えた最初のインド映画は『バイジュー・バーウラー』（ヒンディー語、1952）だという。本当にこれが初の作例かどうかは不明ながら、本作で注目すべきは、主人公をムガル朝アクバル帝治下の宮廷音楽家ターンセーンと同時代人としながらも、劇中の音楽には厳密な意味で古典と言えるものはなく、映画と同時代の大衆音楽に近いものが用いられていたという点だ。これは以降に現れた芸道もの作品にも共通しており、時に本物の古典音楽家から批判を受けることにもなった。しかし、いかに音楽映画とはいえ、複雑な構成を持ち、1曲が20分を超えることもざらで、何よりも聞き手側に相応の知識と鑑賞訓練を求める古典曲をそのまま映画に取り込むことは無理なので、俗に「フィルミー・クラシック」と呼ばれる音楽や舞踊が創作されることになる。

南インドの芸道もの映画で画期となったのは、何といっても『シャンカラーバラナム 魅惑のメロディ』（P140）である。監督のK・ヴィシュワナートはこれによってテルグ語映画界で「クラス映画（Class Film）」の巨匠と見なされるようになり、以降も『Sagara Sangamam』（P.141）など珠玉の作品を世に送り出した。ここでいうクラス映画（格調ある映画）とは、「マス映画（Mass Film）」（P.170）の対概念で、同じく娯楽的な商業映画でありながらも、後者がヒーロー男優のマスキュリニティーを中心に展開するアクションであるのに対し、前者は文芸的な情趣や繊細な心理を描くものと定義されるが、その多くが実質的には芸道ものである。

ジャンル呼称はともかくとして、インド芸道もの映画には、歌と踊りというインド映画の原点の楽しみがはち切れんばかりに詰まっており、決まりきったパターンを踏みながら、上質な音楽や踊りによって見るたびに興奮や感動を引き起こす稀有なジャンルである。仮に日本語字幕が付いていなくとも濃厚な楽しみが得られるだろう。

Rajapart Rangadurai
王様役のランガドゥライ

タミル語／1973年／150分
監督：P・マーダヴァン
音楽：M・S・ヴィシュワナーダン
出演：シヴァージ・ガネーサン、ウシャー・ナンディニ、M・N・ナンビヤール

インド独立前のタミル地方。両親を失った少年ランガドゥライは幼い弟妹の世話をしながら懸命に生きていた。健気な彼を見た大衆演劇の劇団の主宰者ラーマサーミは3人兄弟を引き取り、ランガドゥライに役者としての訓練を受けさせる。成長したランガドゥライは劇団の看板役者となるが、折しも映画が娯楽として勃興し急成長を遂げる中で、伝統的な芝居は斜陽産業となっていく。起死回生をはかる彼は、神話や民話一辺倒だった劇団のレパートリーに大胆な改革を行っていく。ボーイズ・カンパニーと呼ばれた地方回りの少年演劇一座の団員から出発して映画界の大スターになったシヴァージ・ガネーサンが、芝居一筋の役者を演じる。生き残りをかけ英語劇までを取り込んだ劇中劇がハイライト。（安）

Hamsageethe
白鳥の歌

カンナダ語／1975年／150分
監督：G・V・アイヤル
音楽：M・バーラムラリクリシュナ、B・V・カーラント
出演：アナント・ナーグ、M・V・ナーラーヤナ・ラーオ、レーカー・ラーオ

今日のカルナータカ州南部を舞台に18世紀の楽聖バイラヴィ・ヴェンカタ・スッバイヤの生涯を描いた同名の小説の映画化。音楽的才能があるあまり師への反逆者と見なされてしまった青年期から始まり、音楽家として大成して諸王の宮廷に招かれ、傲慢な大家となり、そして訪れた挫折によって転機を迎え、世俗を離れて1人音楽と向き合うようになるまでを描く。声楽家が主人公の伝記映画ではあるが、一番の見どころは中盤で10分近く続く2人の女性ダンサーのダンスバトル。露天のチトラドゥルガ城塞を舞台にタミル地方タンジャーヴール出身の踊り子と地元の踊り子が王の御前で対決する。映画の封切り当時に南インド古典声楽界の頂点にいた声楽家M・バーラムラリクリシュナが音楽を担当した。（安）

シャンカラーバラナム 魅惑のメロディ
Sankarabharanam

テルグ語／1979年／137～143分
監督：K・ヴィシュワナート
音楽：K・V・マハーデーヴァン
出演：J・V・ソーマヤージュル、マンジュ・バールガヴィ、チャンドラ・モーハン、ラージャラクシュミ、トゥラシ、アッル・ラーマリンガイヤ

娼家に生まれたトゥラシは古典音楽をこよなく愛し、巨匠として音楽界に君臨する声楽家のシャーストリの音楽に魂を奪われ、遠くから憧れの目で見つめていた。芸術に無理解な母親が無理やりに客をとらせようとするので、彼女は家から逃げ出し、偶然出会ったシャーストリに保護される。シャーストリは娼婦を匿ったとして世間から後ろ指をさされるようになるが全く意に介さない。しかし、安住の地を得たかに見えたトゥラシを悲劇が襲う。南インドの芸道もの映画の最も成功した作品。スターの出演がないため、配給の引き受け手を見つけることも難航し、低調な宣伝のもとに公開されたが、口コミによって大ヒットとなり、テルグ語オリジナルのまま他の南インド3州でも公開されて好評を博した。（安）

Sagara Sangamam
海の合流点

テルグ語／ 1983年／ 160分
監督：K・ヴィシュワナート
音楽：イライヤラージャー
出演：カマル・ハーサン、ジャヤプラダ、サラト・バーブ、S・P・シャイラジャ

古典舞踊の新進ダンサーのシャイラジャは、評論家のバールから自分の公演を手厳しく批判されて彼への憎しみを募らせる。彼女はバールと会い、彼が孤独なペシミストで、アルコール依存症であり、またかつては自身が天才的な舞踊家だったことを知る。そして回想の中で彼の踊り手としての高い志と道半ばでの挫折、叶わなかった愛の物語が展開する。声楽家を主役とした『シャンカラーバラナム 魅惑のメロディ』（P.140）で大成功を収めたヴィシュワナート監督が、今度は舞踊をメインテーマに送り出した作品で、やはりヒットした。リードペアによる「Naada Vinodamu Natya Vilasamu〔音楽の喜びと舞踊の優美は至福のもの〕」は、スクリーンの内外でどれほど引用・模倣されたか分からないほどの名ダンスシーン。（安）

Ananda Bhairavi
喜悦のバイラヴィ

テルグ/カンナダ語／ 1983年／ 126分
監督：ジャンディヤーラ
音楽：ラメーシュ・ナーイドゥ
出演：ギリーシュ・カールナード、カーンチャナ、マーラヴィカ・サルカール、ラージェーシュ

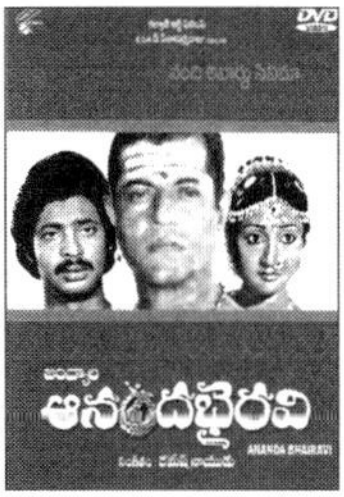

アーンドラ・プラデーシュ州のクーチプーディ村、テルグ地域の古典舞踊クーチプーディの踊り手が男性のみに限られていた時代。クーチプーディの師匠ナーラーヤナは、息子アーナンドに踊りを教えようとするが、幼い彼はそれを嫌がり家出してしまう。師匠は芸人たちの中でフォークダンスを踊る少女バイラヴィに目を留める。その才能を見通した彼は彼女を引き取り、正式な師弟関係を結ぶ。女性を弟子にしたことで師匠は舞踊家のコミュニティーから絶縁されるが、意に介さず彼女を厳しく訓練する。バイラヴィは見事な踊り手に成長するが、出奔から戻ったアーナンドと恋に落ちる。テルグ語とカンナダ語で同時製作され、2つのバージョンは微妙に編集などが異なる。ラストのターンダヴァの踊りが圧巻。（安）

Malaya Marutha
山から吹く風

カンナダ語／ 1986年／ 167分
監督：K・S・L・スワミ
音楽：ヴィジャヤ・バースカル
出演：ヴィシュヌヴァルダン、サリター、マーダヴィ

高名な古典声楽家の門人ヴィシュワは師に献身的に仕えているが、肝心の音楽の才能に恵まれず、雑役をこなす。その後いったん音楽に見切りをつけたヴィシュワだったが、師が交通事故死したことを知り墓に詣でる。するとそこに師の霊が現れ、自分のやり残した仕事を達成するために、自身の知識と音楽的才能の全てを彼に与えると言う。翌朝目覚めたヴィシュワは、天才的な歌手になっていた。労せずして才能を手に入れた彼の真の苦闘がそこから始まる。音楽への鋭い鑑賞眼を持ちながら、自身の才能の欠如に苛まれる主人公の姿は、さながら南インド版『アマデウス』（1984）だが、そこに超常的チートが加わる衝撃の展開。芸術への魂の憧れと世俗の男女の愛との拮抗に女神信仰までが織り込まれる。（安）

Sagara Sangamam ／ Ananda Bhairavi ／ Malaya Marutha

Swathi Thirunal
スワーティ・ティルナール

マラヤーラム語／1987年／133分
監督：レーニン・ラージェーンドラン
音楽：M・V・シュリーニヴァーサン
出演：アナント・ナーグ、シュリーヴィディヤ、アンビカ、ランジニ、バーブ・ナンブーディリ、ネドゥムディ・ヴェーヌ、ムラリ

1813年、トラヴァンコール藩王国の女性君主ガウリ・ラクシュミ・バーイに王子が生まれる。その王子スワーティ・ティルナールの4歳以降の養育は、藩王家の顧問的な地位にあるイギリス東インド会社のジョン・マンローに委ねられる。16歳になった王子はトラヴァンコールのマハーラージャとして即位し、1846年の死没までその地位にあった。語学や天文学など様々な学問を身に付けた王だが、音楽も熱心に探求し、パトロンとなるだけではなく、400以上の楽曲を作曲し、独特の清澄な響きを持つそれらは今も南インド古典音楽の名曲として演奏され続けている。本作はスワーティ・ティルナールの生涯を、その芸術家としての側面に光を当て、20以上の楽曲と幾つかの古典舞踊の場面とともに描く。（安）

Bharatham
音楽

マラヤーラム語／1991年／147分
監督：シビ・マライル
音楽：ラヴィーンドラン、ジョンソン
出演：モーハンラール、ネドゥムディ・ヴェーヌ、ウルヴァシ、ラクシュミ、ムラリ、カヴィユール・ポンナンマ、KPACラリタ、オドゥヴィル・ウンニクリシュナン

ゴーピことカッルール・ゴーピナーダンは古典声楽家一族の成員で才能ある歌手。その兄カッルール・ラーマナーダンは大歌手として音楽界の重鎮の地位にあるだけでなく、家長としても君臨している。彼のコンサートで伴奏を務めるゴーピも彼を慕っていた。しかし、いつの頃からかラーマナーダンはアルコール依存症となっていった。あるコンサートで、泥酔したラーマナーダンは歌える状態になく、ゴーピが急遽代わりにボーカルを務め、それが彼の声楽家としての華々しいデビューとなる。そのことにより、円満な兄弟・師弟関係が崩れていき、ラーマナーダンは追い詰められ、ゴーピは苦悩する。芸道ものの定型モチーフ「才能の枯渇」、「後継者へのバトンタッチ」が美しく組み込まれたメロドラマ。（安）

Sangamam
合流

タミル語／1999年／153分
監督：スレーシュ・クリシュナ
音楽：A・R・ラフマーン
出演：ラフマーン、ヴィンディヤー、マニヴァンナン、ヴィジャヤクマール、シュリーヴィディヤ

パッティースワラム村のアーヴダイピッライ率いる民俗舞踊の一座、そしてティルッチラーッパッリに住むバラモンの古典舞踊家シヴァシャンカラムールティの一門は、タンジャーヴール近郊の村の寺院の例大祭に招かれてそれぞれが公演を行う。民俗舞踊一座のセルヴァムと古典舞踊家の娘アビラーミはお互いに惹かれ合うが、傲慢で階級意識に凝り固まった彼女の父はそれを認めない。両派の敵対関係は深まり、芸能組合が講堂を建設するための資金集めでどちらがより多くの寄付を集められるかで勝負することになる。民俗芸能と古典芸能が直接対決する、それも実も蓋もなく集めたお捻りの額でという奇抜なストーリー。作品としてはヒットとはならなかったが、ラフマーンによる楽曲は珠玉の名曲揃い。（安）

最後の舞
Vanaprastham

マラヤーラム語／1999年／119分
監督：シャージ・N・カルン
音楽：ザーキル・フセイン
出演：モーハンラール、スハーシニ、マッタンヌール・シャンカランクッティ、クック・パラメーシュワラン

1950年代、旧トラヴァンコール藩王家は政治権力を失いながら文化面での権威を保っていた。低カーストのカタカリ演者クンニクッタンは、才能を高く評価されながらも生活苦にあえぐ。藩王家の宰相の姪スバドラは、パイロットの夫が不在がちなことも気に掛けず芸術三昧の毎日を送っており、ある時クンニクッタンの舞台を観て感銘を受ける。スバドラは彼を邸宅に呼び出し私的な場で「スバドラーハラナム（スバドラの略奪）」を演じさせる。現実と劇中世界の区別がつかなくなったスバドラは、彼に身を投げ出す。しかし彼女が愛しているのは劇中のアルジュナであり、クンニクッタンではないことが明らかになる。芸術映画のスタイルでの芸道ドラマは、どこまでも醒めた目線で芸能者を描き出す。（安）

Style
スタイル

テルグ語／2006年／159分
監督：ラーガヴァー・ローレンス
音楽：マニ・シャルマ
出演：ラーガヴァー・ローレンス、プラブデーヴァー、カマリニ・ムカルジー、ラージャ、チャールミー、ナーガールジュナ（ゲスト）、チランジーヴィ（ゲスト）

ヴィシャーカパトナムのダンス学校で掃除などの雑役をしているラーガヴァーは、ダンサーに憧れ、掃除しながらフロアで踊ったりしていた。それに目を付けたのはかつてトップダンサーだったガネーシュ。彼はライバルが仕組んだ事故で障碍者となり、ダンサー生命を断たれた男。そんなガネーシュの厳しい指導により、ラーガヴァーは全国大会への道を歩み出す。ストーリーの必然から全編を通じ踊りまくる展開だが、プラブデーヴァーが踊るナンバー「Rock & Roll」が最も秀逸。ストーリーはダンス対決を超えスポ根やテルグ風アクションまでをも取り込み、ナーガールジュナ、チランジーヴィの2大スターのカメオ出演が最大の見せ場となる、娯楽映画のエッセンスが凝縮されたかのような一作。（安）

Uttama Villain
至上の射手

タミル語／2015年／171分
監督：ラメーシュ・アラヴィンド
音楽：ジブラーン
出演：カマル・ハーサン、アーンドリヤー・ジェレマイヤー、パールヴァティ・ティルヴォート、ウルヴァシ、ジャヤラーム

タミル語映画界の熟年スーパースター・マノーランジャンは、恩師からの拒絶や家庭内のイザコザなど、様々な問題を抱えながら上辺を取り繕っていたが、ある時脳に末期的な腫瘍があることを知り、最後の主演作として時代劇コメディーを選ぶ。それ以降、劇中劇の主人公で8世紀の芸人のウッタマンの物語と、ウッタマンが演じる芝居、それを演じる21世紀のマノーランジャンの人生とが重層的に展開する。神話の世界を生きる古代の役者と、近代的自我を持つ映画スターの暗く襞《ひだ》のある内面を対比させながら、「不死とは呪いであり、人間の生は死というピリオドを打たれることによって完成する」という美しいメッセージが語られる。タイトルは「至上の悪役」とも「至上の弓の射手」とも読める。（安）

最後の舞／Style／Uttama Villain

神話・バクティ映画への誘い　テルグ語映画を中心に

神話テーマが中心だった初期のインド映画

インド映画史を語る際に必ず言及される、最初のインド映画『Raja Harischandra〔ハリシュチャンドラ王〕』（1913、未）は、プラーナ文献（個別の神格ごとに編まれた聖典群）のエピソードを映像化した、ヒンドゥー教神話を題材にした作品だった。本作の監督であり、「インド映画の父」と呼ばれるダーダーサーハブ・パールケーは、サイレント期のフランス映画『Vie et Passion du Christ〔キリストの生涯〕』（1903、未／ただし複数の同名作のいずれかの可能性もある）を見て感銘を受け、自作の製作にあたり、インド人としての民族主義的感情をヒンドゥー教神話の題材に込めようとしたという。これに続くサイレント期、そしてトーキー初期においても、神話から題材をとった作品はかなりの割合を占めていた。

理由はいくつか考えられる。まず、右に述べたパールケーのように、民族的独自性を追求するために他国にない題材が求められた可能性である。また、独立前の植民地政府の検閲を潜り抜けるために、生々しい同時代的メッセージを神話映画の筋立ての中に織り込んだという説もある。さらに無声映画の表現上の制約から、入り組んだ新奇なストーリーよりも、観客のほとんどが既に知っている、ポピュラーな神話エピソードが好都合だったという解釈もできるだろう。

最大の、そして最も説得力がある説は、トーキー化して間もない頃のインド映画の担い手（演技者、監督、製作者など）の多くが、「カンパニー・ドラマ」などと呼ばれた大衆演劇の関係者で、そのレパートリーの多くが神話劇であったということである。ビジュアル面からは、パールケーのサイレント作品『クリシュナの水蛇退治』（1919）のクリシュナとナーガの戦いのシーンに見られるように、現実に起こり得ないことを可能にする映画というテクノロジーが、神話を物語るのに絶好のメディアとして愛されたようにも思える。

しかし、20世紀後半に映画が国民的な娯楽産業として大発展していくのと裏腹に、隆盛を誇った神話映画はジャンルとして次第に先細りとなっていく。最大の映画産業である北インドのヒンディー語映画界においては、早くも1940年代にはマイナージャンルとなり、70年代に例外的なヒット作があったものの、現在は死滅してしまったように見える。

テルグ語の神話映画とその黄金時代

一方で、ヒンディー語以外の地方語映画界には、このジャンルが命脈を保ち、独自の発展をとげ、また芸術的にも高いレベルの作品を生み出したところもある。南インドの、特にテルグ語映画界がその一つである。

テルグ語映画の歴史は、マドラスで製作されたサイレントの神話映画『Bhishma Pratigna［ビーシュマの誓い］』（1921、未）に始まると言われている。初のトーキー作品は『Bhakta Prahlada［帰依者プラフラーダ］』（1932、未）で、同じく神話映画である。大づかみに述べると、テルグ語神話映画の題材はサイレントからトーキー初期の時代（1940年頃まで）に大方は出揃い、第二次世界大戦下の物資欠乏期のブランクを経て、40年代後半からそれら主題をより大きなスケールで作り直し、そして57年から70年ごろまでの、筆者が黄金期と位置づける時代に再度のリメイクを行うという、3つの大きな時代区分が認められる。そして70年代以降も、作品数は大幅に減少するものの、カラー化したうえで大スターが出演する大型予算映画として製作され、一定の人気を得ている。これは、同じく神話作品が多数製作されながらも、70年代に入り急速にマイナー化してしまった隣のタミル語映画界と比べても特異なことである。

20世紀後半のテルグ語映画界の最大のスターは、ナンダムーリ・ターラカ・ラーマ・ラーオ（通称NTR）で、彼が1950年代末以降の神話映画の最盛期に果たした役割は巨大である（ただし、NTRの演じたキャラクターはきわめて多彩で、彼が神話映画に特化した俳優だったということではない）。NTRが神話のキャラクターを初めて演じて大成功した57年の『Maya Bazar』（P.148）を、今日に至るまでのテルグ語映画の最高傑作と考えるテルグ人は多く、右に述べた黄金期も同作を契機とする。同時代を生きた性格俳優グンマディ・ヴェンカテーシュワラ・ラーオは晩年にインタビューに答え、「ほかのいかなる言語の神話映画であろうと我々（テルグ語映画界）のものにはかなわない。神話映画の製作においては我々こそが規範なのだ」と言明した。

神話映画は、ヒンドゥー教の聖典である二大叙事詩やプラーナ文献などのストーリーを基にした、神々と英雄たちの物語である。実作品を見て感じられるのは、神話映画が、必ずしも宗教心の滋養や宗教的熱狂への誘導といった目的で作られたものではないらしいということである。何よりもそれは、年月の淘汰を経て生き延びてきた古典文学の映像化であり、愛や憎しみといった普遍的で根源的な感情のぶつかり合いを、記念碑的スケールで描くドラマである。そしてさらに絢爛豪華な天上の楽園や地上の王宮、華々しい合戦の描写が繰り広げられる、ビジュアルな大盤振る舞いでもある。

バクティ映画という近接ジャンル

神話映画には、紛らわしい近接ジャンルが存在する。それは映画研究者がバクティまたはディヴォーショナル（bhakti, devotional）と呼び、明確に区別する作品群である。歴史上に実在した（とされる）信徒・聖人を主人公とする聖人伝、あるいは無名の一般人が神的な存在との邂逅によって信心を試されたり、あるいは信心を高めたりする奇跡譚である。シヴァやヴィシュヌなどの神格も登場して、人間と神の交感が語られもするが、基本的には地上の人間の行跡が主筋となる。神話映画と比べると、より真摯でストイックな語り口で、その語りは主人公ただ一人に集中する傾向がある。ヒンドゥー教の聖人には、讃歌を通じて信仰を広めた人々が多かったため、バクティ作品もまた通常よりも多めの楽曲で彩られる。神話映画とは異なり、バクティ作品は、信仰心を掻き立て、宗教的な熱を伝えることを企図して製作されていることは、実作品を見れば歴然である。

こうした聖人伝で興味深いのは、文献上の聖者伝には言及されていない今日的社会問題を盛り込んだものが多いという点である。大寺院の官僚的な組織と対立した聖人にカーストの撲滅を語らせたり、住処を追われた貧者たちを支える聖人の姿に、現代の大資本による無軌道な開発への批判を重ねたりするものが見られる。

それ以外に、現在ではむしろ作例数で優っているのが、土俗信仰を中心に据えたバクティ映画である。多くの場合、現代を舞台とし、無名の信心深い女性が主役となる。対する神も女神であり、たいていの場合名前を持たない。村落単位の、主として低カーストの村人に信仰されている守り神が、悪を懲らしヒロインを助けるという物語で、しばしばオカルト的な要素を含む。見せ場となるのは、女神の怒りの表出と不信心者に下される苛烈な罰である。もともとこうした女神たちは、実際の村落の信仰の場においても人格神とは言いがたく、独自の神話物語も持たない。フォークロア（P.104）と同じく、いかにもありそうな奇跡譚が映画のために創作されるのである。こうした土俗系のバクティ作品は、神話映画が低調になった1970年代から目につくようになり、神話映画とは対照的に、一貫して低予算で作られ続けている。

その他の近接ジャンル

ほかにも、ヒンドゥー教神話のモチーフやキャラクターを用いているため無視できない作品群もある。「ソシオ・ファンタジー」はインド映画独自の用語で、連結語の前半は舞台が現代であることを示し、後半は神的な存在が登場することを示している。これは神話映画の緩やかな凋落と並行するように登場し、一定の認知を得て、今日でも時おり製作される。たとえば当代の若者が恋人の父親に殺されて冥界に赴き、そこで閻魔大王と対決するという筋書きの『Yamagola〔冥界大騒動〕』（1977、未）が初期の最も成功したソシオ・ファンタジーとされている。この往年の名作への絢爛豪華なオマージュが『ヤマドンガ』（P.41）なのだ。

また、神話を下敷きにしたソーシャルというものもあり、これは現在も盛んに製作され、作例も枚挙にいとまがない。たとえば、ヒーローが悪役にさらわれたヒロインを力を尽くして奪還する、というような定型的なアクション映画の多くに、『ラーマーヤナ』の影を見ることもできるのだ。より精緻に神話のストーリーをなぞったものとしてよく挙げられるのが『ダラパティ 踊るゴッドファーザー』（P.25）である。

さらに、ヒンドゥー教以外の宗教をテーマとした映画作品も多少は存在する。キリスト教映画としてはキリストの生涯を描いたものや、インドに布教したという伝説のある十二使徒の一人聖トマスの伝記映画がある。

神話的な要素をめぐる枠組みの変化

21世紀に入っても南インド映画にしぶとく残る神話的な要素の濃い作品群について述べたが、2010年代、特にその後半以降の傾向にも留意したい。インド社会全体で進行するヒンドゥー至上主義の伸張の、主な舞台の一つはSNSをはじめとしたウェブの世界だ。10年代を通してウェブの世界では、ヒンドゥー至上主義、イスラモフォビア（イスラーム嫌悪）、ダリト・トライブ差別などの言説が公然と語られる空気が醸成されてきた。それは映画の世界とも無縁ではない。その表れの一つが、セキュラー（世俗主義）な傾向が強く、またトップスターにイスラーム教徒の俳優が多いヒンディー語映画界（ボリウッド）への反発と、それの裏返しとしての南インドの神話的要素を持った映画作品への奇妙な称揚である。ボリウッドでも『オーマイゴッド～神への訴状～』（2012）のようなソシオ・ファンタジーは作られているが、そこには宗教自体への懐疑的視点もあり、南インドのものとは風合いが異なる。それまで南インド映画にさしたる関心も持っていなかったヒンディー語圏の観客の一部が、たとえば『Akhanda』（P.87）を観て「真のヒンドゥー教徒の映画」などという風に持ち上げる現象が見られるようになったのだ。もちろん、ヒンドゥー至上主義はヒンディー語圏だけのものではなく、南インドにもそうした評価に呼応する者もいる。こうした状況を後押ししたのは、10年代後半の南インド映画の「汎インド映画」（P.105）化やオンライン配信の成長であるのは間違いない。

南インド発の汎インド映画の流行は、南インドの人々に誇らしい達成と受け止められているが、同時に南インドの人々がファンタジーとして無心に楽しんできた神話世界が狭隘な文脈で受け止められる可能性を高めた。たとえば、『バーフバリ』2部作（P.30）がこの傾向の起爆剤となったことは間違いないS・S・ラージャマウリ監督が、無神論者であることを公言しながらも、幼少期から魅了され続けてきたと語るヒンドゥー教二大叙事詩の物語世界も、ヘイトや排他主義の意味付けを帯びて受け止められる危険性があるのだ。

汎インド映画を製作するにあたり、ヒンドゥー右翼に受けのいい要素を取り込めばよりよい興行収入が見込めるという傾向は歴然とある。分かりやすい例が、テルグ語作品『Karthikeya』（2014、未）とその続編『Karthikeya 2』（2022、未）だ。テルグ語のみの低予算映画だった第1作は宗教的ホラー・サスペンスとでも言うべきもので、無神論者の医大生が寺院で起きた怪異に科学者としてのスタンスで挑むストーリー。それに対し、テルグ語とヒンディー語で同時公開され大ヒットしたパート2は、怪しげな古代超科学を交えた展開で、合理主義者のヒーローが宗教的な戦士となって終わる、神話アドベンチャーとでも呼びたいものだ。

外国人鑑賞者にとって、インド映画の中の神話要素を読み取ることは知的な興奮をもたらすし、インド人観客の受容に一歩近づけたかに思えることもある。しかしそれらに手を叩いて喜ぶだけでは済まない段階に来ているようにも思える。

Vipranarayana
ヴィプラナーラーヤナ

テルグ語／1954年／146分
監督：P・S・ラーマクリシュナ・ラーオ
音楽：S・ラージエーシュワラ・ラーオ
出演：バーヌマティ、ANR、レーランギ、ルシェーンドラマニ、アッル・ラーマリンガイヤ

ヴィシュヌ神を一途に崇拝するヴィプラナーラーヤナはシュリーランガムのランガナータ寺院のそばに庵を結んで信心三昧の生活を送っていた。ある日チョーラ王の宮廷で踊りを披露した遊女デーヴァデーヴィが庵の前を通りかかるが、彼は一顧だにしなかった。これに自尊心を傷つけられた遊女は、何としてでも彼を色仕掛けで堕とすと誓う。ヴィプラナーラーヤナは8世紀のタミル地方に実在した人物で、タミル語バクティ文学のヴィシュヌ派12聖人の1人。世界の一切を善なるものとしか見ることのない僧と、実利も快楽も関係なく僧を堕とすことだけを誓った遊女との静かで息詰まる対決が、2人の名優ANRとバーヌマティにより展開する。この2人の高まって行くせめぎあいの描写はあまりにも官能的。（安）

Maya Bazar
幻の市場

テルグ語／1957年／184分
※2010年にデジタルリマスター化・カラー化され162分のバージョンが公開された。
監督：K・V・レッディ
音楽：ガンタサーラ
出演：NTR、サーヴィトリ、ANR、S・V・ランガー・ラーオ、レーランギ、グンマディ・ヴェンカテーシュワラ・ラーオ

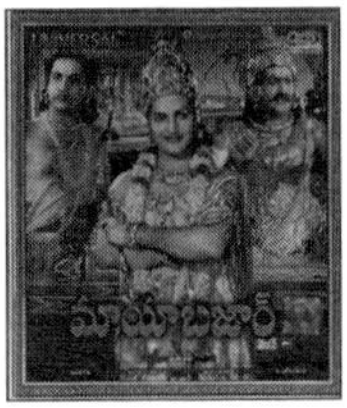

パーンダヴァ5兄弟の3男アルジュナの息子アビマニユが、クリシュナやガトートカチャの助けを得て、クリシュナの兄バララーマの一人娘シャシレーカと障害を乗り越えて結ばれるまでを描く。テルグ語映画の歴史を通じての最高傑作と見なされているコメディー神話映画。主筋となるアビマニユとシャシレーカの結婚、またアビマニユとガトートカチャの交流は、サンスクリット語の『マハーバーラタ』のどこにも記述のないエピソード。テルグ語とカンナダ語の地域に伝わる口承伝統で、特にテルグ語圏で人気がある。クルクシェートラの戦いで悲劇的な最期をとげることになるキャラクターが幾人も登場するが、暗い予兆は全くなく、婚礼を巡る揉めごとに右往左往するだけの軽妙なストーリー。（安）

Bhookailas
地上のカイラーサ山

テルグ語／1958年／174分
監督：K・シャンカル
音楽：R・スダルシャナム、R・ゴーヴァルダナム
出演：NTR、ジャムナ、ANR、S・V・ランガー・ラーオ、B・サロージャー・デーヴィ、ヘレン、クマーリ・カマラー

ランカー島の王ラーヴァナは、インドラ神の天界を征服すると宣言し、神々はうろたえる。苦行する彼の前にシヴァ神と神妃パールヴァティが現れるが、ヴィシュヌ神が介入し、ラーヴァナがパールヴァティに欲情するよう仕向ける。困惑したパールヴァティはバドラカーリという分身をつくり彼に与えるが、それが分身と知ったラーヴァナは本物を探し求める。そこに地底の王マヤースラの娘マンドーダリが現れ、彼は彼女をパールヴァティと誤解する。全体としてカルナータカ州ゴーカルナにあるマハーバレーシュワラ寺院の縁起を語る。神話映画ということを忘れそうな抱腹絶倒の大騒ぎコメディー。ANR演じるナーラダ仙がNTR演じるラーヴァナを手玉に取ってからかうシーンが大いに話題になった。（安）

Nartanasala
踊りの間

テルグ語／1963年／174分
監督：カマラーカラ・カーメーシュワラ・ラーオ
音楽：スサルラ・ダクシナームールティ
出演：NTR、サーヴィトリ、S・V・ランガー・ラーオ、レーランギ、アッル・ラーマリンガイヤ、ミッキリネーニ、ショーバン・バーブ、ドゥーリパーラ、L・ヴィジャヤラクシュミ

パーンダヴァ5兄弟の長兄ユディシュティラは、カウラヴァ族の姦計により、いかさまサイコロ賭博で全てを失う。彼に課せられた罰は、妻・弟と共に12年間を森で隠棲し、続く1年間は人中にありながらその正体を誰にも悟られることなく過ごすというものだった。5人はこの最後の1年をヴィラータ王の宮廷で使用人として過ごすことにする。『マハーバーラタ』の「ヴィラータ王の巻」の比較的忠実な映像化。NTR演じるアルジュナが去勢者のダンス教師に身をやつし王女ウッタラに踊りを指南する場面が白眉で、「Jayagananayaka〔音楽を司る神よ〕」、「Salalita Raaga Sudharasa〔美しきラーガの神髄〕」と2曲も組み込まれる。ドラウパディーに横恋慕するキーチャカの重苦しい情欲の描写も見事。（安）

Satya Harischandra
篤実のハリシュチャンドラ王

カンナダ語／1965年／221分
※2008年のデジタルリマスター・カラー化の際に161分に編集された。
監督：フナスール・クリシュナムールティ
音楽：ペンディヤーラ・ナーゲーシュワラ・ラーオ
出演：ラージクマール、パンダリーバーイ、ウダヤクマール、ナラシンハラージュ、M・P・シャンカル

アヨーディヤーのハリシュチャンドラ王は、君主としての徳目の全てを備え、臣民たちからも敬愛され、王国は富み栄えていた。ある時天上のインドラ神の宮廷で、ヴァシシュタ仙とヴィシュワーミトラ仙が地上の人間の徳性について議論を戦わせる。ヴァシシュタは、少数の人間に宿る高い徳性について、ハリシュチャンドラを例に引いて述べる。ヴィシュワーミトラは、それは王族という恵まれた境遇によるもので、最低の身分に落とされ辛酸を舐めれば、彼とて不誠実な人間になるはずだと言う。ヴィシュワーミトラは自説の正しさを証明するため、ハリシュチャンドラ王を陥れることを試みる。いかなる苦境にあっても虚言を口にせず、一度した約束を違えない理想の人格を、ラージクマールが迫真的に演じる。（安）

Bhakta Prahlada
帰依者プラフラーダ

テルグ語／1967年／150分
監督：チトラプ・ナーラーヤナ・ラーオ
音楽：S・ラージェーシュワラ・ラーオ
出演：S・V・ランガー・ラーオ、アンジャリー・デーヴィ、M・バーラムラリクリシュナ、ロージャー・ラマニ、レーランギ

もともとはヴィシュヌ神の住まいの門番だったが呪いにより阿修羅の王になったヒラニヤカシプ。今生での彼はシヴァ神の熱烈な信徒だったが、一人息子のプラフラーダは生まれた時からのヴィシュヌ信徒で、父が手を尽くして矯めようとしてもその信仰は全く揺るがなかった。ヒラニヤカシプは過去に行った壮絶な苦行により、ほぼ不死といっていい恩寵を授かっていたが、その条件にわずかな遺漏があった。意のままにならない我が子を殺そうとするヒラニヤカシプにヴィシュヌ神の化身ナラシンハが罰を下す。S・V・ランガー・ラーオ演じるヒラニヤカシプが業の重みに耐えかねて巨体を喘がせるのを、暗く不吉なビジュアルが縁取る。幾度も映画化された『バーガヴァタ・プラーナ』の有名エピソード。（安）

Nartanasala ／ Satya Harischandra ／ Bhakta Prahlada

Babruvahana
バブルヴァーハナ

カンナダ語／1977年／160分
監督：フナスール・クリシュナムールティ
音楽：T・G・リンガッパ
出演：ラージクマール、B・サロージャー・デーヴィ、カーンチャナ、ジャヤマーラー、ラージャクリシュナ、ヴァジュラムニ、トゥーグディーパ・シュリーニヴァース

ドラウパディーとパーンダヴァ5兄弟の結婚生活での掟を破ったアルジュナは、自らを罰し諸国放浪の旅に出る。マニプル王国では王女チトラーンガデと愛し合い、息子をもうける。アルジュナが放浪を終え帰還し、クルクシェートラの闘いで勝利した後、ユディシュティラ王が馬祀祭を執り行うことになり、アルジュナは馬に同行し、再びマニプルの地を踏む。そこには成長した息子バブルヴァーハナがいた。馬を捕えたバブルヴァーハナに、アルジュナは引き渡しを命じるが、アルジュナのことを知らない息子は応じない。アルジュナもクリシュナの策略でマニプルでの記憶を消されている。激しい舌戦の後、父子の武力対決が始まる。父子の2役を演じるラージクマールの台詞、立ち姿、剣戟の全てが華麗。（安）

Vaishali ／ヴァイシャーリー

マラヤーラム語／1989年／133分
監督：バラタン
音楽：ラヴィ
出演：スパルナー・アーナンド、サンジャイ・ミトラ、ギータ、バーブ・アーントニ、ネドゥムディ・ヴェーヌ、V・K・シュリーラーマン、パールヴァティ

女性→P.170
マラヤーラム文芸→P.186

アンガ国のローマパダ王は、ある時バラモンを侮辱したため、その王国には一滴たりとも雨が降らなくなるとの呪いを受ける。実際に王国は旱魃に苦しむが、王室顧問の高僧は夢のお告げで解決策を知る。それは偉大な聖仙ビヴァンダカの息子で、やはり仙人として修行しているリシヤシュリンガが女と交われば雨が降るだろうというものだった。彼を誘惑するため遊女の娘で踊り子のヴァイシャーリーが指名される。ヴァイシャーリーは母と共に庵に赴き若い仙人と会うが、いつしか彼を愛するようになる。『マハーバーラタ』などに記され、日本にも伝わった一角仙人伝説の映画化。現代マラヤーラム語文学の第一人者M・T・ヴァースデーヴァン・ナーヤルが脚本を担当し、文芸的かつシニカルなタッチが加えられた。（安）

Ammoru
母神

テルグ語／1995年／129分
監督：コーディ・ラーマクリシュナ
音楽：K・チャクラヴァルティ、シュリー・コンミネーニ
出演：ラムヤ・クリシュナ、サウンダリヤー、ベービ・スナヤナ、ラーミ・レッディ、スレーシュ

女性→P.170

遠い昔、疫病のはやる村に、巡礼者に身をやつした女神が訪れる。疫病対策を教えるため民家に入り、用事を頼んだその家の娘が戻るまでここにいると何気なく口にする。客人が女神であると悟った娘は、井戸に身を投げ、この自己犠牲により女神は村に永遠に留まることになる。時は下り現代、低カーストの素朴で信心深い娘バワーニは、村の医師と恋愛結婚するが、彼の親戚は邪まな黒魔術師の一家で、邪魔者のバワーニを謀殺しようと試みる。「土俗系神話映画」の流行のきっかけとなった一作。冒頭ソングには動物供儀を暗示する映像が組み込まれ、それまでのバクティ作品のハイ・カルチャー指向や啓蒙主義的な方向性を完全に否定するものとなった。クライマックスでの女神の怒りの描写が凄まじい。（安）

Annamayya
アンナマイヤ

テルグ語／1997年／147分
監督：K・ラーガヴェーンドラ・ラーオ
音楽：M・M・キーラヴァーニ
出演：ナーガールジュナ、スマン、モーハン・バーブ、ラムヤ・クリシュナ、ロージャー、バーヌプリヤー、カストゥーリ

芸道もの→P.138

ターッラパーカの有力なバラモンの家に生まれたアンナマイヤは、1人の行者と出会う。この行者がほかならぬヴェンカテーシュワラ神の仮の姿とも知らず、アンナマイヤは人里離れた寺院に導かれ、チェンナケーシャヴァ(童形のクリシュナ)神像を目にして啓示に打たれる。以来彼は自分の体を苦しめる修行にふけるが、老人に身をやつしたナーラダ仙から、讃歌を奏でて神に奉仕せよと勧められる。実在の15世紀のテルグ語バクティ詩人アンナマーチャーリヤの生涯を、伝承を基にたっぷりの楽曲とともに描く。名刹ティルパティ寺院を舞台にした芸道ものとバクティのハイブリッド映画。アクション俳優スマンの神様役への抜擢が衝撃的。ラストのヴィシュワルーパム(遍在する神の真の姿)開示が美しい。(安)

Sri Rama Rajyam
ラーマの治世

テルグ語／2011年／172分
監督：バープ
音楽：イライヤラージャー
出演：バーラクリシュナ、ナヤンターラ、ANR、シュリーカーント、ロージャー

ランカー島の戦いでラーヴァナを打ち負かしてシーター妃を奪還したラーマは、アヨーディヤーに凱旋し、王として戴冠する。しかし民衆の間では幽閉期間中のシーターの貞節を疑う声が上がる。その真偽は措いて王妃たるものは疑いをかけられることがあってはならないとして、ラーマはラクシュマナに命じて妊娠中の彼女を森に捨てさせる。叙事詩『ラーマーヤナ』の終盤「ウッタラ・カーンダ」の映画化。NTR主演の古典作品『Lava Kusa〔ラヴァとクシャ〕』(1963、未)と同じテーマに息子バーラクリシュナが挑戦し、ヒット作となった。神話やテルグ語圏の民話などを流麗に描いたイラストレーターとしても著名なバープ監督の最後の映画作品で、画面の隅々にその美意識が宿る。(安)

Om Namo Venkatesaya
ヴェンカテーシュワラ神に帰依します

テルグ語／2017年／144分
監督：K・ラーガヴェーンドラ・ラーオ
音楽：M・M・キーラヴァーニ
出演：ナーガールジュナ、サウラブ・ラージ・ジャイン、アヌシュカ・シェッティ、ジャガパティ・バーブ、ヴィマラ・ラーマン

ティルマラ・ティルパティ寺院の縁起と、最も有名な帰依者であるハーティーラーム・バーワージーの行跡を描いたバクティ映画。ティルパティ寺院は「東方のバチカン」とも形容される世界有数の裕福な寺院。その人気は全国区で、門前町に空港を擁するほど。主神はヴェンカテーシュワラで、ヴィシュヌと同一視されている。ティルパティ寺院縁起はテルグ語映画で何度か映画化されている。16世紀に実在したと言われるバーワージーのエピソードは、その寺院縁起のエピローグとして語られることがこれまで多かった。無害な好々爺としてのイメージのある彼を、本作は権威主義と闘う壮年の改革者として描いた点がユニーク。キーラヴァーニによる流麗な讃歌と、贅沢極まりない映像化が見どころ。(安)

Annamayya ／ Sri Rama Rajyam ／ Om Namo Venkatesaya

被差別階級ダリト・トライブと南インド映画　タミル語映画を中心に

インド映画の中のカーストの表出

インドやインド映画にまつわる奇妙な俗説は数多いが、ここでのテーマに関係があるものとしては、①カースト制度は過去のもので、現在は憲法で禁止されている、②映画の中でカースト制度、特に最底辺カーストであるダリトを描くのはタブーである、以上の2つが挙げられる。これらはいずれも誤解である。

①の誤解については、憲法で禁止されているのは「カーストに基づく差別」だけであると書いておく。②の誤解に関しては、以下に述べていきたい。

カーストは常に映画の中で描かれてきた。過去に日本で上映されたヒンディー語作品『不可触民の娘』（1936）は、題名から分かる通り、このテーマを正面から扱ったものだし、南インドでもテルグ語の最初期のソーシャル映画『Malapilla〔マーラ・カーストの娘〕』（1938）は、ほぼ同じ構造を持つメッセージ映画であった。インド独立よりも前から、カーストは大きな社会的テーマだったし、映画もこれを避けることはしなかった。ただし、これら初期の作品は図式的で頭でっかちな面が強く、劇中に登場する被差別民や、差別解消の大団円に至る道筋にリアリティーはあまり感じられない。

ドラヴィダ民族主義とタミル語映画

その後1950年代に入り、タミル地域ではドラヴィダ民族主義運動を反映した「DMK映画」と称される作品群が現れた。20世紀前半に起きたドラヴィダ民族主義運動では、社会的階級の最上部にあって権益を独占するバラモン階級が攻撃された。攻撃する主体は、バラモン階級の下にあって実力を蓄えつつある中間カーストの人々だった。

南インドのカースト構成は、ヒンドゥー教発祥の地である北インドと比べて特殊で、最上位のバラモン階級は全人口の1〜3％程度しかおらず（北インドでは10％程度）、しかもその下の諸カーストのほとんどがシュードラ（隷属民）の扱いで、理念的なカースト位階ではバラモンの下に来るクシャトリヤ（武人）、ヴァイシャ（商人）は不在だった。そしてわずか3％のバラモンは、「北インドからの移住者の子孫であり、異民族であり、ドラヴィダ人（南インド人）が民族自決を勝ち取るためには、英国の支配から独立するだけではなく、バラモンからも権力を奪還しなければならない」というのが、ドラヴィダ民族主義運動のイデオロギーだった。シュードラは、カースト概念が生まれた古代には最底辺の被差別民だったが、20世紀の南インドでは経済力をつけた有力中間カーストを含む多様な人々の集まりになっていた。そしてその下に、古代には存在しなかった「カースト外のカースト」として、ダリト（いわゆる不可触民）とトライブ（部族民）が位置づけられるようになっていた。

南インドでも地域により濃淡はあるが、映画の作り手、そして想定される観客の主流も、概ね中間カーストにより占められていた。したがって、商業映画の主人公が、ストーリー上の必要がなければデフォルトとして、これら中間カーストに属する者と見なされたのは当然のなりゆきかもしれない。

ドラヴィダ民族主義運動の中心地であるタミル地域では、カーストを示す称号や苗字を人の名前から消し去ろうとする流れが生じ、カーストの所属は一見しただけでは分かりにくいものとなった。しかし、名前からカースト名を消したとしても、それはカースト制度がなくなったということではない。また、タミル地域以外は必ずしもこれに全面的に同調しなかった。そして、以下に述べるカーストの政治化の流れの中で、人々のカースト意識はより濃いものになったとさえ言えるのだ。

留保制度とカーストの政治化

インドでは独立以来カースト間の格差を解消するための各種の施策がなされてきた。代表的なものが留保制度で、後進カースト（Backward Classes。ダリト・トライブを表し、略称はBC）への公立大学入学者枠や公務員採用枠を定めている。留保制度をリザヴェーション・システム、確保される枠のことをクオータと一般に言う。

タミルナードゥ州の場合、現在では定員の実に7割近くがこのクオータにあてられている。上位カーストの者は残りの3割程度の狭き門をくぐるため争うことになり、不公平感が生まれる。特に中間カーストでありながら経済的実態は後進カーストに近いコミュニティーは、自分たちにもクオータを要求し、これにより「その他の諸後進階級（Other Backward Classes／OBC）」、あるいはその中にさらに「最後進階級（Most Backward Classes／MBC）」という括りが生まれた。こうした要求を通すため、カーストの利益を代表するカースト政党を次々と結成する動きも起きる。

このようなカーストの政治化の過程で、カースト所属意識はより強固なアイデンティティーとなっていく。後進カーストへの優遇を不快に思いながらも、同時に自らのカーストへの強烈なプライドを保持する一部のOBCの人々は、様々な局面でダリト・トライブと暴力的衝突を起こすようになった。

インドが経済自由化に舵を切り、また限定的とはいえ留保制度の成果があがるようになった1990年代には、タミルナードゥ州でもカースト間の緊張が高まった。それを反映するかのように、70年代以来のタミル語の「ヴィレッジ・シネマ」（P.166）の一部に、農村部、特に南部の農村の有力中間カースト（テーヴァルやガウンダルなど）の領主を讃える作品が現れ始める。『Thevar Magan〔テーヴァルの息子〕』（1992、未）のように、ヒットして質的にも高く評価される作品も生まれた。これら作品の監督・脚本家や主演俳優は必ずしも当該カーストに所属しているわけではなく、自画自讃映画とは言えないのが奇妙なことだった。『Thevar Magan』という題名に見られるように、カースト名を明示することを憚らないのも特徴的だった。こうした作品の中で、ダリトの人々は中間カーストの主人公に温情をかけられ、ひれ伏してその徳を讃えるためにモブとして登場するのが常だった。

あからさまな中間カースト礼讃映画ではなくとも、ダリトはカジュアルに娯楽映画に登場してきた。例えばアクション映画の主人公が様々な職業の人々と画面を共有して踊る場面で、反射材つきジャケットを着てホウキを持った道路清掃人たちがバックにいれば、それはダリトであり、主人公が彼らの味方であることを暗示している。『チャンドラムキ』(P.27)のソング「おお神様、七つの山の神様」で「土管に入り清掃する人々、彼らが4日でもいなくなれば街は悪臭まみれ」と歌われている場面で、下水管掃除を素手で行っている男たちは当然ながらダリトである。『サルカール 1票の革命』(P.179)で主人公が出かけていくアヨーディヤクッパムは、チェンナイにあるダリトが多く住むスラムである。

ニューウェーブが後押しするダリト映画

こうした中で、ダリトの人々を中心に据えた本格的なダリト映画が登場するのは2000年代中盤以降のニューウェーブ(P.106)の中からである。初期のニューウェーブ映画は、農村の過酷な現実をリアリティーをもって描くものが多く、そうした主題が選ばれれば、ダリトが物語の中心となるのは必然だった。前述の中間カーストによる暴力も直接・間接に描かれるようになる。

ダリトを描く作品の場合、中間カーストの領主礼讃映画とは異なり、カースト名の直接の言及はほとんどない。理由はいくつか考えられるが、以下の5つを挙げておく。①わざわざ言及しなくともタミル人観客には分かる。②検閲対策(カースト名を出すだけで削除指示が出ることはないが、文脈によっては検閲官と揉める可能性はある)。③カースト名に否定的に言及すると、その当該カーストを刺激する。④カースト名に肯定的に言及すると、その当該カーストのためだけの作品と見なされる。⑤普遍的な物語とするため。

直接的な言及はせずにダリト性を表出するために、様々な象徴的なアイテムが取り込まれる。『僕の名はパリエルム・ペルマール』(P.35)には、アンベードカル博士の肖像画のように分かりやすいものから学生が腕に着けるミサンガの色に至るまでの、様々なカーストの記号が散りばめられている。

多様な表現者たち、そしてダリトからトライブへ

新しい世代のダリト映画の作り手たちの中でトップランナーと言えるのはパー・ランジト監督であろう。ランジトは自身がダリト出身であるというだけではなく、映画作りに明確な目的意識を持ち、同じバックグラウンドを持つ同志たちを可能な限り製作陣に取り込む。このように書くと、階級闘争的で告発一辺倒の教科書的な作風であるかのような印象を受けるかもしれない。しかし実見すれば分かるように、彼の作品の多くは差別の告発や抑圧者との対決だけにテーマを絞

らず、ダリト・コミュニティーの内部に存在する問題をあぶり出したり、スラムで生活する若者たちの何気ない日常を切り取るなど、多種多様なダリトのあり方を追求している。ランジトは演じ手についてはダリト出身者にこだわらず、時に意表を突くキャスティングを行う。彼がデビュー3・4作目の『帝王カバーリ』（P.76）、『カーラ 黒い砦の闘い』（P.159）でスーパースター・ラジニカーントを連続して主演に据えたことは映画界を驚かせた。

パー・ランジトに近いところにいて、より直接的にカースト差別と非道な暴力を告発する映画作家に、ヴェットリマーランとマーリ・セルヴァラージがいる。一方、ダリト映画作家という肩書は持たず、おそらくダリト出身でもないが、ユニークな作品を生み出しているのがミシュキンである。ドストエフスキーの小説『白痴』の登場人物にちなむ雅名を持つこの監督は、ダリト解放の社会運動を指向することはなく、ただ底辺の生のあり方に魅入られて暗い夜の情景を描き続け、必然的にその作中にダリトの人々を映し込む。

2010年代のタミル語映画界はダリト映画の多くの秀作・話題作を生み出したが、20年前後になると、今度はトライブを主人公とした作品が増え始め、『Captain Miller』、『ジガルタンダ・ダブルX』（ともにP.161）などヒット作も生まれる。また、こうした動きはタミル語映画以外にも徐々に波及し、トライブの神話的世界を描くカンナダ語作品『Kantara』（P.89）の多言語展開と全国的ヒットなどには、新しい時代の到来が感じられる。

留保制度（リザヴェーション・システム）と留保枠（クオータ）

ダリト・トライブの地位向上のための政策として始まり、その後受益層を拡大。

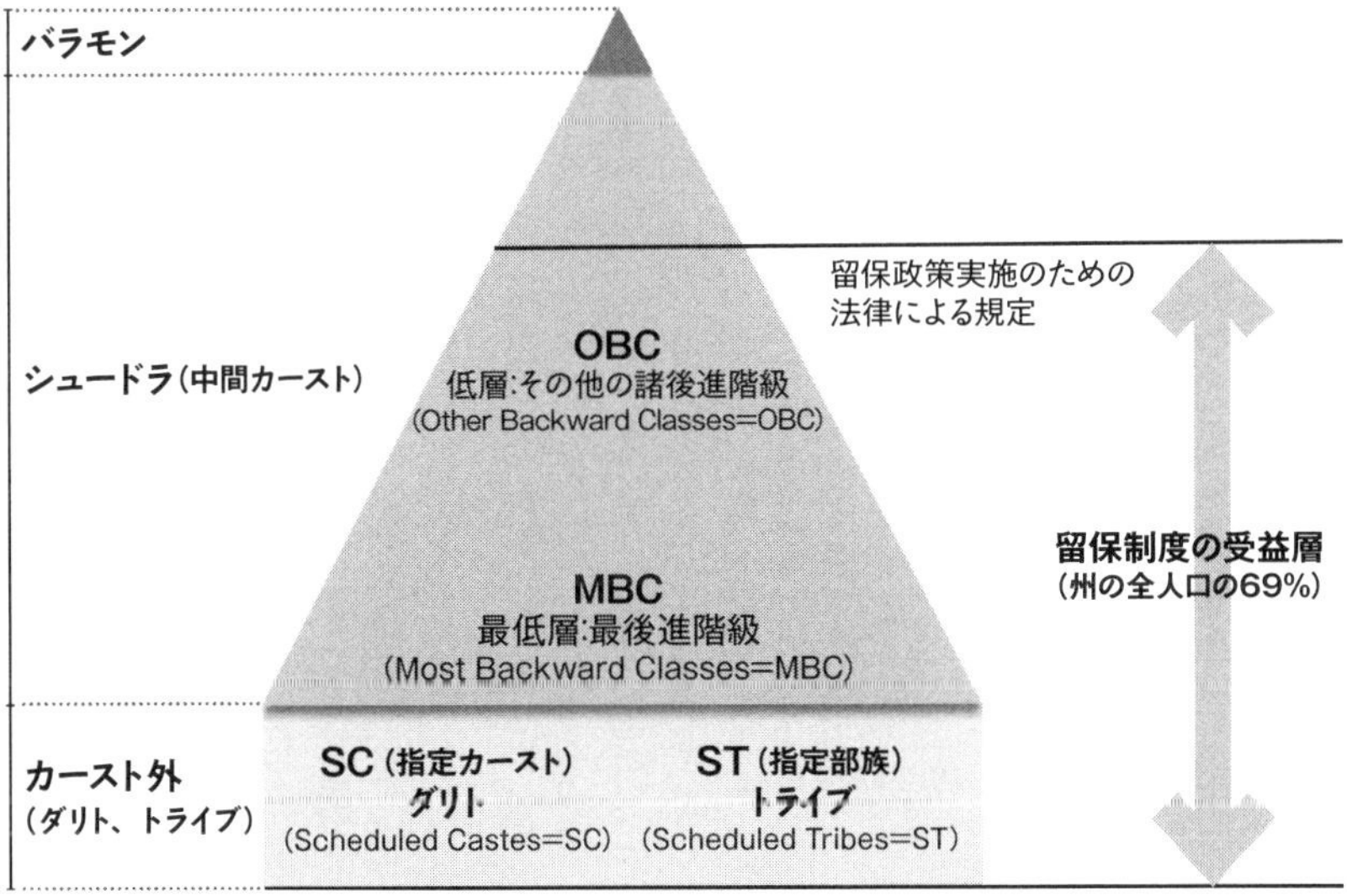

ガーナーをご存知か

ダリト音楽が変えたタミル語映画

非実在民俗音楽〝ナートゥ〟

インド人映画ファンの悲願とも言える米アカデミー賞で、作品賞は惜しくも逃したものの、『RRR』（P.9）の劇中歌「ナートゥナートゥ」が歌曲賞を得たことは歴史的な快挙だった。複数のテルグ語専門家が指摘するように、「ナートゥ」は架空の民俗音楽ジャンルである。もちろんモデルとなった種々の民謡はあるが、それらから作曲家キーラヴァーニがエッセンスを吸い上げて濾過し、エネルギッシュさを残したまま滑らかに流麗に練り上げた極上の映画音楽だ。ここから先は単なる思考のゲームだが、もしもタミル人作曲家がナートゥと同じプロットで曲を作るとしたら、多分もっとザラついた、土の香りの匂い立つもの、「ガーナー」と「クットゥ」を合わせたものになるのではないか。そう想像するのがやめられない。

抑圧された人々の音楽「ガーナー」

「ガーナー」とは何か。世界中の非古典的な民衆音楽と同じく、ジャンルの定義を試みるといろいろなものが指の間からすり抜けてゆく。当事者と観察者との間でも見解が相違することがある。それをあえて定義するならば、言語、楽器、担い手、演奏の場から試みるのが妥当だろう。ガーナーは「歌」を意味するサンスクリット語に由来するが、現代タミル語での意味はより限定され、北チェンナイをはじめとしたチェンナイのスラムに住むダリトの間から生まれてきた歌謡を指す。

ガーナーはまず何よりもそのスラングにより定義される。それはダリトの人々の日々の暮らしの苦労、酒の讃歌、無頼自慢などを歌うもので、20世紀の北チェンナイで生まれた。5つほどのサブジャンルに分かれ、その中には弔い歌も含まれる。歌い手は男性である。タミル語映画史初のガーナーのソングは、『Bommalattam〔人形芝居〕』（1968、未）の中の「Vaa Vaadhiyaare〔先生、おいで〕」というのが定説だ。しかしその旋律やアレンジは当時の一般的な映画歌謡と変わらず、しかも女声であり、作詞家はバラモンだった。ただ特異なスラングからなる歌詞だけが同曲をガーナーとしたのだ。

一方「クットゥ」は、より広いタミル地域で楽しまれるビートの利いた民俗的ダンス音楽のことを指すが、本来は歌は伴わず、中心となる打楽器は伝統的にダリトのものとされてきたパライ太鼓だ。パライ太鼓は水牛や山羊などの皮を張った片面太鼓で、長さの異なる2本の撥で演奏する。さらに、鼓型の大型両面太鼓で、平たい撥で叩くのではなく擦り付けることにより法螺貝のような独特な音を出すウルミという楽器をしばしば伴い、強烈に土俗的タッチを醸し出す。

ガーナー＋クットゥの映画音楽への流入

　ガーナーがその領域を拡大するのが１９８０年代末からで、映画界で流行するのは90年代初めからである。ガーナーやパライ太鼓を使った音楽は、ダリト以外の人々からは不吉な弔い歌と見なされ、晴れがましい公的な場での演奏には眉をひそめられることが多かった。そのガーナーがクットゥと合流してヒット曲となった最初期の例がアクション映画『Amaran〔アマラン〕』（１９９２、未）の「Vethala Potta Sokkula〔キンマの葉を噛んで〕」だという。作中でカールティク演じる下町の荒くれ者である主人公は「ガーナーの王者」と紹介され、そこから大勢のバックダンサーを従えた歌と踊りが始まるのである。そして95年の『バーシャ！ 踊る夕陽のビッグボス』（P.28）で、既存のガーナーをアレンジした「オートカーラン〔Naan Autokaaran〕」をヒットさせた作曲家デーヴァーは、以降は映画的ガーナーの第一人者となる。

　かつてのタミル語映画音楽は、舞台劇由来の「サンギート・ナータク」、欧米ポップスの模倣、古典をアレンジした「軽古典」などが主流だったが、右のような混交的スタイルが定着していく。デーヴァー以外の音楽監督たちもそれぞれのやり方でガーナーやクットゥを取り込み、タミル語のマス映画（P.170）における〝ヒーロー紹介ソング〟の定型ができていく。２０００年前後にはガーナーとクットゥが完全に融合した「クットゥ・ポップス」とでもいうべき様式が完成するとともに、ガーナー専門の歌手たちがストリートから映画界に進出する。ガーナー・バーラー、ガーナー・ウランガナーダン、マラナ・ガーナー・ヴィジなどが筆頭で、彼らは映画のガーナーは真正のものではないと明言しながらも、次々とヒットを放った。同じガーナー風歌謡でも、『マドラス 我らが街』（P.159）でサントーシュ・ナーラーヤナンが手がけた哀哭歌「いとしい鳥は〔Irandhidava〕」と、『2つの愛が進行中』（２０２２）でアニルドが手がけたＥＤＭ（エレクトリック・ダンス・ミュージック）「美しい君に出会ってしまった〔Dippam Dappam〕」とを比べれば、クットゥ・ポップスの懐の深さが分かるだろう。現在では、ガーナーやクットゥはダリト性と必ずしも結びつかず、エネルギッシュさや祝祭性を演出するためだけに採用されることも多くなった。

　タミル語のダリト映画が２０００年代から目覚ましく伸長したことはP.１５４に書いた通りであるが、ダリト映画が表舞台に躍り出るよりもずっと前から、ガーナーとクットゥは映画の欠かせない要素としてタミル語映画の〝タミル性〟の重要な一角をなしてきたのである。クットゥ・ポップスの主流化のシンボルとして、タミル語映画界からヒンディー語映画界に進出したアトリ監督による大ヒット作『JAWAN／ジャワーン』（２０２３）は画期的だった。1曲目のヒーロー紹介ソングにあたる「大胆に踊れ〔Jinda Banda〕」で、パライ太鼓をフィーチャーしたクットゥに合わせ〝キング・オブ・ボリウッド〟のシャールク・カーンが華麗に舞ったことには感慨を覚えざるを得ない。そこにあるのはヒンディー語の歌詞で、北チェンナイのスラングはもうないとしても。

Kathavarayan
カータヴァラーヤン

タミル語／1958年／184分
監督：T・R・ラーマンナー
音楽：G・ラーマナーダン
出演：シヴァージ・ガネーサン、サーヴィトリ、T・S・バーライヤー、J・P・チャンドラバーブ、パスプレーティ・カンナンバ

神話・バクティ→P.144

シヴァ神に逆らった神妃パールヴァティーとそれに加勢した三男カータヴァラーヤンは罰として地上に送られる。赤子となって地上に降りたカータヴァラーヤンは、コッリ山地の山岳部族民に育てられる。成長した彼はアーリヤプラム国の王女と出会い恋に落ち、超能力を使いオウムに姿を変えその寝室に忍び込むが、それにより追われる身となり、捕らえられ極刑に処される。カータヴァラーヤンは、シヴァ神の第三子という、いかなる聖典にも記述のないタミルの民族神で、その信仰自体がタミル中部地方のダリトの間から広まったものであるという。父シヴァ神の呪いによって「苦しむために人間としてこの世に生まれてきた」というカータヴァラーヤンの背負う不条理が、悲劇の極みとして描かれる。（安）

Kaadhal
愛

タミル語／2004年／149分
監督：バーラージ・シャクティヴェール
音楽：ジョーシュワー・シュリーダル
出演：バラト、サンディヤー、カーダル・スクマール、ダンダパーニ、スーリ

マドゥライ→P.182
タミル・ニューウェーブ→P.106

マドゥライに住むダリトの整備士ムルガンは、テーヴァル・カーストの女子学生アイシュワリヤーと出会い、やがて2人は恋仲となる。アイシュワリヤーの両親が2人の仲を許すはずがないことを分かっている彼らは、駆け落ちして500km以上離れたチェンナイにたどり着く。2人は初めての大都会で寄る辺なく彷徨うが、そこにも追っ手は迫る。タミルナードゥの地方都市の上位カースト・中産階級の抑圧性と暴力性とが告発される。幼い恋が出口なく追いつめられた果ての逃避行、万国共通の深夜の高速バスの寂寥感、そしてチェンナイの町中を彷徨う未成年カップルの疲労と焦燥が徹底的なリアリズムにより描かれ、観る者の胸を打つ。ヒーロー・ヒロインに救いの手を差し伸べるのもまた低層の人々。（安）

Attakathi
段ボールナイフ

タミル語／2012年／125分
監督：パー・ランジト
音楽：サントーシュ・ナーラーヤナン
出演：ディネーシュ・ラヴィ、ナンディター・シュウェーター、アイシュワリヤー・ラージェーシュ

タミル・ニューウェーブ→P.106

チェンナイ郊外に住むディナカランは恋愛結婚に憧れ、一目惚れしたプールニマに振られた後も、めげずに誰かを好きになっては失恋を繰り返していた。大学生になった彼は学内のリーダーから後継者に指名され、学生から畏れ慕われる存在となるが、初恋相手のプールニマが入学してきて心が揺れる。パー・ランジト監督のデビュー作。恋に恋するダリトの少年が若者へと成長してゆく姿、そのリアルな青春と恋模様とを明るくみずみずしく描き、鮮烈な印象を残した。ダリト男性の生き方を、その欠点をも交えながら綴った画期的な作品で、2010年代以降のダリト映画ブームの端緒となった。本作で音楽監督デビューしたS・ナーラーヤナン作曲「Aadhi Pona［アーディ月が過ぎ］」の美しさが際立つ。（矢）

マドラス 我らが街
Madras

タミル語／ 2014年／ 150分
監督：パー・ランジト
音楽：サントーシュ・ナーラーヤナン
出演：カールティ、キャサリン・トリーサ、カライヤラサン、リトヴィカー、チャールス・ヴィノード、マイム・ゴーピ、ラマー

写真提供:SPACEBOX

タミル・ニューウェーブ ➔P.106

© Studio Green

チェンナイ北部のヴィヤーサルパーディ地区は、公団団地が林立し、ダリトをはじめとする低層階級の住むコロニーで、長らく対立する政党によって二分されていた。ここに生まれ育ったカーリは、ホワイトカラー職に就き、余暇にはサッカーに熱中し、毎日を楽しく暮らしていたが、政治活動に熱心な親友アンブに引きずられ派閥抗争に巻き込まれていく。四角いコンクリ建築の集合住宅の壁に政治的な主張を含む壁画が描かれるのは、北チェンナイに代表される低所得者地域によく見られるが、本作ではそれを象徴的なレベルで取り込み、禍々しくもメランコリックな雰囲気を生んでいる。サントーシュ・ナーラーヤナンによるバラード、本人役で出演のガーナー・バーラーによる哀歌など、音楽もハイライト。（安）

カーラ 黒い砦の闘い
Kaala

タミル語／ 2018年／ 162分
監督：パー・ランジト
音楽：サントーシュ・ナーラーヤナン
出演：ラジニカーント、ナーナー・パーテーカル、フマー・クレーシー、イーシュワリ・ラーオ、パンカジ・トリパーティー

写真提供：SPACEBOX

タミル・ニューウェーブ ➔P.106

© Wunderbar Films

ムンバイのダーラーヴィー、インドの縮図とも言われる巨大スラムで、人々から王として慕われるタミル人カーラ。大勢の子供や孫に囲まれ、大家族の長として平穏に暮らすこの男が、再開発計画をきっかけにその背後にいる宿敵のヒンドゥー原理主義・マラーティー至上主義政治家と対決し、「土地は我らの権利」をスローガンとして戦う。パー・ランジト監督とラジニカーントの『帝王カバーリ』（P.76）に続くコラボレーション。路傍の胸像から書斎の本に至るまでの様々な記号をちりばめ、インド神話を裏返しに下敷きにしたうねるようなドラマの中に社会正義・公正への渇望を訴える。ホーリー祭をダリトの立場から再解釈したラスト8分の映像が見事。プロデュースは当時ラジニの娘婿だったダヌシュ。（安）

C/o Kancharapalem
カンチェラパーレム気付

テルグ語／ 2018年／ 151分
監督：ヴェンカテーシュ・マハー
音楽：シュヴィーカル・アガスティ
出演：スッバ・ラーオ、ラーダー・ベッシー、モーハン・バガト、プラヴィーナ・パルチューリ、カールティク・ラトナム、プラニータ・パトナーヤク、ケーシャヴァ・カッリ

テルグ・オルターナティブ ➔P.117

ヴィシャーカパトナム市のカンチェラパーレム地区を舞台にした4つの恋物語。カンチェラパーレムは凡庸で華のない、どこにでもありそうな町。年齢も宗教も階層もそれぞれに異なる4組のカップルの、社会規範との軋轢あるいは戦いの物語が並行的に進行する。彼らのいずれもが、女性が高カースト、男性がそれよりも下位のカーストという組み合わせ。中心となるのは、学校に勤務する49歳の用務員と、新たに転任してきた女性講師との関係性で、彼が「自分は神を信じない」と言ってお寺参りを拒む（同時に講師の参拝を親身になって助ける）理由が、最後になって種明かしされる。カーストの差別はヒンドゥー教徒だけではなく、キリスト教徒やイスラーム教徒にも影を落としていることも分かる。（安）

カルナン
Karnan

タミル語／2021年／159分
監督：マーリ・セルヴァラージ
音楽：サントーシュ・ナーラーヤナン
出演：ダヌシュ、ラール、ラジーシャ・ヴィジャヤン、ヨーギ・バーブ、ナタラージャン・スブラマニヤム

村の映画 ➔P.166
タミル・ニューウェーブ ➔P.106

1990年代のティルネルヴェーリ地方。ポディヤングラムはダリトが集住する村。上位カーストが住む隣のメールール村と絶えず諍いを繰り返していた。ポディヤングラムにはバス停がなく、新設を訴えても無視され、村人たちは公共交通機関へのアクセスに多大な労力を払っていた。それが原因で起きた揉め事は暴力事件に発展する。90年代に実際に起きたコディヤングラム事件から想を得ているが、実録ものではなく、象徴的な映像と鮮烈な音楽により構成された詩的な物語。農村部のダリト集落が、多くの場合交通の不便な地に追いやられている、あるいは交通不便にさせられている状況が明示される。これは先行する多くのダリト映画においても、実は背景として描かれていることが会得される。（安）

Sarpatta Parambarai
サールパッターの一門

タミル語／2021年／174分
監督：パー・ランジト
音楽：サントーシュ・ナーラーヤナン
出演：アーリヤー、ドゥシャーラー・ヴィジャヤン、パスパティ、ジョン・ヴィジャイ、ジョン・コッケン、カライヤラサン、シャビール・カッララッカル

No Image

タミル・ニューウェーブ ➔P.106

1970年代チェンナイ市北部で沖仲仕として働くカビラン。彼はボクサーになるのが夢で、名付け親のアングロ・インディアンのケヴィンにも励まされている。チェンナイのプロボクシング界で名のあるサールパッター一門は地元大会でイディヤッパ一門を相手に屈辱的な敗北を喫する。再起を誓うサールパッターのコーチ・ランガンはアマチュアのカビランに可能性を見いだし特訓する。植民地時代にイギリス人がもたらしたボクシングは、北チェンナイに根を降ろし、その中心的な担い手は同地に住むダリトの人々だった。そのローカルな歴史にインディラー・ガーンディーの非常事態令という大きな歴史が被さる。熱狂的な試合の描写が見事。北チェンナイが舞台で、作中で人が死なないというのも印象的。（安）

ジャイビーム−万歳ビームラーオ
Jai Bhim

タミル語／2021年／164分
監督：T・J・ニャーナヴェール
音楽：シャーン・ロールダン
出演：スーリヤ、リジョーモール・ジョーズ、マニカンダン、ラジーシャ・ヴィジャヤン、プラカーシュ・ラージ、グル・ソーマスンダラム

タミル・ニューウェーブ ➔P.106

1993年、上位カーストの地主の下で働くイルラ・トライブの夫婦。地主の家での宝石紛失から疑いをかけられた夫のラージャーカンヌは行方不明となり、しばらくしてポンディシェリ近郊の路傍で死体で発見される。人権派弁護士のチャンドルは残された妻センゲーニを助け、部族民に加えられる警察や上位カーストの不当な暴力を暴いていく。冒頭のシーンで、いきなり8つものカースト名の読み上げがあり観客の度肝を抜く。抑圧する側のヴァンニヤルは1度も言及されないが、室内シーンで同カーストのシンボルが描かれたカレンダーが映ったことで、映画公開差し止めの訴訟が起きる騒ぎとなった。実話に基づく物語。これ見よがしでなく、さり気なく女性のエンパワーメントも訴えられている。（安）

Maamannan
帝王

タミル語／ 2023年／ 155分
監督：マーリ・セルヴァラージ
音楽：A・R・ラフマーン
出演：ヴァディヴェール、ファハド・ファーシル、ウダヤニディ・スターリン、キールティ・スレーシュ、ラール

タミル・ニューウェーブ➔P.106

マーマンナンは内陸部セーラムで養豚業を営むダリトの男。ダリト票を取り込みたい地域政党SSMKによって州議会議員の地位に引き立てられている。その息子のヴィーラは、上位カーストに対して卑屈に振る舞う父を憎んで口をきこうとしない。SSMK党のセーラム支部幹部であるラトナヴェールは中間カースト出身の傲慢な男。彼はマーマンナン父子を相手に揉め事を起こし、暴力的な衝突にまで至るが、党中央からストップがかかる。マーリ・セルヴァラージ監督らしい、リアリズムと象徴性が入り混じった作劇。父と祖父がタミルナードゥ州の州首相経験者（本作公開時点で父親は現職）であるウダヤニディが本作で主演することの危うさ、現実と虚構との紙一重感が落ち着かない気にさせる。（安）

ジガルタンダ・ダブルX
Jigarthanda Double X

タミル語／ 2023年／ 172分
監督：カールティク・スッバラージ
音楽：サントーシュ・ナーラーヤナン
出演：ラーガヴァー・ローレンス、S・J・スーリヤー、ニミシャ・サジャヤン

写真提供:SPACEBOX

マドゥライ➔P.182
タミル・ニューウェーブ➔P.106

不可解な殺人事件に巻き込まれ収監された新米警察官キルバイは、政治家の兄を持つ警視ラトナからマドゥライの大物ギャング・シーザーの暗殺を命じられる。映像作家であると身分を偽りシーザーの主演映画の監督に起用されたキルバイは、映画を撮ると見せかけてシーザー殺害の機会を窺ううち、彼の故郷の部族が警察により迫害されている事実に直面する。『ジガルタンダ』（P.113）で得意のツイストを駆使して人の心の善悪の揺らぎとそれをもたらす「映画の力」を描いたK・スッバラージ監督が、「主人公が映画を撮るためギャングに接触する」という前作の構図はそのままに、政治の腐敗、部族差別、動物保護といった社会問題にまで切り込み、それらをも変えうる「映画の力」を力強く描いた。（矢）

Captain Miller
キャプテン・ミラー

タミル語／ 2024年／ 157分
監督：アルン・マテースワラン
音楽：G・V・プラカーシュクマール
出演：ダヌシュ、プリヤンカー・アルル・モーハン、シヴァラージクマール、アディティ・バーラン、サンディープ・キシャン

タミル・ニューウェーブ➔P.106

英国統治下のとある村。600年前に時の領主から部族に贈られた寺院は、彼らを蔑む現領主により立ち入りを禁じられていた。部族の純朴な青年イーサは領主の差別に反発して軍に入隊するが、同胞の虐殺を課された衝撃で出奔する。時を経て、キャプテン・ミラーと名乗るゲリラが植民地軍を脅かし始める。反英独立闘士となった部族の若者の心の遍歴を章立ての構成で丁寧に綴り、その人生を壮大な冒険活劇として、隆盛を極めるトライブ映画の新機軸を示した。背景となる独立闘争を、単純な「対英国」ではなくカーストの問題をはらんだ複雑な構図で描いた点も先駆的と言える。登場人物たちのハードボイルドな存在感が光り、役者が揃うクライマックスの戦闘シーンとその結末も圧巻の快作。（矢）

Maamannan ／ジガルタンダ・ダブルX／ Captain Miller

ホラー映画

ホラー映画、あるいはもっと広く「ジャンル映画」と称されるもの（例えばSFや推理など）は、インド映画の中ではずっと周辺的なものだった。インド初のホラー作品は一般にはヒンディー語の『Mahal〔邸宅〕』（1949、未）だと言われている。同作は例外的にヒットとなったが、それ以降長らくB級扱いが続き、充分な情報の蓄積がなされてこなかった。また、恐怖を煽る意図で撮られたシーンでなぜか笑いが起きる、インドの観客の不思議な鑑賞態度も謎である。そしてそれと関係があるのか、脱力系の笑いを伴う「コミック・ホラー」と称されるサブジャンルの作品の比率が高かった。これらは日本やアメリカなど外国の本格ホラー愛好者を満足させるものとは言いがたく、総じて20世紀のインドはホラーの発展途上国だったと言っても差し支えないだろう。

南インドのタミル語・テルグ語・カンナダ語の映画界でも、ホラーは低調に推移してきた。その理由には様々な説があるが、どれも決定的ではない。ホラーにおける作劇が、徐々に恐怖を高めながら持続していかなければならないことが、歌や踊りを必須とする娯楽映画のフォーマットと相性が悪いこと、またヒーロー俳優のマスキュリニティーを強調する「マス映画」（P.170参照）と超常的な恐怖の演出が同居しにくいことなどが挙げられることがある。細々と作られたホラー作品のほとんどが、メジャー作品とは言いがたいものだった。

例外はマラヤーラム語映画界だった。マラヤーラム語映画で初のホラーは『Bhargavinilayam』（左ページ）だと言われている。同作ではマドゥとプレーム・ナジールという当時のトップスターが共演した。以降もサティヤン、マンムーティ、モーハンラール、スレーシュ・ゴーピなどの大スターが主演のホラー映画が作られ続け、マラヤーラム語映画界は南インドのホラー王国だった。これもまた理由を求めても決定的なものがない。他の映画界で盛んだった神話映画が振るわなかったことの裏返し、ケーララ州が民話・伝説の宝庫であること、黒魔術が盛んな地だったことなどが挙げられている。

こうした状況は2000年前後からのグローバル化により変わる。特にテルグ語圏のラーム・ゴーパール・ヴァルマ監督の登場が大きい。クエンティン・タランティーノ（1963年生まれ）よりも1歳年上のヴァルマは、タランティーノと同じくマニアックな品揃えのレンタルビデオ店での勤務を監督業への足掛かりとした人物。世界映画を浴び続けた彼がヒンディー語とテルグ語で同時発表した『Raat / Raatri〔夜〕』（1992、未）から始まる数作品が、グローバルなホラーの約束事を取り込んだジャンル映画としてのホラーの端緒となった。この流れにタミル語・カンナダ語の映画も続いた。

Bhargavinilayam
バールガヴィの家

マラヤーラム語／1964年／162分
監督：アローシヤス・ヴィンセント
音楽：M・S・バーブラージ
出演：マドゥ、プレーム・ナジール、ヴィジャヤ・ニルマラ、P・J・アーントニ、クディラヴァッタム・パップ、アドゥール・バーシ

マラヤーラム文芸➔P.186

転居癖のある独身の小説家は、執筆に向いていそうな村はずれの一軒家を見つける。彼は意気揚々と引っ越してくるが、村の人々はその家に幽霊が出るという噂を伝える。確かにその家では、不審な音がしたり、物が勝手に動いたりする怪現象が起きるが、小説家は気にせず生活を続ける。そんなある日、彼は女性の霊と正面から向き合う経験をする。そこから非業の死をとげた若い女性の物語が展開する。記録に残っている限りでの南インド映画初のホラーで、文芸作品を基にした幽霊屋敷もの。観ていて怖さを感じる部分はなく、効果音が安っぽいのが欠点。しかし、超自然的な存在が自らを顕示するシーンの信じがたい美しさは、その後のマラヤーラム語ホラー映画でも超えられていないように思える。（安）

Manichitrathazhu
飾り門

マラヤーラム語／1993年／157分
監督：ファーシル
音楽：M・G・ラーダークリシュナン、ジョンソン
出演：ショーバナ、モーハンラール、スレーシュ・ゴーピ、ネドゥムディ・ヴェーヌ、ヴィナヤ・プラカーシュ、シュリーダル、イノセント

女性➔P.170

コルカタ在住のナクランとガンガの夫婦は、ナクランの先祖が住んでいたケーララ州の大邸宅にやってくる。そこは村人から幽霊屋敷として怖れられ、ふだんは誰も近寄らない。ナクランの友人の心理学者サンニも合流する。ガンガは近隣の住人から、１５０年ほど前の封建制の時代に非業の死を遂げたタミル人の踊り子ナーガヴァッリの伝説を聞く。それ以降、ガンガの様子が徐々におかしくなり、ナーガヴァッリの霊が憑依しているかのようにふるまい出す。マラヤーラム語ホラー映画の歴史における一つの頂点となったサイコロジカル・ホラーで、以降に作られたどのホラーも本作の影響を免れないとまで言われる。トラヴァンコール旧藩王家のパドマナーバプラム宮殿で撮影されたクライマックスのダンスが見事。（安）

Anandabhadram
アナンダンとバドラ

マラヤーラム語／2005年／138分
監督：サントーシュ・シヴァン
音楽：M・G・ラーダークリシュナン、カンナン
出演：プリトヴィラージ・スクマーラン、カーヴィヤ・マーダヴァン、マノージ・K・ジャヤン、カラーバワン・マニ、ビジュ・メーノーン、リヤ・セン

長く米国に居住してサンフランシスコで死去した母の遺灰を手に、故郷であるケーララ州のマーダンビ家に帰還する青年アナンダン。しかし彼がたどり着いた村は様子がおかしい。強力な黒魔術師ディガンバランが人々を恐怖に陥れていたのだった。他人の体に憑依して意のままに操ることができるディガンバランのもくろみは、マーダンビ家の娘の力を借りなければ得られない伝説の神器を奪取して宇宙を支配する呪力を得ることだった。アナンダンとマーダンビ家の次女バドラとの恋愛に暗い影が迫る。サントーシュ・シヴァン監督作品だが、アート映画ではない。映像は洗練されているが、マラヤーラム語ホラー映画伝統の馬鹿馬鹿しさ、もっともらしい伝説、おどろおどろしい効果音など、クリシェが満載。（安）

Mantra
マントラ

テルグ語／2007年／135分
監督：トゥラシー・ラーム
音楽：アーナンド
出演：チャールミー、シヴァージ、ジーヴァ、マッリカルジュナ・ラーオ、チトラム・シーヌ

女性➔P.170

ハイダラーバードに住むマントラは両親を失くし、女友達と同居している。エンターテインメント業界でスターになることに憧れる彼女だが、親の残した負債を抱えている。借金返済には郊外に残る不動産を売り払うのが早道だが、そのマントラ館では過去に何件もの死亡事件が起き、幽霊屋敷とされている。〝ヒーロー〟と名乗るチンピラの若い男は、取り立てのために彼女に近づき、なりゆきから仲間たち3人と共にマントラ館に滞在するが、怪異が立て続けに起こる。粗雑なストーリーラインではあるが、怯えた者の視線のように揺れるカメラや、説明のつかない異音、物陰に潜む霊の視点の取り入れなどが試みられている。恐怖よりも主演のチャールミーの魅力を引き出すことに重点が置かれている。（安）

Kanchana
カーンチャナ

※Kanchana/Muni 2とも

タミル語／2011年／170分
監督：ラーガヴァー・ローレンス
音楽：S・タマン
出演：ラーガヴァー・ローレンス、サラトクマール、コーヴァイ・サラー、ライ・ラクシュミ、バーブ・アーントニ

母と兄夫婦とその子供たちと暮らすラーガヴァーは、いい歳をしてお化けを怖れ、日没後は家を出ず、夜にトイレに行くにも母に付き添ってもらうというふがいない男。ある日彼は、打ち捨てられた空き地で仲間と草クリケットをする。それ以降ラーガヴァーは様子がおかしくなり、何かに取り憑かれたようになる。インドのホラー映画は多くがコミック・ホラーで、本作もまた例外ではないが、前半のコメディーの下らなさと後半の怒涛の恐怖世界とのコントラストが凄まじい。主演のローレンスの見る者を金縛りにする憑依の踊りが特筆もののダンシング・ホラー。ストーリーに連続性はないが、『Muni［修験者］』（2007、未）からのシリーズとして、タイトルを「Kanchana/Muni 2」とも表記する。（安）

Avunu
そうだ

テルグ語／2012年／115分
監督：ラヴィ・バーブ
出演：プールナ、ラヴィ・バーブ、ハルシュヴァルダン・ラーネー、ジーヴァ、スダ、チャラパティ・ラーオ

No Image

テルグ・オルターナティブ➔P.117

恋愛結婚したモーヒニとハルシャは新しく買った家に移り住む。占星術で決められたカップルが結ばれるべき日時は少し先だったので、ハルシャの両親がしばらく2人と同居することになる。その家には窃視を好む幽霊が住みついており、モーヒニを気に入り付きまとう。近所に住む見鬼のヴィッキーは彼らの家を訪れ、霊を確かに目撃する。やがてハルシャの両親が家を去り、パリへの新婚旅行に向けモーヒニが荷造りをしているところで、欲情にかられ我慢できなくなった霊が彼女を襲う。癖のある性格俳優のラヴィ・バーブの監督・出演作。わずか450万ルピーで製作され、大ヒットとなった。「好色な幽霊」というコンセプトは目新しく、最後の落ちも人を喰ったもので、才気がみなぎるコメディー・ホラー。（安）

Pisaasu
霊

タミル語／ 2014年／ 114分
監督：ミシュキン
音楽：アロール・カローリ
出演：ナーガ、ラーダー・ラヴィ、プラヤーガー・マールティン、ハリーシュ・ウッタマン

タミル・ニューウェーブ→P.106

シッダールトは才能あるバイオリニスト。人一倍正義感が強く、日頃から路上生活者など貧しい人たちに救いの手を差し伸べている。ある日、彼はひき逃げ事件の現場に遭遇し、直ちに被害者の若い女性を病院に運ぶが、彼女は病院の入り口で彼を見つめながら絶命する。その日から彼の住むフラットで怪異が続けざまに起こり、祈禱師を呼ぶなどしても事態は改善しない。そしてシッダールトはひき逃げ事件の真相に徐々に肉薄していく。ミシュキン監督の初のホラー作品。低予算は見た目からも明らかで、怖いというより脱力・困惑してしまうようなシーンもあるが、同監督ならではの、濃厚に立ち込める闇との親和性がテーマと合致して見事。悪役を演じることの多いラーダー・ラヴィの涙の演技も特筆もの。（安）

マーヤー
Maya

タミル語／ 2015年／ 140分
監督：アシュウィン・サラヴァナン
音楽：ラーン・エーダン・ヨーハン
出演：ナヤンターラ、マイム・ゴーピ、ウダイ・マヘーシュ、アーリ・アルジュナン

女性→P.170

かつて精神病患者を収容した施設があり、その陰惨な記憶を封じる森マーヤヴァナム。イラストレーターのヴァサントは、この森にまつわる怪談を聞き興味を惹かれる。一方、シングルマザーで女優志望のアプサラは、役を求めスタジオからスタジオへと駆けまわる毎日。そんな中で参加したとあるオーディションでは、その場で求められたアドリブでの演技への確かな手応えを得たが、その作品が呪われた森と関係があるものとは知らなかった。主演のナヤンターラの個人史へのほのめかしを容赦なく組み込んだストーリー。効果的なモノクロ画像を使い、恐怖度を高めることに成功している。またキリスト教要素を取り入れて欧米ホラーの雰囲気も加わるが、核となっているのは母と娘のセンチメント。（安）

Pretham
幽霊

マラヤーラム語／ 2016年／ 126分
監督：ランジット・シャンカル
音楽：アーナンド・マドゥスーダナン
出演：ジャヤスーリヤ、アジュ・ヴァルギーズ、ゴーヴィンド・パドマスーリヤ、シュルティ・ラーマチャンドラン、シャラフッディーン、パールリ・マー

デーニ、シブ、プリヤーラールの3人は、大学時代の同級生で、社会人として働いて稼いだ金を元手に、30歳になったところでリゾートに投資して悠々自適の生活を送ることをもくろむ。しかし、買い取ったリゾートホテルで彼らは気味の悪い超常現象に遭遇する。ジョン・ドン・ボスコという霊能者が怪異の謎を解明していく。ホラー・コメディーを謳う本作では、見ていて怖い思いをすることは全くない。本作での新機軸は、ほとんど全ての怪異が白昼のスタイリッシュなリゾートで起こるのと、スマホやTV、ラップトップといった電子機器がメディアとなって霊との交信が行われること。伝統的なホラーにみられる濃密な情念の描出はなく、謎解きミステリーに近い。霊能者が語る心霊観はきわめて理性的。（安）

村の映画

「インドはカルカッタでもボンベイでもなく、その70万の村々にこそ息づく」と言ったのは建国の父、マハートマー・ガーンディーである。亜大陸のどこであれ、1度でも村に足を踏み入れたことがあれば実感をもって頷ける言葉だろう。しかしインド全体でルーラルエリアに住む人口は、絶対数は増加しながらも比率はじりじりと低下しつつある。1960年に約3億6千万人、全インドの82%だったルーラル人口は、2023年には約9億1千万人、64%になった。そしてルーラル世帯の57%が農業に従事しているという。

映画という産業は、最先端のテクノロジーや流行の揺籃である都市で誕生した芸術・芸能のジャンルであり、映画産業に携わる人間の多くも都市の住人である。したがって南インド映画が描く農村や漁村も、観光客的な眼差しから逃れるのは難しいかもしれない。しかし都市住人も村と全く無縁なわけではない。例えばチェンナイ市は、全人口の75%が、ルーラルエリアからの上京者やその子孫であるとの説もある。村の生活にエキゾチシズムを感じる生粋の都市生まれ、ノスタルジーを感じる上京者、そして今もそこに住む生活者にも、村を描く映画作品は需要がある。

村の生活をベースにした映画は、保守的で濃密な人間関係、温かい人情、しっかりと根付いた伝統文化や信仰・慣習などを描く。一方で因習・立ち遅れ・搾取の描写も多く、特にカースト間の暴力的な抗争は村を舞台にすることがほとんどだ。

村の映画と聞いてまず思い浮かべられるのは、タミル語映画の「ヴィレッジ・シネマ」の第一人者、バーラティラージャー監督だろう。日本でも上映された『第一の敬意』（1985）をはじめとして、村の生活の過酷さをロマンチズムと織り交ぜて描く名作をいくつも生み出し、2000年代からのタミル・ニューウェーブ（P.106）の先駆けとなった。『あっぱたん』（P.11）のヴィクラマン監督は田舎の人情映画の巨匠とされる。欲張りなテルグ語映画には、前半で主人公をお洒落な大都市や国外で活躍させてから、本題は父祖の地である村に帰って展開させるというパターンが多く見られる。カンナダ語映画には独特の農本主義的エトスがあり、「都市（特にベンガルール）は悪・農民は絶対的に善」という図式がしばしば現れる。ケーララ州は人間の住める土地が他州と比べ限られており人口稠密で、しかしインド全体の中では、そののどかさによって観光地と見なされている。そこで作られるマラヤーラム語映画は、村の美しさを最も効果的に表現するすべを知っているように思える。サティヤン・アンティッカード監督は、その美しい村を舞台にしたコメディーや人情譚を多く作り、人気がある。

Bangaarada Manushya
黄金の人

カンナダ語／1972年／174分
監督：S・シッダリンガイヤ
音楽：G・K・ヴェンカテーシュ
出演：ラージクマール、バーラティ、アーラティ、シュリーナート、M・P・シャンカル、バジュラムニ

都会に暮らすラージーヴァは農村に住む姉のもとを訪れるが、彼女は夫を亡くして途方に暮れていた。姉の2人の息子たちはベンガルールに行ったまま戻らない。窮状を見かねたラージーヴァは、姉の婚家に住みつき、土地の開墾をするなどして一家の暮らしを立て直す。また彼は同じ村のラクシュミと恋仲になる。ラージーヴァの努力が実を結び、農業が利益を生むようになると、身勝手で強欲な親族が、様々な理由で彼を責めるようになる。ラージクマール演じる主人公の最終シーンの孤独と悲痛の描写が胸を打つ。カンナダ語映画史に残る大ヒット作で、封切りから2年の連続上映を記録した。新進のシッダリンガイヤ監督は、カンナダ語映画における農村の描写に初めてリアリズムをもたらしたとされる。（安）

Tabbaliyu Neenade Magane
息子よ、お前は孤児となった

カンナダ語／1977年／144分
監督：ギリーシュ・カールナード、B・V・カーラント
音楽：バースカル・チャンダーヴァルカル
出演：ナシールッディーン・シャー、ポーラ・リンジー、マーヌ

カルナータカ州の山深い村カレナハッリ。代々の大地主だった家の当主カリンガ・ガウダは、進取の気性に富んだ農業家で、先進的な農学を学びにアメリカに留学し、白人の妻を連れて帰郷してくる。しかし彼が村に持ち込む改革は空回りする。アメリカ人の妻リディヤも、村に融け込もうとする努力がうまくいかず、孤立感を募らせて精神的に追い詰められていく。村の寺の僧侶ヴェンカタラーマナ・シャーストリは、カリンガの親友だったが、彼ら夫婦の行状を不快に感じ、態度を硬化させていく。今日のヒンドゥー原理主義の一つの柱である聖牛保護運動、その源泉とも思える民衆の間の牝牛の崇拝と西欧的合理主義の衝突とを寓話的に描く。ナシールッディーン・シャーのカンナダ語映画初出演作。（安）

Kizhakke Pogum Rail
東へ向かう列車

タミル語／1978年／124分
監督：バーラティラージャー
音楽：イライヤラージャー
出演：スダーカル、ラーディカー、ガーンディマティ、ガウンダマニ、ジャナカラージ

女性➔P.170

母親を亡くし姉の嫁ぎ先の村で同居を始めたパーンチャーリは、陽気で無邪気な娘。詩人を夢見て創作に励む村の青年パランジョーティはその志を周囲に理解されず、父親にも無職の身を嘆かれていた。2人の間に生まれた友情はやがて恋へと変わるが、村人たちの偏狭さや私欲によって引き離されてしまう。パランジョーティは必ず彼女を迎えに来る決意で職を求めて村を出るが、残された彼女を村の因習が襲う。田舎の緑と陽光に育まれた恋が、村の旧弊に絡め取られていく様をリアルに描いたヴィレッジ・シネマの名作。題名にもなった「東へ向かう列車」を効果的に使った筋立てが見事で、テルグ語・ヒンディー語のリメイクも生まれた。無邪気だが頭の良いヒロインの人物像のユニークさが際立つ。（矢）

Mutharamkunnu P.O.
ムッターラムクンヌ郵便局

マラヤーラム語／1985年／137分
監督：シビ・マライル
音楽：シャーム
出演：ムケーシュ、リッシ、ネドゥムディ・ヴェーヌ、ジャガティ・シュリークマール、シュリーニヴァーサン、ジャガディーシュ、スクマーリ、ダーラー・シン

ムッターラムクンヌという辺鄙な村に郵便局長として赴任したディリープ・クマール。彼は、村で格闘技の道場を主宰するクッタン・ピッライの娘アンミニクッティを見初める。クッタン・ピッライは試合で足の骨を折られやむなく現役から退いた人物で、その試合の相手への復讐を熱望している。そして娘の婿には、自分の復讐を代わりに成し遂げられるような強いレスラーを望む。都会から来た軟弱なディリープに出る幕はないが、アンミニクッティへの恋心から彼は小さな犯罪に手を染め始める。小悪人が嘘をつき、嘘を取り繕っているうちに収拾つかなくなり、退路を塞がれ立ち往生するのを笑うというタイプのコメディー。いがみ合う村人たちの人間模様に笑い、最後の「許し」のシーンに泣かされる。（安）

Aradhana
讃頌

テルグ語／1987年／143分
監督：バーラティラージャー
音楽：イライヤラージャー
出演：チランジーヴィ、スハーシニ、ラーディカー、ラージャシェーカル

沿岸アーンドラ地方の小村で定職にもつかずゴロツキとして毎日を過ごすプリラージュ。ある日村の学校にジェニファーという若い女性教師がやってきて、自分の母親に暴力をふるうプリラージュを激しく叱責する。プリラージュは理知的な大人の女性である彼女に徐々に惹かれて行いを改めていくが、村のゴロツキ仲間は彼に攻撃を始める。タミル語映画のヴィレッジ・シネマ第一人者のバーラティラージャー監督が、タミル語作品『Kadalora Kavithaigal［海辺の詩］』（1986）をセルフリメイクしたもの。チランジーヴィとスハーシニという演じ手を得て、貧しく閉鎖的な村で生まれた奇跡のような愛を説得力を持って描く。男女間の恋愛だけではなく、無学な男の心に生まれた教育への渇望の描写が胸を打つ。（安）

Ponmuttayidunna Tharavu
金の卵を産むガチョウ

マラヤーラム語／1988年／122分
監督：サティヤン・アンティッカード
音楽：ジョンソン
出演：シュリーニヴァーサン、ウルヴァシ、ジャヤラーム、シャーリ、ジャガティ・シュリークマール、イノセント、KPACラリタ、オドゥヴィル・ウンニクリシュナン、パールヴァティ

小さな村で金細工師をするバースカランは、隣家の娘スネーハラタに思いを寄せているが、彼女の父で占星術師のパニッカルはそれを認めようとせず、娘には湾岸在住のケーララ人ビジネスマンを見つけて嫁がせようと考えている。バースカランは愛の証として高価な金のネックレスを作ってスネーハラタに贈る。しかし彼女は、口約束をいいことに、あろうことかそのネックレスを持参金代わりにして、湾岸帰りの青年パヴィトランに嫁いでしまう。愛と体面を同時に失ったバースカランの復讐が始まる。サティヤン・アンティッカード監督は1980年代から今日に至るまで、一貫して人情もののドラマを撮ってきた巨匠。ニューウェーブ映画全盛の現在にあってもケーララの観客から支持され続けている。（安）

Karuthamma
カルタンマー

タミル語／ 1994年／ 153分
監督：バーラティラージャー
音楽：A・R・ラフマーン
出演：ラージャシュリー、マヘーシュワリ、ラージャー、ジャナガラージ、ヴァディヴェール

女性→P.170

ポッタルパッティ村の貧しい農夫モッカイヤンに3人目の女児が生まれた。極度の貧困とダウリの慣習から、女子嬰児の間引きは村では黙認されていた。村外から来ていた学校教師は心を痛め、殺されかけていたその女児を引き取り村を去る。時が経ち、上の2人の娘のうち姉は親類と結婚し、妹のカルタンマーは両親を助け働いていた。そこに獣医のステーファンが都会から移り住み、カルタンマーに恋をする。彼を追うようにやって来た医者のロージーは華やかで快活な女性だが、実は彼女こそがカルタンマーの教師に引き取られた妹だった。農村での女子嬰児間引きという深刻なテーマを扱いながら、みずみずしいロマンスと美しいソングシーンによって不思議なほどに心洗われるヴィレッジ・シネマの傑作。（安）

ポルカーラム 愛のたからもの
Porkkaalam

タミル語／ 1997年／ 150分
監督：チェーラン
音楽：デーヴァー
出演：ムラリ、ミーナ、サンガヴィ、マニヴァンナン、ヴァディヴェール、デリー・ガネーシュ

マーニッカムは貧しいテラコッタ職人。その妹のムッタンマには生まれつき口がきけない障碍があった。アルコール依存症で博打好きの父ラーマイヤは頼りにならず、ムッタンマに良縁を見つけて嫁がせることを彼は自分の責任と考えていた。時代の流れで素焼き土器の需要は減っていく一方だったが、彼は助手のタンガマニ、同じ村に住む織物職人で恋人でもあるマラガタムと楽しく暮らしていた。妹の縁談はなかなかまとまらないが、高額な持参金と引き換えで結婚を承諾する相手が見つかる。マーニッカムは苦労して金を工面するが、その先には悲劇が待ちうけていた。農村の貧困と因習、カーストによる差別などを盛り込みながらも、緑したたる風景の中でのカラフルな群舞などを取り込んだメロドラマ。（安）

Guppy
グッピー

マラヤーラム語／ 2016年／ 158分
監督：ジョーンポール・ジョージ
音楽：ヴィシュヌ・ヴィジャイ
出演：チェータン・ジャヤラール、トヴィノ・トーマス、シュリーニヴァーサン、ローヒニ、ナンダナ・ヴァルマ

マラヤーラム・ニューウェーブ→P.132

アラビア海に面した小さな漁村。ローティーンのマイケルは、障碍のある母に電動車椅子を買うことを目指し、観賞魚グッピーを捕まえては売っており、周りから「グッピー」とあだ名されている。ある時、村民の悲願だった陸橋の建設の認可が下り、村は沸き返る。一方ヒマラヤのどこかでは、テージャス・ヴァルッキという男がその村に向けてバイクで出発する。マイケルはテージャスと道端の茶屋で邂逅し、髭もじゃの怪しいテージャスに不信感を抱く。インド最南端に近いナーガルコーヴィルのムッタム・ビーチで撮影されたと言われる、お洒落な田舎&貧困映画。カラフルな壁にキリスト教の聖人がペイントされたコロニーの描写にはほのかにラテンな雰囲気すら漂う。ドローンを使った空撮も効果的。（安）

Karuthamma ／ポルカーラム 愛のたからもの／ Guppy

女性が主役の映画

女性の共和国首相や州首相、大統領を輩出するインドにあっても、一般の女性が生きる環境はお世辞にもいいとは言えない。頻発するレイプ事件や結婚をめぐる男女間での不平等などの問題は収まる兆しもない。様々な映画作品の中での女性の描かれ方にも、それは明確に見て取れる。またスクリーンの中だけでなく、南インドのヒーロー中心の映画界のあり方、製作現場での諸問題もこの認識を補強するだろう。

しかしヒーロー中心の映画作りは映画の草創期からずっと続いていたわけではない。初期のハリウッドと同じく、初期のインド映画においても、女性は映画全体を背負う主役でありえた。当時の映画のタイトルには主役の女性キャラクターの名前がしばしば使われたし、この慣習は女性が映画の主役ではなくなってからもしばらくは尾骶骨のように残っていた。

1950年代からヒーロー俳優の持つ力は増大し、南インドでは70年代頃に、今日言うところの「マス映画」の様式が完成した。マス映画には様々な定義が可能だが、ストーリー先行ではなく、主演のスター男優の魅力をファンに届けるためにオーダーメイドされ、アクション、ダンス、大見得を切る演説シーンなどの定型要素をきっちり含んだ娯楽的パッケージとしておこう。50年代から70年代にかけて、当時のトップ女優たちは自らの演技の領域が徐々に狭められていくのを実感していたことだろう。

現代のマス映画においては、ヒロインは2~3のダンスシーンを盛り上げるためのものでしかない場合も多い。軽率でヒーローの足を引っ張る存在として登場し、クライマックスの格闘シーンの前にどこかに消えてしまうという作劇も少なくない。ヒーロー男優の子供の役でデビューした女優が、成長するにつれその同じ男優の恋人役となり、妻役となり、やがて母親を演じるようになるという現象もいまだに多い。しかしそうした中でも、女性を主役に据えた志の高い、あるいは風変わりな試みは少数ながら常にあった。

南インド発の汎インド映画がインド全域を席巻するようになった2020年代初頭、右記のようなマス映画の特徴を、主として北インドの映画ジャーナリストが批判した言説が見られた。この批判は間違いではないが、汎インド映画が北インドのヒンディー語圏を市場拡張のメイン・ターゲットとしたことの意味を考えるべきではないか。南インドでも女性を主役とした作品は脈々と作られてきた。ただそれが全インド的に売れると見なされなかっただけのことである。

女性が男性ヒーローと同じように活躍するアクション映画から、現在の女性が置かれた現実を反映した社会派映画まで、そうした試みの幾つかを紹介したい。

Chintamani
チンターマニ

テルグ語／1956年／148分
監督：P・S・ラーマクリシュナ・ラーオ
音楽：アッデーパッリ・ラーマ・ラーオ
出演：バーヌマティ、NTR、ジャムナ、S・V・ランガー・ラーオ、レーランギ、カリヤーナム・ラグラーマイヤ、ルシェーンドラマニ

遊女チンターマニはクリシュナ神への帰依者だったが、母親に強いられ裕福な男たちを誘惑しては財産をむしり取ることを繰り返していた。金商人の息子ビルヴァマンガルドゥは彼女に一目惚れして我を失う。愛する妻ラーダを顧みず、死の床にある父も打ち捨て、嵐の夜に荒れ狂う川を渡りチンターマニに会いに訪れる。「チンターマニ」とは宝玉の意味。舞台劇として上演され、さらにサイレント期からインドの各地域で繰り返し映画化されてきた宗教的な寓話。このテルグ語版は20世紀前半の劇作家カーッラクーリ・ナーラーヤナ・ラーオの著した戯曲をもとにしていると言われる。バーヌマティ演じる遊女とジャムナ演じる貞淑な妻との対比が鮮やかで、妄執に取り憑かれた主人公の描写にも説得力がある。(安)

Navaratri
9つの夜

テルグ語／1966年／165分
監督：ターティネーニ・ラーマラーオ
音楽：T・チャラパティ・ラーオ
出演：サーヴィトリ、ANR、ジャガイヤ、チットゥール・ナーガイヤ、グンマディ、レーランギ

裕福な家の娘ラーダは、9夜続くナヴァラートリ祭の初日に、父から彼女の結婚相手を決めたと告げられる。大学の同級生ヴェーヌゴーパールを愛している彼女はそれを嫌い家出する。それからの9夜の間に彼女が会う様々な境遇の男たちが人生の諸相を示す寓話的ファンタジー。1964年の同名のタミル語映画（未）のリメイク。タミル語版ではシヴァージ・ガネーサンが、テルグ語版ではANRが、1人で9人の男たちを演じ、ヒロインは両作ともサーヴィトリ。男性スターの9変化を見せつけると同時に、主演女優の演技も見どころとして大きい。テルグ語版ではサーヴィトリの意向により、ヒロインが精神科医院に迷い込むシーンで、当時の有名女優たちが患者役でゲスト出演して歌い踊ることになった。(安)

Sharapanjara
矢でできた檻

カンナダ語／1971年／174分
監督：プッタンナ・カナガール
音楽：ヴィジャヤ・バースカル
出演：カルパナ、ガンガーダル、リーラーヴァティ、K・S・アシュワト、アーダヴァーニ・クリシュナ・デーヴィ、チンノーディ・リーフー、シュリーナート

中産階級に生まれたカーヴェーリは聡明で美しい女性。友人の結婚式で出会ったサティーシュと恋愛結婚する。それぞれの両親にも祝福されて結ばれた2人は豊かで幸せな家庭を築き、息子も授かる。カーヴェーリが2人目の妊娠をした頃から、彼女の心に抑圧されていた過去のトラウマの記憶が蘇り、彼女は徐々に精神のバランスを崩していく。精神疾患に対する世間一般の無理解と、男性の心の中のエゴとを批判的に描く。プッタンナ・カナガールは1960年代半ばから80年代までカンナダ語映画界で活躍した、特異な作家性を持った映画監督で、女性を主役にした秀作群で知られる。本作でも繊細かつリアリティーある演技で心を病んだ女性を演じたカルパナは、プッタンナのミューズ的存在だった。(安)

Chintamani ／ Navaratri ／ Sharapanjara

Anukokunda Oka Roju
偶然にもある日

テルグ語／2005年／145分
監督：チャンドラシェーカル・イェーレーティ
音楽：M・M・キーラヴァーニ
出演：チャールミー、ジャガパティ・バーブ、シャシャーンク、パワン・マルホートラー、ハルシャ・ヴァルダン、ナルシング・ヤーダヴ

テルグ・オルターナティブ→P.117

ハイダラーバードの高層集合住宅に住むサハスラは学業のかたわら映画音楽のバックコーラスの仕事をして、いつの日かソロ歌手になることを夢見ている女性。堅実な彼女はふだんは羽目を外すことがないが、家族が巡礼に出かけ不在になった金曜の晩、コーラス仲間に引っ張られてパーティーに出かける。そこに集う不良たちは彼女のジュースに怪しい薬を仕込む。翌朝、寝坊に慌てた彼女は学校の教室に駆け込むがそこには誰もいない。それ以降、不可解で暴力的な幾つもの出来事が彼女を襲う。不条理劇のような展開がさざ波のように押し寄せ、都市の暗部が露わになるクライム・スリラー。平凡な日常の中から歌と踊りが巻き起こる瞬間を描く「Evaraina Chusuntara［誰か見た？］」は屈指の名ソング。（安）

Kannadadda Kiran Bedi
カンナダのキラン・ベーディ

カンナダ語／2009年／159分
監督：オーム・プラカーシュ・ラーオ
音楽：ハムサレーカ
出演：マーラシュリー、シュリーニヴァーサ・ムールティ、ランガーヤナ・ラグ、アーシーシュ・ヴィディヤールティ、サヤージ・シンデー

ベンガルールを舞台に、女性警官キランがマフィアのドンたちに戦いを挑む。キラン・ベーディーは実在の人物で、女性のキャリア組警官のパイオニアだが、本作は名前を借りてきただけで伝記的要素はない。マーラシュリー演じる女主人公がマドゥライに出かけていき、テランガーナ・シャクンタラ演じる女領主と啖呵の切り合いをするシーンなどは面白い。南インドでは女性によるアクション映画が、おそらく1990年代から作られるようになった。その多くは低予算でプロダクション・バリューも低いが、それでも途絶えることはなかった。このジャンルの最大のスターはテルグのヴィジャヤシャーンティだが、アクション女優が多いのはカンナダ語映画界。マーラシュリーはその中の大御所的存在。（安）

Sufi Paranja Katha
スーフィーが語った物語

マラヤーラム語／2010年／125分
監督：プリヤナンダナン
音楽：モーハン・シターラ
出演：シャルボニ・ムカルジー、プラカーシュ・バーレ、タンビ・アーントニ、ギータ・ヴィジャヤン、バーブ・アーントニ、サンヴリタ・スニル

マラヤーラム文芸→P.186

マラバール地方の浜辺でビーヴィ（奥様）と称される女性聖人を祀るイスラーム聖者廟の縁起。19世紀前半、高位ヒンドゥー教徒の名家に跡継ぎとして生まれたカールティヤイニ。成長した彼女はムスリムの若い商人と恋に落ち、駆け落ちして結婚する。イスラームに改宗し、ムスリム社会にも馴染んだかにみえたカールティヤイニだったが、ある日自邸の庭で土中に埋まったバガヴァティ女神の像を見つけた時から変化が生じる。彼女は夫の許しを得て、邸宅内に女神のための祠を建てるが、それは周囲の人々の間に波紋を起こす。魔術的リアリズムの手法を取り入れた異色作。バガヴァティ女神は神話的エピソードも持たない原初の女神。女性的な原理を中心に世界を透視しようとする強い意志が見て取れる。（安）

22 Female Kottayam
22歳、女性、コーッタヤム出身

マラヤーラム語／2012年／122分
監督：アーシク・アブ
音楽：ビジバール、レックス・ヴィジャヤン、アヴィヤル
出演：リマ・カッリンガル、ファハド・ファーシル、プラタープ・K・ポーッタン

マラヤーラム・ニューウェーブ→P.132

看護師としてベンガルールの病院に務めながら、外国で働くためのビザ取得を待つテッサ・アブラハム。手続きの過程でビザ・エージェントのシリル・マーチュと知り合い、やがて2人は恋仲となり、同棲を始める。シリルへの愛と出国への期待との間を揺れ動くテッサに、ある日悪夢のような出来事が降りかかる。それまでふわふわと楽しい娯楽映画を手掛けていたアーシク・アブ監督が、一転してハードボイルドな世界を展開して驚かせた。タイトルの一部にあるコーッタヤムは、トラヴァンコール地方北部の都市で、教育熱の高さで有名。そしてシリア派キリスト教徒の人口比が高い、いわゆるクリスチャン・ベルトの一部でもある。作中には一切登場しないこの街の名がタイトル中にあるのはなぜか。（安）

Trivandrum Lodge
トリヴァンドラム・ロッジ

マラヤーラム語／2012年／119分
監督：V・K・プラカーシュ
音楽：M・ジャヤチャンドラン、ビジバール
出演：ジャヤスーリヤ、ハンニ・ローズ、アヌープ・メーノーン、サイジュ・クルップ、バーブ・ナンブーディリ

マラヤーラム・ニューウェーブ→P.132

フォート・コーチンの岸辺にある「トリヴァンドラム・ロッジ」という名の集合住宅。そこには、年老いた音楽家、得体の知れない自称映画評論家、非熟練労働者として職を転々とする若者など、様々な背景を持つ変わり者たちが入居し、どんよりと垂れ込めた日々を過ごしていた。ある日そこに1人の若い女性が転居してくる。彼女はインテリで上層階級に属しているが、最近離婚したばかりで気分転換を求めていた。そしてこの貧乏下宿にうごめく男たちを観察して小説を書こうとする。煽情的なシーンは全くないが、色事師としてのヒロインと男たちの言葉の応酬によって愛と性を正面から描く。俳優たちの高い演技力と、卓越した美術・カメラワークによって醸し出される気怠い心地よさといがらっぽさが魅力。（安）

アルヴィ
Aruvi

タミル語／2017年／130分
監督：アルン・プラブ・プルショータマン
音楽：ビンドゥマーリニ、ヴェーダーント・バラドワージ
出演：アディティ・バーラン、ラクシュミ・ゴーパーラスワーミ、アンジャリ・ヴァラダン

タミル・ニューウェーブ→P.106

社会問題を扱うTVのリアリティーショーの撮影現場が、複数の男性から性的搾取を受けたと訴えて登場した若い女性の出演者アルヴィによってジャックされる。彼女がどのようにしてこの犯行に成功したのか、そして何を求めているのかは外からは分からない。一方でスタジオの出演者とクルーは外界から隔絶された小さな共同体となっていき、ストックホルム症候群的な空気が流れ始める。スタジオの外では、対テロ特殊部隊が突入に備えつつも、彼女の要求を聞き出そうとする。女性が直面する深刻な問題をテーマに据えながらも、爆笑必至のコメディーや涙腺を刺激されるセンチメンタルな挿話、消費社会への批判などを交えて、どこに向かうのか予測できないジェットコースター・ライドが展開する。（安）

左翼・極左の映画

インドの共産主義は1917年のロシア革命の後、20年頃から形をとり始め、25年に最古の左翼政党であるインド共産党（CPI）が結党される。同党は植民地政府による弾圧と非合法化を被ったが、42年の合法化、47年のインド独立を経て勢力を伸張していった。独立後のCPIからは、度重なる路線論争により、いくつものセクトが新しく共産主義を掲げる政党として分離していった。また60年代後半からは、毛沢東思想の影響を強く受けた武装闘争主義を掲げる極左非合法グループの活動が活発化し、ナクサライトまたはマオイストと呼ばれるようになった。インドの共産主義の歴史をここで詳説する余裕はないが、映画における共産主義の表出が最も盛んなのはマラヤーラム語映画とテルグ語映画である。

1957年の州議会選挙でCPIが勝利し、〝世界で最初に自由な普通選挙によって共産党政権が誕生した〟といわれるのがケーララ州。現在でもCPIの流れをくむ共産党マルクス主義派（CPIM）は政権党である。60年代末からはナクサライトの活動も盛んだった。マラヤーラム語映画の中では、議会制民主主義の枠内で活動するコミュニストも、武器を取り非合法に活動したかつてのナクサライトも頻繁に取り上げられる。大スターたちもコミュニストの役を演じることにためらいはない。若手俳優たちも、チェ・ゲバラなどのイメージを取り込み、「小粋なコミュニスト像」を演じることがある。有力な左翼系劇団ケーララ人民芸術クラブ（KPAC）は映画界に人材を送り出し続けてきた。

1946年から51年まで続いたテランガーナ蜂起、そして2014年のテランガーナ州分離に向けた大衆運動、これらが左翼の主導で行われたテルグ語圏、特にテランガーナ地方では極左運動が盛んである。テルグ語映画界では、メジャー映画から離れたところで「エッラ・シネマ（赤色映画）」と呼ばれる暴力革命礼讃映画が連綿と作られてきた。地主や資本家の横暴に耐えてきた農民・労働者が、極左思想で武装した主人公に率いられ赤旗を翻して地主や資本家を虐殺するのをミュージカル仕立てで見せる。エッラ・シネマは素朴で紙芝居的な低予算作品ばかりだが、それでも一定の人気がある。庶民の間では、極左思想への共鳴がなくとも、アクション映画のバリエーションとして受容されているのだという。中心となるのは監督・主演を兼ねるナーラーヤナ・ムールティや俳優のマーダーラ・ランガーラーオなど。そしてメジャー映画の中でも、曖昧な形ながらも情緒的に左翼思想への共感を表す主人公像は決して少なくはなかった。しかし近年、そうした心情左翼的なメジャー作品が軒並み興行的な失敗となり、「左翼映画の流行の終わり」と述べる現地評論家もいる。

左翼・極左の映画のお勧め3選

Lal Salam
赤い挨拶

マラヤーラム語／ 1990年／ 147分
監督：ヴェーヌ・ナーガヴァッリ
音楽：ラージャーマニ、ラヴィーンドラン
出演：モーハンラール、ムラリ、ギータ、ウルヴァシ、レーカー、マドゥ、ジャガティ・シュリークマール、ネドゥムディ・ヴェーヌ

ネットゥーラーン、アーントニ、セードゥラクシュミの3人は、共産党が非合法だった頃からの筋金入りの共産主義者で、地主階級の専横を粉砕し、労働者の権利を守るための戦いに身を投じ、その過程でアーントニとセードゥラクシュミは結婚する。地主を殺害したとがで3人が投獄されている間に共産党は政権党となり、出獄した彼らは英雄として迎えられる。しかし社会改革への意志に満ちた運動家だったアーントニは、権力を手にすると自らの組織の防衛に専念するようになっていく。党に全てを捧げ清貧を貫いてきたネットゥーラーンは取り残される。こってりとしたメロドラマだが、名優たちの芝居で見せる。緑豊かなケーララが背景にあると、何をやってものどかな感じになってしまうのは欠点か長所か。（安）

Cheemala Dandu
蟻塚

テルグ語／ 1995年／ 146分
監督：R・ナーラーヤナ・ラーオ
音楽：ヴァンデーマータラム・シュリーニヴァース
出演：R・ナーラーヤナ・ラーオ、スパンダナ、コータ・シャンカラ・ラーオ、ランガナート、シャイマラ

テランガーナ➜P.192

テランガーナ地方の綿花栽培を主に行う農村。村には紡績工場もあり、農民と工場労働者が共存していた。しかし農民は綿花を買い叩かれ常に貧困状態にあり、借金を返せずに自殺する者も出る。一方工場では、労働者の安全が確保されず、重大な人身事故が起きても隠蔽されるだけだった。こうした全ての黒幕は工場主のパニーンドラ、彼と手を組む外国人資本家ニッケルだった。被差別カーストの労働者で左翼活動家のスーリヤムは彼らに戦いを挑む。紡績工場と原料生産農家をフレームに組み込むことで農民と労働者の問題を同等に扱う巧みな設定。カースト差別の問題やナクサライトの戦いまでをも取り込む。全8曲のソングは民謡ベースで音楽としてはやや単調だが、含蓄ある歌詞が聴きごたえある。（安）

Thalappavu
警帽

マラヤーラム語／ 2008年／ 102分
監督：マドゥパール
音楽：アレックス・ポール、シャーム・ダルンマン
出演：ラール、プリトヴィラージ・スクマーラン、アトゥル・クルカルニー、ダニヤ・メーリ・ヴァルギーズ、ローヒニ

ケーララ・ナクサライト運動の実在の中心人物A・ヴァルギーズの1970年の作戦行動（ティルネッリの地主襲撃）とそのエンカウンター（超法規的処刑）による最期、そして上司の命令で捕縛された彼を至近距離から撃った警察官の以後30年近くにわたる悔恨と煩悶がテーマ。警察官にもP・ラーマチャンドラン・ナーヤルというモデルがおり、28年前のエンカウンターの真相を告白した手紙が98年になって公開され、政界・マスコミに相当な波紋をもたらしたという。幽霊が加害者に語るというスタイルながら、ホラー映画ではない。1人の武装反政府活動家が裁判を経ずして処刑されたことへの異議申し立てを徹底的に行う姿勢は、インド娯楽映画全般の価値観と完全に対立するものとなっている。（安）

Lal Salam ／ Cheemala Dandu ／ Thalappavu

ポリティカル・スリラー

ポリティカル・スリラーとは、政治の場を舞台にしたスリラーを示すサブジャンル名である。これは政治の世界を背景にした推理ドラマやサスペンスとは異なる。たとえば、マラヤーラム語映画のアクション俳優スレーシュ・ゴーピの主演で量産されたポリス・アクション推理ものはかなりの確率で腐敗した政界を背景に持つが、これらは微妙に違うものだ。ポリティカル・スリラーは、政治に携わる者たちの足の引っ張り合いを主なテーマにする。普段ヒーロー役を演じる俳優すら、アンチ・ヒーローとして権謀術数の限りを尽くして政界を渡り歩く役を演じることがある。殺人やアクションも出てはくるが、付随的なものでしかない。つまり政治そのもののスリリングさを描くドラマである。そうした意味では、以下のページで紹介することはなかったが、2021年のマラヤーラム語作品『One〔ワン〕』(未)は最も純粋なポリティカル・スリラーと言えるだろう。同作にはダンス・コメディー・武闘・殺人もなく、ランタイム2時間半の最終局面のクライマックスはケーララ州首相の主人公がとある法案を議会に通す一部始終であるというストイックさだが、まぎれもなく娯楽作品に仕上がっている。

南インド映画ではほとんどが、そしてヒンディー語映画でもかなり多くの作品が、ポリティカル・スリラーの舞台を州政治の場としている。言語別に区分けされたインドの地方語州では、人々にとって州こそが国であるとの意識が強い。地方語により州民のアイデンティティーがくっきりと縁取られている南インドにおいては、政治のメインアリーナは州議会であり、政治的権力の頂点は州首相である。南インド映画の中では、ニューデリーにある国会、インド全体を統べる共和国首相はあまりに遠すぎて現実感がない。日々の生活にも直結する可能性のある州政治の場こそが、手に汗を握るポリティカル・スリラーの舞台として最適なのだ。州首相は日本では時に「知事」と誤訳されることがあるが、日本の県知事とは比べ物にならない強大な権力を持つ。

ポリティカル・スリラーには、理想の政治を追求するタイプのものと、政界の汚濁をこれでもかとさらけ出す〝地獄めぐり系〟とでも言いたくなる風刺劇とがあるが、どちらにも共通するのは、映画的誇張はありながらも、細部においてリアリズムがあるという点であり、さもなければ荒唐無稽になってしまうストーリーに堅固な土台を据え、露悪的な内幕ものの興奮を観客に与える。

いくつか例を挙げてみる。州首相が不測の事態で任務を遂行することができなくなった場合、その地位は政治的キャリアの有無を問わず息子や妻などの親族に引き継がれ、次の選挙での民意の審判を待つことが多い。世襲が最も穏当な後継者選びであるかのようだ。『Leader』（P.179）や『Bharat Ane Nenu』（P.81）、『Lucifer』（P.82）では、州首相の死に伴い、外国にいて政治とは無関係の息子が呼び戻され、後継となる。『Lucifer』で父の跡を継ぎ州首相になったジャティンは、政治家のお決まりの衣装である白無垢の民族服を初めて身に着けたようで居心地が悪そうな様子を見せる。『Bharat Ane Nenu』の新首相バラト・ラームは古臭い語彙が満載の大げさなテルグ語の演説原稿に戸惑う。『Vaasthavam』（P.179）で政界の裏工作を仕掛けるバーラチャンドランは、州外または外国資本への土地供与のために山地部の部族民に対して加えられる暴力を冷酷にTVで眺める。『サルカール 1票の革命』（P.179）には、お約束になっている現ナマ満載のコンテナが登場する。巨額の政治資金を現金で保管するというのは実際に行われており、時にそれが露顕してニュースになることがある。政治家本人やその身内に不幸があると、巨大な同情票を集めることはよく起こる。その最大のものが1991年5月、総選挙の期間中に起きたラージーヴ・ガーンディー元共和国首相の暗殺事件で、元首相が党首だった国民会議派は大躍進した。テルグ語作品『Nene Raju Nene Mantri〔私が王、私が宰相〕』（2017、未）では、この〝シンパシー・ファクター〟がグロテスクに描かれる。政治家がグンダーと呼ばれるゴロツキを手元に置いて汚れ仕事をさせるのはどこにでも見られる現象で、職のない若者の鬱屈とそれを利用してグンダーとして使い捨てる政治家との関係を描く作品には『Sathiyaa〔サティヤー〕』（1988、未）から『Subramaniapuram』（P.183）まで多数ある。

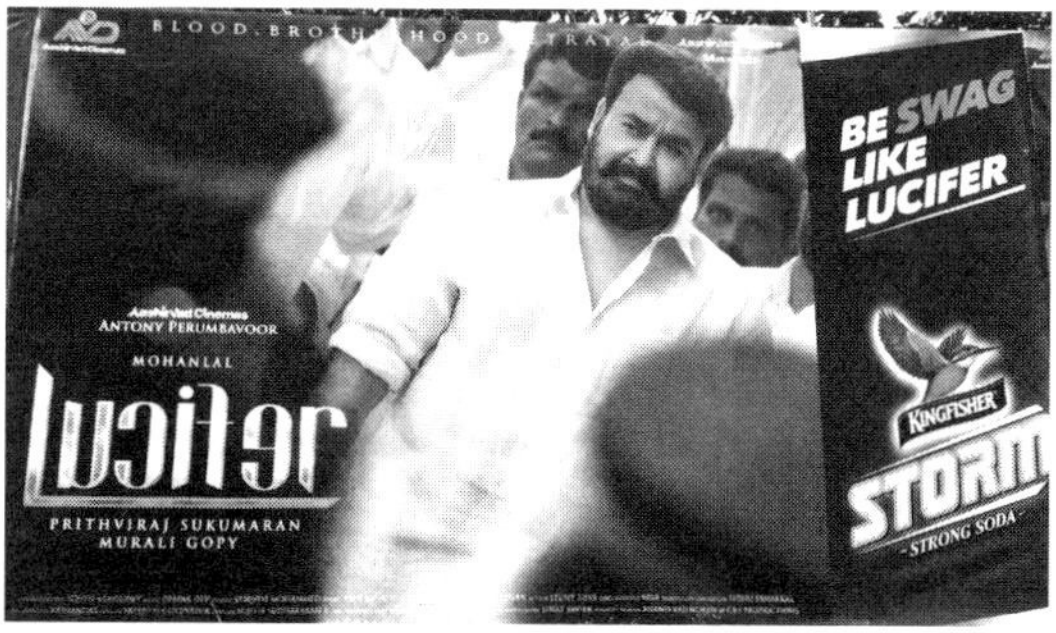

『Lucifer』のモーハンラールの白装束

　最後に若干の用語解説をしておく。PMとはPrime Minister の略でインド共和国の首相。共和国には大統領（President）も存在し、こちらには宗教的マイノリティーや女性などが就任する傾向がある。国会（下院）議員はMP（Member of Parliament）と呼ばれる。州首相はChief Ministerで、CMと略される。州には知事（Governor）が中央政府から任命されて着任する。この知事の職権は、州首相の任免権以外は限られており、多くの場合着任する地域に利害関係を持たない人物が任じられる。州会議員はMLA（Member of the Legislative Assembly）で、このMLAたちが泥臭い地方政治の主役だ。また、PAはpersonal assistant、PSはprivate secretary の略。なお、コレクター（Collector）は県行政長官で、政治家ではなく官僚である。

Bhoomiyile Rajakkanmar

地上の王たち

マラヤーラム語／1987年／133分
監督：タンピ・カンナンダーナム
音楽：S・P・ヴェンカテーシュ
出演：モーハンラール、スレーシュ・ゴーピ、ナーリニ、アドゥール・バーシ、ジャガティ・シュリークマール

旧藩王家の末裔マヘーンドラン・ヴァルマは、女好きでだらしのない性格で、学業も満足に終えられない。莫大な資産を保持しながらも、王としての権力が失われたことを嘆く父は、息子を州会議員・州政府大臣に仕立て上げて威信を回復しようとする。財力にものを言わせ、父は州議会の与党から息子の公認を取り付ける。不良息子は意外にも器用に選挙戦を乗り切り当選する。彼は政界で自在に泳ぎ回るようになるが、先住民の権利保護の運動家となっている学生時代の友人たちと再会したことから、運命は思わぬ方向に転回する。主人公を徹底的なアンチヒーローとした風刺劇。終盤でストーリーはシュールでブラックな方向に進み始め、最後は監督も舵を手放したのではないかと思えるような終わり方。（安）

Amaidhi Padai

平和維持軍

タミル語／1994年／160分
監督：マニヴァンナン
音楽：イライヤラージャー
出演：サティヤラージ、ランジター、カストゥーリ、スジャーター、マレーシア・ヴァースデーヴァン

1968年タミルナードゥ州西部パッラダムで、アンマーヴァーサイは寺院で割られたココナツを拾って生きている最底辺の男だった。彼はそのずる賢さをかわれ与党州会議員マニの手下となり、他人を駒のように扱いながら瞬く間に出世していく。ナーガラージャ・チョーランという御大層な名前で出馬し、代議士になり悪虐の限りを尽くすが、警察官となった息子と対決する。マニヴァンナン監督らしいどぎつい風刺。一番の見どころである悪徳政治家の極悪非道ショーは見事。カースト間の対立を煽り、ダリトの村を焼き討ちするエピソードなどは、その後のポリティカル・スリラーでも幾度となく繰り返されてきた。『キケンな誘拐』（P.18）で登場人物の一人が本作をテレビで熱心に見るシーンがある。（安）

ザ・デュオ

Iruvar

タミル語／1997年／158分
監督：マニラトナム
音楽：A・R・ラフマーン
出演：モーハンラール、プラカーシュ・ラージ、アイシュワリヤー・ラーイ、ガウタミ、タブー、ナーサル、レーヴァティ

1940年代後半のチェンナイで、映画俳優になる夢を抱くアーナンダンは新進脚本家のタミルセルヴァンと出会い、2人は親友となる。アーナンダンの演技は人々を虜にし、彼はスーパースターになる。同時にタミルセルヴァンにより政治の世界に誘い込まれ、彼は政党の広告塔となる。しかし権力が彼らの手中に収まると、2人の友情には亀裂が走る。20世紀のタミル地方に興ったドラヴィダ民族主義の政治運動への美しい頌歌。実在のスターや政治家をモデルにしていることははっきりと分かるが、史実とは異なる展開。政治を扱いながら、全編に漂うメランコリーと静かな諦念の気配。劇中歌「Narumugaye〔花開く蕾《つぼみ》よ〕」はタミル古典サンガム詩の有名作を歌詞とビジュアルの両方に読み込んだ名品。（安）

Vaasthavam
事実

マラヤーラム語／2006年／155分
監督：M・パドマクマール
音楽：アレックス・ポール、ラージャーマニ
出演：プリトヴィラージ・スクマーラン、カーヴィヤ・マーダヴァン、ジャガティ・シュリークマール

ケーララ州最北端のカーサルゴードに住むバーラチャンドランはバラモンの名家の生まれだが、父が理想主義的な政治改革運動に入れあげ財産を使い尽くしたため、職もなく逼迫した暮らしをしていた。彼には幼馴染みの許婚スミトラがいたが、周囲の圧力で、ティルヴァナンタプラムの州政府庁舎内の事務職のポストと引き替えに遠縁の娘と結婚することになる。偶然の成り行きから、彼は大臣の秘書官に取り立てられ、そこから政界内の対立構造を梃子にして、身分は一介の秘書のまま権力を掌握し、州首相の人事すらコントロールするようになる。典型的なポリティカル・スリラーながら、主人公を政治家ではなく、裏で実権を握るキングメーカーとして描いたところにリアリティーと凄みがある。（安）

Leader
リーダー

テルグ語／2010年／171分
監督：シェーカル・カンムラ
音楽：ミッキー・J・メイエル
出演：ラーナー・ダッグバーティ、リチャ・ゴンゴパッダエ、プリヤ・アーナンド、スッバラージュ、スハーシニ、コータ・シュリーニヴァーサ・ラーオ、スマン

写真提供：インドエイガジャパン
テルグ・オルターナティブ→P.117

アーンドラ・プラデーシュ州首相サンジーヴァイヤが爆弾テロに倒れ、一人息子でアメリカでソフトウェア会社を経営するアルジュン・プラサードは急遽帰国する。父はアルジュンに自らの跡を継ぐよう言い残し絶命する。父の日記を紐解き、その就任時の理想と、既存勢力に絡めとられて金権体質に染まっていくまでの道のりを、アルジュンは改めて知る。伯父のペッダヤナをはじめとする与党の重鎮を相手とした彼の戦いが始まる。テルグ語NRI（在外インド人）映画作家の筆頭で、ロマンス映画で定評のあったシェーカル・カンムラが、本格的ポリティカル・スリラーを手がけた異色作。絵空事となりがちな高邁な理想はひとまず脇に置き、札束の実弾が飛び交う政界工作をリアルかつスリリングに描いた。（安）

サルカール 1票の革命
Sarkar

タミル語／2018年／164分
監督：A・R・ムルガダース
音楽：A・R・ラフマーン、クトゥベ・クリパ
出演：ヴィジャイ、キールティ・スレーシュ、ヴァララクシュミ・サラトクマール、ラーダー・ラヴィ、ヨーギ・バーブ

写真提供：SPACEBOX

アメリカのIT業界で大成功してCEOになったタミル人スンダルは、州議会選挙への投票のため一時帰国する。投票所で彼が知ったのは、何者かが彼に成りすまして既に投票を終えていたということだった。スンダルは司法に訴え再投票の権利を勝ち取るが、その過程で既存の政治家たちの腐敗を目の当たりにする。主人公は、1人の有権者の投票権が不正に奪われたことを民主主義の重大な危機と捉えて訴えを起こし、その訴えをメディアとSNSの力によって拡散し、まさに発足しようとしていた州政権に待ったをかけ、選挙を無効とし、再投票に持ち込み、ついには既成政党を権力の座から引きずり下ろす。これがロジカルに展開するところが見事。そして拳固の応酬以上に言葉の応酬が凄まじい。（安）

ラーヤラシーマ・ファクション映画

ファクション映画とは、アクション映画のサブジャンルで、テルグ語映画の中で1990年代後半から盛んになった。その特徴は、アーンドラ・プラデーシュ州内陸部ラーヤラシーマ地方が舞台で、ラーヤラシーマ方言が話され、ファクション抗争が描かれることである。デカン高原南端のラーヤラシーマ地方は、乾燥地帯で巨石がゴロゴロする景観が特徴的で、沿岸地方と比べ全体的に立ち遅れた地域と見なされている。

同地方は基本的に農耕社会で、中間カースト上位の大地主・農業資本家が、一族郎党と多数の使用人・小作人を抱えて村落を支配する傾向が残る。このひとかたまりの集団をファクション、トップに立つ家父長をファクショニストと呼ぶ。ラーヤラシーマのファクショニストは、他地域には見られない特異な存在、旧時代の遺物として誇張され、時には揶揄されて映画の中で描かれてきた。彼らの祖先は、14世紀前半から17世紀中頃まで南インドの大半を支配したヴィジャヤナガル王国に服属していた村落群の首長にまで遡る。同国が滅びると独立し、テルグ語でパーレガードゥと称される小領主となった。パーレガードゥは英語でポリガールと訛化《かか》して歴史用語となった。そのラーヤラシーマにおける末裔が現代のファクショニストなのである。

現代でも村落単位の非公式な首長ほどの権力を持つファクショニストは、その影響が及ぶ地域の中では王にも等しい権力を持つ。彼らにとり、近代国家・その司法制度・警察機構などは、全て後から来たもので、その行動を何ら制限しない。近隣のファクションと対立がある場合には、司法や警察に訴えることはせずに、配下の男たちを鎌・短刀・粗製爆弾で武装させて直接行動に出る。こうした鉄砲玉が命を落とすことがあれば、残された妻子はファクショニストが手厚く保護し、子供は次代の鉄砲玉に仕立て上げられる。尚武の気風と言えば聞こえがいいが、攻撃されてやり返さないのは恥とされるため、抗争は世代を継いで行われる。21世紀に入っても多数の人命がファクション抗争で失われている。

ファクショニストは近代国家のシステムを下に見てはいるが、統治者としての威信のため地方政治にも参入し、州会議員などに選出されることもある。政治的イデオロギーは彼らの関心外なので、状況に応じ政党を渡り歩くことも多々ある。議席は世襲される傾向がある。ファクショニストの政治への進出というよりは政治のファクション化と言うべきで、実際にアーンドラ・プラデーシュ州の政治家には、ファクショニスト出身の者が少なくないという。なお、『プシュパ』シリーズ（P.34、92）はラーヤラシーマを舞台にしながらファクション抗争が直接のテーマではないという点でユニークである。

ラーヤラシーマ・ファクション映画のお勧め3選

愛と憎しみのデカン高原
Preminchukundam Raa

テルグ語／1997年／155分
監督：ジャヤント・C・パーランジ
音楽：マヘーシュ・マハーデーヴァン、マニ・シャルマ
出演：ヴェンカテーシュ、アンジャラー・ジャヴェーリー、ジャヤプラカーシュ・レッディ、シュリーハリ、アーフティ・プラサード

ラーヤラシーマの巨石のある原野でひっそりと結婚式を挙げる駆け落ちカップル。しかしそこにヴィーラバドライヤが乱入し、若い2人と立会人を殺してしまう。現場に駆け付けた殺された新郎の兄は、ヴィーラバドライヤへの復讐を誓う。同じ頃、ハイダラーバードの大学生で揉め事を起こしたギリは、カルヌールの姉の家にやってきてほとぼりが冷めるのを待つ。そこで彼は隣家に住むカーヴェーリに一目惚れする。紆余曲折を経て相思相愛になる2人だが、そこに冒頭の殺人に関係した2つの家の対立が絡む。日本で初めて劇場公開されたテルグ語映画として記念すべき一作。それだけではなく、ラーヤラシーマのファクション抗争を本格的に描いた最初期のものとして、テルグ語映画史の中でも重要な作品。（安）

Seetaiah
シータイヤ

※タイトルはSeetayyaとも

テルグ語／2003年／179分
監督：Y・V・S・チャウダリ
音楽：M・M・キーラヴァーニ
出演：ナンダムーリ・ハリクリシュナ、サウンダリヤー、シムラン、ムケーシュ・リシ、ラーフル・デーヴ、ブラフマーナンダム

ラーヤラシーマ地方ダルマヴァラムで争い続ける2つのファクション。警察官のシータイヤはこの2勢力の間での殺し合いの連鎖を止めようとする。ある時、バンガーラムという女性がシータイヤの家に閉じ込められるアクシデントが起きるが、彼女はシータイヤを慕うようになる。一方、ファクショニストたちの争いはエスカレートし、シータイヤ自身が彼らの標的となる。そして回想でシータイヤの過去が明らかになる。彼はもともとはシヴァイヤという名前で、オンティミッタで愛妻シータと共に暮らしていた。決まりきったエピソートの連なりでストーリーは展開するが、9曲ものソング&ダンスの演出がいずれも振り切れており、微かに悪夢のような軋みを含むシュールなタッチで強烈な印象。（安）

Rakta Charitra 1 & 2
血の歴史1&2

ヒンディー語／2010年／123分+130分
監督：ラーム・ゴーパール・ヴァルマ
音楽：ダラム・サンディープ
出演：ヴィヴェーク・オーベローイ、スーリヤ、プリヤーマニ、ラーディカー・アプテー、アビマンニュ・シン、スディープ、コータ・シュリニヴァーサ・ラーオ

極左運動家の息子で、テルグ・デーシャム党所属の州会議員となり、敵対ファクションにより2005年に暗殺された実在のファクショニスト、パリターラ・ラヴィ（作中ではプラタープ・ラヴィ）と彼をめぐる人々の戦いの歴史を、創作を交えて描く。テルグ語映画界から生まれるファクション映画が、様式化された娯楽性を追求した打ち上げ花火的なものであるのに対し、ラーム・ゴーパール・ヴァルマがヒンディー語映画として撮った（テルグ語とタミル語の吹替えも派生した）本作は、リアリティー重視で、感触は『血の抗争』2部作（2012）と最も近い。最終プリントからはカットされたが、主人公が自分に楯突いた実在のテルグ語映画若手スターを緊縛し、剃髪によって辱める刺激的なシーンも撮影された。（安）

マドゥライ映画

マドゥライはタミルナードゥ州南部内陸部にあり、人口約140万人を擁し、州都チェンナイ、西部のコインバトールに次ぐ第3の都市である。マドゥライ地方と見なされる広域文化圏はマドゥライ県全域、さらにはカーライックディ、ヴィルドゥナガル、テーニ、ティンドゥッカル（ディンディガル）なども包含している。その歴史は古く、マドゥライを中心とするパーンディヤ朝は、一説には紀元前6世紀まで遡るという。パーンディヤ朝の宮廷では文芸が栄え、そこから生まれた最古のタミル語文学であるサンガム古典文学は、紀元前後には成立していた。つまり、英国統治下で発展したチェンナイなどとは比べものにならない歴史ある古都であり、文化都市である。マドゥライ旧市街は、13世紀に祖型が建立されたマドゥライ・ミーナークシ寺院（P.201）を中心に発展し、「同心方格囲帯」と称される寺院都市の構造を持つ。

歴史が古いということは、そこに住む人々のコミュニティーごとの文化やしきたりが深く内面化されがちだということでもある。マドゥライ地方の農村では有力な農耕カーストであるテーヴァルが村落を支配することが多く、〝テーヴァル・ベルト〟とまで称される。このテーヴァル・カーストの人々は、複雑な歴史的経緯から、特に20世紀後半以降、カーストの最底辺のダリトの人々を激しく敵視するようになった。支配的な中間カーストとダリトの対立は、ほかの地方でも見られたことだが、南部マドゥライ地方での衝突は、たとえばタミルナードゥ州北部でのものと比べても、はるかに激烈で血なまぐさいものだった。こうした流血の物語が、初期のタミル・ニューウェーブ映画（P.106）で取り上げられてヒットしたため、一時期はニューウェーブ映画＝マドゥライ暴力映画と読み替えられ、また映画を離れても他地方の人々にマドゥライ＝〝修羅の国〟として畏怖を抱かせるまでになった。

しかし、豊かで広大な田園地帯を擁し、悠久の歴史を持つ地方が、恐怖だけに支配されているわけがない。人々の懐は深く、一連の暴力映画もまた、タミル語映画の発祥以来ずっと続いてきたマドゥライを舞台にした作品群の一部でしかないことを承知している。マドゥライ暴力映画の嚆矢《こうし》である『Paruthiveeran』（P.110）は、救いのない暴力性をリアルな筆致で描いた作品だが、当のマドゥライでロングランを記録した。カールティク・スッバラージをはじめとするマドゥライ出身映像作家たちは、映画が広めた暴力的なイメージを巧みに利用しながら、皮肉やユーモアを織り込んだ重層的なマドゥライ映画を生み出した。『ラジニムルガン』（次ページ）の冒頭ソング「大いなるマドゥライの都」を聴けば、この街に寄せる人々の想いを垣間見ることができる。

Arjun
アルジュン

テルグ語／2004年／174分
監督：グナシェーカル
音楽：マニ・シャルマ
出演：マヘーシュ・バーブ、シュリヤー・サラン、キールティ・レッディ、ラージャ、サリター、プラカーシュ・ラージ

ハイダラーバードに暮らす双子の姉弟。姉ミーナークシは大学の同級生ウダイに恋心を抱いていた。卒業の間際に、ウダイは彼女への愛を打ち明け、両親のいるマドゥライに戻り見合い結婚をさせられる前に駆け落ちしようと手紙で告げる。弟は両親と姉を伴いマドゥライに赴き、ウダイを叱責し、双方の両親臨席のもと両人を結婚させる。ウダイの両親は冷血な守銭奴で、表では息子夫婦を祝福しながら、彼と資産家の娘との縁談が流れたことに失望し、折りをみてミーナークシを謀殺しようとする。タミル語映画がマドゥライ暴力映画を撮り始めるより前に、マドゥライとカンバン渓谷が舞台のテルグ語ハイパーアクション映画が存在した。ミーナークシ寺院はハイダラーバード近郊のセットで撮影された。（安）

Subramaniapuram
スブラマニヤプラム

タミル語／2008年／145分
監督：シャシクマール
音楽：ジェームス・ヴァサンタン
出演：ジェイ、シャシクマール、スワーティ・レッディ、サムドラカニ、ガンジャ・カルップ

タミル・ニューウェーブ→P.106
村の映画→P.166

1980年のマドゥライ近郊の小邑スブラマニヤプラム。元議員ソームは、無冠になったことで威信が損なわれたとしてフラストレーションを募らせる。彼には汚れ仕事をこなす手下の男たちがおり、弟のカナグが直接の面倒を見ていた。アラガルはそうした非公式な下働きで、定職にも就けず無意味な暴力沙汰を繰り返し、家では肩身の狭い思いをしている若者だった。アラガルはソームに忠誠を誓いながら、その娘のトゥラシとは密かに恋仲だった。彼はソームのために殺人にまで手を染めるが、その献身は報われず、血ぬられた結末に至る。陰惨の極みの物語でありながら、抒情的な劇中歌「Kangal Irandal［その2つの瞳で］」が大ヒットし、作品としても「マドゥライ映画」の代表作の一つとなった。（安）

ラジニムルガン
Rajinimurugan

タミル語／2016年／155分
監督：ポンラーム
音楽：D・イマーン
出演：シヴァカールティケーヤン、キールティ・スレーシュ、スーリ、サムドラカニ、ラージキラン、アチユト・クマール

写真提供：SPACEBOX
© Thirupati Brothers

ラジニムルガンは無職でありながら毎日を楽しく暮らし、資産家の祖父アイヤンガライからも可愛がられていた。また彼には子供の頃から決められていた許婚のカールティカがいたが、幼時の無邪気な悪戯が彼女の父の逆鱗に触れ、彼女から遠ざけられていた。美しく成長して故郷に戻って来たカールティカを見て、ラジニムルガンは何とか彼女の心を掴もうとする。同じ頃に、祖父の財産を狙うムーカンという男が現れ、言いがかりをつけて家を乗っ取ろうと試みる。暴力と因習に満ちた「マドゥライ映画」の流行に待ったをかけるかのような、他愛ないコメディーが全編に詰め込まれたファミリードラマ。冒頭のソング「大いなるマドゥライの都」には、プライドと賑やかな祝祭の雰囲気が横溢する。（安）

Arjun ／ Subramaniapuram ／ラジニムルガン

カンナダ・ノワール

ベンガルールと暗黒街

カルナータカ州の州都ベンガルール（旧称バンガロール）は南部の内陸部にあり、チェンナイ、ハイダラーバードと肩を並べる南インドのメガロポリス。標高920ｍの高地にあり、冷涼とまではいかないながら比較的過ごしやすい気候で、インドを代表するＩＴ産業の中心地の一つ。〝ガーデンシティー〟の愛称を持ち、インド駐在の日本人の間でも住みやすいと評判の街である。推定人口は約1400万人。

16世紀前半に在地の王ケンペー・ガウダにより城塞が築かれたのが街の始まりだった。マイソール王国の一部となっていた19世紀初頭には、イギリスにより駐屯地が建設された。1830年代からは、王国の実権をもぎ取ったイギリスにより行政の中心地として開発が進み、街は意図的に2つに分けられて発展していく。そのうちの一つ、駐屯地と官公庁がありイギリス人が居住するカントンメント地区は、英語が共通語のコスモポリタン世界。一方、下町シティー地区は、カンナダ語を話す現地人が主として住む地域となった。シティー地区の中心は現在のバンガロール・シティー駅周辺で、ガーンディナガル、あるいはかつてあった映画館の名前から「マジェスティック」とも呼ばれる。

インドのほかの都市と同じく、ベンガルールには国内労働移民が絶えず流入している。高度な技術を持ち、英語を話すＩＴ技術者たちはカントンメント地区に落ち着き、カルナータカ州内から上京するカンナダ語のみを話す非熟練労働者はシティー地区の鉄道駅やバスターミナル（P.202）から街に入り、そこに居ついたり、市内各所に散ってゆく。この雑然としたシティー地区が、多くのノワール映画の舞台となる。

カンナダ語圏出身の映画史家Ｍ・Ｋ・ラーガヴェーンドラによる研究書『Bipolar Identity: Region, Nation and the Kannada Language Film』（2011）によれば、カンナダ映画にとってのベンガルールは、「心の底からカンナダ人の街と見なされたことはない」という（同書P.138）。そして、ベンガルールを舞台とするカンナダ映画には2つの類型があり、一つは「上京した田舎者が、悲惨な体験をした末に暗黒街に落ち着く」ノワールもので、もう一つは「ベンガルール育ちの中産階級の若者が恋に落ち、その成就のためになぜか全力でベンガルールを離れようとする」ロマンスなのだという（同じ著者によるウェブ記事「Meanings Of The City」より）。例として、前者ノワールものでは『Majestic』（P.49）、『Duniya』（P.59）などが、後者では『Mungaru Male』（P.57）が挙げられている。ベンガルールを舞台にしたノワール映画で、都市の闇に呑まれていくのは、その多くが身一つで上京した貧しい若者たちなのだ。

Om
聖音オーム

カンナダ語／1995年／150分
監督：ウペンドラ
音楽：ハムサレーカ
出演：シヴァラージクマール、プレーマ、シュリーシャーンティ、ホンナヴァッリ・クリシュナ

ジャーナリストのシャシはベンガルールのラウディー（組織暴力を生業とする者）を取材しては自著を渡していた。『OM』というその本には、サティヤというラウディーがどのように暴力の世界に入ったかが記されている。シャシが最初にサティヤを知ったのは、彼がマドゥという女性をしつこく追い回していた時だった。そこに至るサティヤの人生を知ることで、それがラウディーの無法ではないことが明らかになってゆく。リアルな地下社会の描写とウペンドラ流の寓話性がマッチした緊密な脚本。「ベンガルール・ノワール」最初期の記念碑的な一作で、その後の同ジャンルを決定づけた。カルト的な人気を博し、ロングランしただけではなく、その後20年以上にわたり数百回もリバイバル上映された。（安）

Aa Dinagalu
あの日々

カンナダ語／2007年／137分
監督：K・M・チャイタニヤ
音楽：イライヤラージャー
出演：チェータン・クマール、アルチャナ（ヴェーダ）、シャラト・ローヒターシュワ、アーシーシュ・ヴィディヤールティ、アトゥル・クルカルニー、アチユト・クマール、ディネーシュ・マンガルール

1985年のベンガルール。裕福な家に生まれたチェータンは庶民の娘マッリカと恋仲になるが、彼の父はそれを喜ばず、マフィアのコートワールに2人の中を引き割くよう依頼する。チェータンは憤激し、コートワールと対立するマフィアのジャヤラージに接近し、嫌がらせをやめさせるよう頼もうとする。そこから、複雑に入り組んだ黒社会の中でコートワール暗殺計画が立ち上がる。元マフィアのジャーナリスト、アグニ・シュリーダルの自伝の映画化。この自伝は『My Days in the Underworld - Rise of the Bangalore Mafia』（2013）として英訳もされている。映画的な派手な殺陣はなく、たとえ暗黒街の住人であっても1人の人間を殺すにはどれだけの覚悟と準備が必要とされるかが息詰まるタッチで描かれる。（安）

Gooli
グーリ

カンナダ語／2008年／138分
監督：P・N・サティヤ
脚本：P・N・サティヤ
製作：ラーム
撮影：P・L・ラヴィ
音楽：J・アヌープ・シーリン
出演：スディープ、マムタ・モーハンダース、キショール

デーヴァラージ警部は街で捕まえた犯罪者たちに、かつて自分が関わったならず者のグーリ（雄牛という意味）の物語を聞かせる。グーリはベンガルールに割拠するドンたちの間でも知られた凄腕で、わずか5人の仲間たちと共に活動していたが、敵は多かった。偶然に彼と出会った上層階級の女性ラムヤーは強面の下に隠れた彼の純情を知り惹かれていく。デビュー作『Majestic』（P.49）で成功したP・N・サティヤ監督はその後もノワールものを多く手掛けたが、スディープとは初の顔合わせ。ギャングの足抜けというよくあるテーマを扱いながら、シュールなタッチを徐々に加えていき、驚きの終盤では激しい愛の物語に転じさせる。スディープはニヒルで不敵なならず者をスタイリッシュに演じた。（安）

Om ／ Aa Dinagalu ／ Gooli

マラヤーラム語文芸映画

マラヤーラム語映画は、P.130にも書いたように「文芸的な香り」を特徴の一つとして持つ作品が多い。いわゆる芸術映画も大変に盛んで、そうした作品がインド国家映画賞をはじめとした各種の映画賞に名を連ねることも多い。この活況を支えているのは、94%というインドでトップの識字率が生んだ知的な観客層であるとしばしば言われる。文字の世界に目を転じると、ケーララ州ではその高い識字率から、出版や印刷物によるジャーナリズムが盛んで、マラヤーラム語の日刊紙は、広範囲に流通するヒンディー語紙や英字紙に続き、発行部数において2021～22年の統計では全国第7位となっている。書籍の出版でも、マラヤーラム語の出版タイトル数は、ヒンディー語や英語を含む出版界全体の中で、2004年の統計では第7位につけている。全インドのわずか2・5%強というケーララ州の人口比率を考えれば、出版がきわめて盛んな言語圏であると言えるだろう。

マラヤーラム語映画と文学とのつながりは古く、史上2本目のマラヤーラム語映画とされているサイレント作品『Marthanda Varma［マールターンダ・ヴァルマ］』（1933、未）から小説の映画化が始まり、今日に至るまでに文芸作品をもとに作られた映画は、分かっているだけでも400本弱を数える。映画祭ではなく一般の市井の人々を観客と想定して作られる商業映画すらが文芸的な特質を持つ映画界に、文学が原作という形で大量に流れ込んだのは、ある意味では当然のことだったかもしれない。

同時代の小説の映画化は、1960～70年代に最も盛んだった。小説が映画化されるだけではなく、文学者が脚本を書き下したり、監督を務めることすらあった。このような文人映像作家の頂点とされるのが70～80年代に活躍したパドマラージャンである。映画に携わった最も高名な文学者M・P・ヴァースデーヴァン・ナーヤルも原作者・脚本家として精力的な仕事を行った。またそれらとは別に、マラバール地方に伝わる口承文学を素材にした「北方のバラード（Vadakkan Pattukal）」と総称されるファンタジー的剣戟映画も同じ頃に流行した。他方で、シェイクスピアをはじめとする外国文学の翻案映画化も、芸術映画の世界で特に好まれている。

必ずしも文学作品を原作に持つものばかりではないが、独特の文学的タッチを持つ作品群を次ページ以降で紹介する。ほとんどが劇中に楽曲を含み、娯楽映画のフォーマットに従っているが、ところどころにリアリティーから遊離した詩的な飛躍があり、また分かりやすいモラルを前面に押し出しそれに向けてストーリーの全てを収斂させていくという作り方をしていない。それが文学的余韻をもたらしているのだ。

えび
Chemmeen

マラヤーラム語／1965年／136分
監督：ラーム・カリヤート
音楽：ショリル・チャウドゥリ
出演：シーラ、マドゥ、サティヤン、コッターラッカラ・シュリーダラン・ナーヤル

村の映画➜P.166

漁師の娘カルタンマは、ムスリムの仲買人パリークッティと密かに愛し合っていた。しかし彼女の両親はこれを認めず、孤児の漁師パラニに嫁がせてしまう。漁村の因習は女性の貞潔を至上のものと見なしており、これが破られれば海の女神カダランマの祟りがあると信じられている。カルタンマは貞淑な妻としての務めを果たしていたが、村であらぬ噂を立てられてしまう。日本で『えび』として翻訳出版もされたタカリ・シヴァシャンカラ・ピッライの小説を基にしており、国家映画賞の最優秀作品賞にあたるものを受賞した。本作によりマラヤーラム語映画がアイデンティティーを確立したと言われる。使用開始されて間もないカラーフィルムによる作品で、油絵のような厚塗り感のある画面が印象的。（安）

Namukku Parkkan Munthirithoppukal
我らが住まう葡萄の園

マラヤーラム語／1986年／140分
監督：パドマラージャン
音楽：ジョンソン
出演：モーハンラール、シャーリ、ヴィニート、ティラカン、カヴィユール・ポンナンマ

カルナータカ州マイスール地方に定住するケーララ人ソロモンは、トラック運転手としての数年間の風来坊暮らしを終え、母と従弟アーントニの暮らす家に戻り、亡父が残した山間部の葡萄園の経営に取り組む。ほどなく、彼は不在にしていた間に隣家に住むようになっていた姉妹に目を留める。鉄道職員ポール・パイロッカランと看護師ロージ夫妻の娘、ソフィアとエリザベスの2人の姉妹のうち、甲斐甲斐しく働く姉のソフィアに彼は惹かれる。しかしなぜか彼女には不幸の影がまとわりついていることに彼は気づく。シリア派キリスト教徒の人々を登場させたメロドラマで、聖書の物語のようなシンプルなナラティブが詩情豊かに展開し、スペイン映画の名匠ビクトル・エリセの映像世界を思い起こさせる。（安）

Thoovanathumbikal
雨に濡れた蜻蛉たち

マラヤーラム語／1987年／151分
監督：パドマラージャン
音楽：ペルンバーヴール・G・ラヴィーンドラナート、ジョンソン
出演：モーハンラール、パールヴァティ、スマラター、アショーカン、バーブ・ナンブーディリ

トリシュール近郊、広大な農園の若い当主ジャヤクリシュナン・メーノーンは小作人たちと共に身を粉にして働く。一連の農地改革を経た今、生活は楽ではなく、巨大な屋敷と大家族を維持する責任が未婚の彼の肩に掛かる。反抗的な小作人と言い争い、作物の値づけで仲買人とタフな交渉をする日常に地主階級の優雅さはないが、時おりトリシュールに出かけると、不良たちとつるんで派手に遊ぶ。その彼に、女衒《ぜげん》のタンガルは、新米娼婦クララの品定めをしてくれと頼む。それに応じた彼はすっかりクララの虜になってしまう。通俗的なモラルからの逸脱、制御不能な心の揺らぎ、そして「あるべき姿」からは隔たった現実の曖昧さなど、通常の娯楽映画が取り扱わないものを詩的なアングルから切り取った。（安）

Oru Vadakkan Veeragatha
北ケーララの剣士譚

マラヤーラム語／1989年／168分
監督：ハリハラン
音楽：ボンベイ・ラヴィ
出演：マンムーティ、スレーシュ・ゴーピ、バーラン・K・ナーヤル、キャプテン・ラージュ、マーダヴィ、ギータ、ラージャラクシュミ

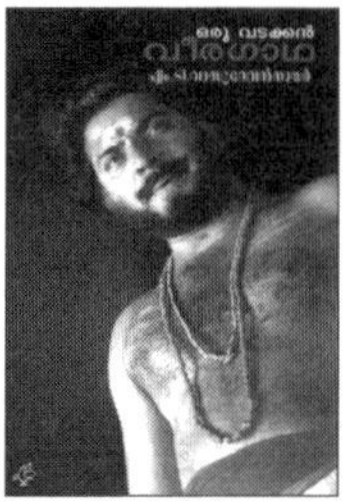

16世紀のケーララ北部。武芸の名門に孤児チャンドゥが引き取られ、嫡子アーローマルと共に育つ。才能あるチャンドゥに嫉妬するアーローマルは常に彼を貶め侮辱し続ける。領主の御前での武術対決の場で、アーローマルとチャンドゥを悲劇が見舞う。1970年代マラヤーラム語映画の人気ジャンルだった「北方剣士譚もの」の終焉を飾る一作。北方剣士譚とは歴史上実在した武芸者たちを歌った民謡で、それを映画化したチャンバラ映画が盛んに作られていた。「悲劇の剣士アーローマルと裏切り者チャンドゥ」は有名な逸話。本作はそれを転倒し、チャンドゥの立場から再構成した。女性も含む登場人物が繰り広げる剣戟が迫真的。「武士道とは死ぬこととみつけたり」と完全に符合する美学に驚く。（安）

Veeralipattu
絹布

マラヤーラム語／2007年／109分
監督：クック・スレーンドラン
音楽：ヴィシュワジート、モーハン・シターラ
出演：ムラリ、プリトヴィラージ・スクマーラン、ジャガティ・シュリークマール、パドマプリヤー

中部ケーララ内陸部の農村。70歳になるナーラーヤナン・ナーヤルは村人から尊敬される巫覡《ふげき》（ヴェリッチャパード）で、50年以上を女神への奉仕に明け暮れてきた。壮年の息子マーダヴァンは篤実な農業家で、決して豊かではない所帯を維持するために休みなく野良で働き、息子のハリが高等教育を受けてビジネス界で成功者になることを夢見ている。老いたナーラーヤナンはある日眠りの中で静かに絶命する。服喪が終わったある日、ハリは常識人の父が寺院で憑依の舞を繰り広げているのを目撃する。ケーララに今も残る大地母神に仕えるシャーマンの世界をリアルに描き、民俗学・ファミリーセンチメント・伝統と近代の対立・共同体の絆と個人の幸福の相克などを交え、残酷なユーモアで締めくくった。（安）

T. D. Dasan Std. VI B
6年B組T・D・ダーサン

マラヤーラム語／2010年／98分
監督：モーハン・ラーガヴァン
音楽：シュリーヴァルサン・J・メーノーン
出演：マスター・アレクサンダー、ティナ・ローズ、ビジュ・メーノーン、シュウェータ・メーノーン、スレーシュ・クリシュナ

村の映画➔P.166

ケーララ北部の片田舎に住む6年生のダーサンは母と大叔母と3人で暮らしている。父ディワーカランは彼の記憶にもない昔に母との諍いから家を出たという。ある時彼は古ぼけたトランクの奥底から父の住所と思われるものを見つけ、こっそりと手紙を書く。差出人欄には学校の所在地とクラス名を記して。カルナータカ州ベンガルール、ローティーンのアンムのところにその手紙が届く。住所は合っているが宛名には心当たりがない。父はそれを郵便局に返すよう命じるが、こっそりと開封した彼女は、ダーサンの父ディワーカランになりすまして返信をしたためる。児童映画であるかの体裁をとりながら、大人たちのやるせない事情や、都会と田舎の断絶、それに橋を架けようとする試みなどが語られる。（安）

Kutty Srank
小さな水夫

マラヤーラム語／2010年／133分
監督：シャージ・N・カルン
音楽：アイザック・トーマス・コットゥカッパッリ
出演：マンムーティ、パドマプリヤー、カマリニ・ムカルジー、ミーナークマーリ、ワヒーダー、スレーシュ・クリシュナ、サーイ・クマール、シッディク

1950年代のケーララ州のどこか、寂しい浜辺で、派手な舞台衣装に身を包んだ男の死体が見つかる。彼に縁があった3人の女たちが身元確認に訪れ、警察から事情聴取を受ける。3人は互いに全く異なる証言をするが、その男クッティ・シュランクを愛していることは共通する。彼女たちそれぞれのパートが、場所・季節・宗教の異なる組み合わせからなる寓話。3人の女性がそれぞれ信仰・愛欲・母性という強い性格を属性として持ち、それに対するシュランクは、盲目的な忠僕・伊達男・誠実な恋人／夫として対応する。作中で最も印象的なのは、いわゆる大航海時代にやって来たポルトガル人の影響下に成立したとされる、ケーララ・クリスチャンの間に伝承されてきた舞台劇チャヴィットナーダガム。（安）

アブ、アダムの息子
Adaminte Makan Abu

マラヤーラム語／2011年／101分
監督：サリーム・アハンマド
音楽：ラメーシュ・ナーラーヤン、アイザック・トーマス・コットゥカッパッリ
出演：サリーム・クマール、ザリーナ・ワハーブ、スラージ・ヴェニャーラムード、カラーバワン・マニ、ムケーシュ

村の映画➜P.166

芸術映画のフォーマットで作られ、第58回国家映画賞を受賞（作品賞、主演男優賞ほか全4部門）するまで現地でもほとんど知られていなかった作品。さらに米アカデミー賞の外国映画部門にも出品されたが、ノミネートには至らなかった。舞台はマラバール地方。底辺で慎ましく生きるムスリムの老夫婦が人生の究極の目的としてのハッジ（メッカ巡礼）に臨もうとして直面する出来事をゆっくりとしたテンポで静謐な中に描きながら、イスラームの信仰の本質を浮かび上がらせる。売れっ子コメディアンのサリーム・クマールが老人に扮して演じたシリアスな芝居が圧倒する。子供に見捨てられた老夫婦の悲嘆、片田舎でヒンドゥー教徒や共産主義者と共存して生きるムスリムの姿なども印象的。（安）

Ozhimuri
離婚の申し立て

マラヤーラム語／2012年／127分
監督：マドゥパール
音楽：ビジバール
出演：アーシフ・アリ、バーヴァナ・メーノーン、ラール、シュウェータ・メーノーン、マッリカ、ジャガディーシュ、イラヴァラス

マラヤーラム・ニューウェーブ➜P.132

2000年代初め頃、カンニヤークマリ地方のナーヤル旧家の当主ターヌピッライは、71歳にして妻から離婚裁判を起こされる。妻ミーナークシは55歳、1人息子シャラトは母の側につく。ターヌピッライの弁護をするバーラーマニは、保守的なタミル・バラモン家庭に育ちながらも法曹の道に進んだ女性。彼女は法廷外での和解に持ち込むべく、まずシャラトに近づき、両親の事情を聞き出そうとする。その過程でシャラトは一家の過去をたどり、ターヌピッライが抱くその母カーリピッライへの屈折した感情を知る。有名なナーヤル・カーストの母系制を取り込んだ作品。旧時代の尊大な女当主の描写には、若干のロマンチックな理想化と単純化が混じっているかもしれないが、映画的見せ場としては満点。（安）

Kutty Srank／アブ、アダムの息子／Ozhimuri

ふたつのテルグ語州

統一と分裂の歴史

山田桂子

テルグ語を主要言語とする州はアーンドラ・プラデーシュとテランガーナである。インドの連邦制は人口が大きなヒンディー語地域や特殊事情を抱える一部の地域を除けば1言語1州を原則とする。テルグ語にも言語分布にほぼ一致する(旧)アーンドラ・プラデーシュ州があったが、テランガーナ地方の分離運動の結果、2014年に現在の2州に分裂した。いったいどのような背景や経緯があったのだろうか。

歴史を振り返ると、実はテルグ語の領域が王朝の領域と一致していた時代はない。古代サータヴァーハナ朝ははるかに広大であり、中世カーカティーヤ朝の境界も一致しない。近世ヴィジャヤナガル朝では、「あらゆる言語の中でテルグ語が一番美しい」とうたった王はカンナダ語地域に住んでいた。

市井のテルグ語話者が自分をテルグ人だと発見したのはイギリス植民地時代である。人々は国勢調査によって驚くべき事実を知った。自分たちの言葉にテルグ語という名前があること(人々には母語の概念もなかった)、テルグ語の話者は意外に大勢いること(ヒンディー、ベンガル語に次ぐ3番目)、そして「人口の大きさにもかかわらず」英領マドラス管区とハイダラーバード藩王国の間で分断されていることである。確かに英領マドラス管区ではタミル人に対してマイノリティに陥り、ハイダラーバード藩王国ではウルドゥー語が公用語だった。不満に思った知識人らは1913年テルグ語州の実現を求めて政治運動を起こした。その活動はすぐにインド国民会議派に吸収され、植民地からの独立運動が激化する中で停滞したが、独立後に再燃した。以上は英領側の動きである。

藩王国側のテランガーナ地方では、20世紀初頭から移民が問題になっていた。隣接する英領地域から豊かなテルグ人が流入したからである。優良な就職先や不動産を次々と「奪う」移民に対する反発は大きく、藩王国政府は地元民を優先して雇用する法を施行して対処したが格差は拡大した。その後、藩王国は独立したインドに参加せず別国家の建設を画策したため、48年インド側の「警察行動」によって武力併合された。藩王国側が多大な犠牲を出して敗れたこの征服戦争をインド側は「解放」と呼んだ。確かにそれまでテランガーナ地方の人々が幸せに暮らしていたわけではない。過酷な封建的支配からの解放を望み、その解放闘争に多くのテルグ移民が尽力したのは事実である。しかし武力併合はテランガーナ人と旧英領側のインド人(つまりテルグ人)を敵対者として相対時させることになった。

新生インドにとって全国的州再編成は喫緊の課題だった。1952年、テランガーナ地方では統一州の設置に反対する大規模な暴動が発生して1ヶ月間続き、死者も出す事態になった。その直後、今度は旧英領側でテルグ語州の実現を求める青年が抗議の断食の末死亡する事件が発生し、激しい暴動が各地に広がった。翌53年インド政府は、とりあえず旧英領のテルグ語地域をタミル語地域から分離してアーンドラ州を設置した。ここにテランガーナ地方は含まれなかったが、地域語を根拠にするという意味で独立後最初の「言語州」と呼ばれた。

ところが、アーンドラ州にマドラス市が含まれなかったことは、その後の展開に重要な影響を及ぼした。マドラス市はテルグ人エリートの重要な活動拠点で、州都に切望されていた。悲しくも見劣りする新州都カルヌールに代えて、歴史的由緒のある都市ハイダラーバードの名前が急浮上し、統一が現実の議題となったのである。とはいえ、事態は統一派に不利に推移していたはずだった。当時の首相ネルーが統一に反対していたからである。パキスタンとの分離独立や藩王の独立騒ぎは記憶に新しく、彼は言語もまた宗教と同じようにインドの統合に対する脅威と公言して憚らなかった。

最終的にインド政府が下した決定は、州は地域語にもとづくとしながらもテルグ語地域にはその原則を当てはめず、テランガーナを単独州にするというものだった。ところがその直後事態は急転直下、2州併設を歓迎すると思われていたハイダラーバードの議会が統一を主張し、政府も先の決定を撤回したのである。この間わずか5日間に何があったのか、その詳細は今日までも不明である。かくして1956年に全国的州再編成が実施された時、マイソール州（現カルナータカ州）、マドラス州（現タミルナードゥ州）、ケーララ州などと並んでアーンドラ・プラデーシュ州が設置された。他州と異なりアーンドラ・プラデーシュ州の誕生が裏工作や密室政治の結果であって法的根拠を欠いたことは、後に分離派の主張に正当性を与える論拠になる。

その後1960年代、統一以降もふたつの地域の社会経済的格差が拡大し、唯一例外的な州都ハイダラーバードですらその繁栄の恩恵は旧英領からの移民が享受していることが、あらゆる統計によって明るみに出た。68～69年には分離を求める大規模な暴動が発生して多数の死傷者が出、72年の暴動ではついにインド政府が出動して非常事態を宣言する事態になった。しかしその後、80年代に映画俳優N・T・ラーマ・ラオが華々しくテルグ・デーシャム党を立ち上げて州政権を率いるようになると、テルグ地域主義の隆盛の中で分離運動は下火になっていった。その傾向は90年代以降、経済開放後にいっそう進んだかのように思われた。

テランガーナ分離の最終局面は2009年末に発生した暴動に端を発している。地域主義の時代は去り、経済政策は矛盾やひずみを露呈していた。テランガーナの人々はもはやかつてのように貧困ではなく、逆にやや豊かになったために格差に敏感になったのだとある報告書は分析している。分離運動の中心的な担い手として新たに、教育を受けたダリト（元不可触民）や女性、ムスリムらマイノリティが登場した。分離派は移民に象徴される豊かな上位カーストに対して、政治経済だけでなく文化を含めた社会生活のあらゆる局面における公平性や自由な意思決定、そして尊厳の回復を求めた。ここには、一言語地域を超えてインド全体に共通する、カーストや女性、マイノリティの問題が反映されている。21世紀に従来のテルグ映画の枠を超え多言語で制作される「汎インド映画」や、よりローカルな舞台を通してインド全体が抱える問題を描く方言映画が登場するのは、このような文脈の中で理解されるだろう。

テランガーナ映画

安宅直子

南インドの少数言語映画

南インドの映画は、タミル語、テルグ語、カンナダ語、マラヤーラム語の4つの主要言語がそれぞれの映画界を形成しているが、それ以外の少数言語の映画も存在する。カルナータカ州ではトゥル語、コンカニ語、コダグ語、ビャーリ語などでごくわずかながら映画作りがされているが、それらは現状では産業化以前の段階にある。

少数言語の中ではテランガーナ州ハイダラーバード市のウルドゥー語映画が注目すべき動きを見せる。テランガーナの中でもハイダラーバードは特異な言語環境にあり、テランガーナと映画との関係は一筋縄ではいかない。さらにテルグ語映画の中で伸張するテランガーナ方言の映画も見逃せない。

ニザームと現代テランガーナ人

ニザームとは元来はムガル帝国におけるデカン地方長官の称号で、ムガル帝国が凋落していく中で、18世紀前半に事実上の世襲制の君主となった。王家はムスリムである。宮廷での公用語は当初のペルシャ語からウルドゥー語に変わり、城下のハイダラーバード市では、ヒンドゥー・ムスリムの区別なくほとんどの市民がウルドゥー語を話した。19世紀には英国の保護下で藩王国となり、ハイダラーバード藩王国あるいはニザーム藩王国と呼ばれるようになる。

同国は英国植民地下のインド亜大陸の中で最大の藩王国。ダイヤモンド鉱山を擁し、その富の蓄積は途方もないものだった。最後のニザームで奇人として知られたウスマーン・アリー・ハーンは、１９３７年の米『Time』誌において、世界一の富豪として紹介された。彼がハイダラーバード市内を行幸する際には、お付きの者が籠に盛られた金貨をばら撒きながら進んだという伝説もある。しかし歴代のニザームは温情ある慈悲深い君主ではなかった。首都ハイダラーバードはその富を注がれ近代化していったが、地方での封建的で苛烈な土地制度は農民を苦しめた。現代のテランガーナ人でニザームを憧れや懐かしさをもって振り返る人間がほぼいないのは、そうした理由からである。同じく現アーンドラ・プラデーシュ州のテルグ人にも、ムスリムの封建領主に対しての思い入れはない。断言はしにくいが、少なくとも筆者がこれまでに見た範囲内で、テルグ語映画の歴史の中でニザーム宮廷の栄華を描いた作品はなかった。珍しい例として『Sita Ramam〔シーターとラーマ〕』（２０２２、未）には王家の末裔の人物が登場するが、時代設定は藩王国解体後である。

P.114で書いたように、旧ハイダラーバード藩王国のテルグ語地域、すなわち今日のテランガーナ州は、テルグ語映画の市場として徐々に重要性を増していき、また1970～90年代にかけ映画界がマドラスからハイダラーバードに移転して、テルグ語映画製作の中心地となった。しかし、ウルドゥー語を母語とするハイダラーバード市の住民には、テルグ語映画は縁遠いものだった。彼らにとってはヒンディー語も「意味は分かるが自分たちの言葉ではない」ので、ヒンディー語映画を熱心に観る人は多くない。また、市外の地域でテルグ語を母語とする人々にとっても、映画人が持ち込んだ沿岸地方のテルグ語は、自らが話すテランガーナ方言とは異なっていたし、テルグ語のメジャー映画におけるテランガーナの扱い（無視や揶揄）には呑み込めないものを感じる人も多かった。

2つの「テランガーナ映画」

テランガーナ産のテランガーナ映画と呼べるものには、ウルドゥー語映画とテルグ語映画がある。1920年代ニザームの統治下で、短命に終わったロータス・シネマというスタジオで、ベンガル人ディレンドロナト・ガングリーにより数本のサイレント映画が作られたが、フィルムは完全な形で残存していない。ハイダラーバードに生まれたヒンドゥー教徒のシャーム・ベネガル監督は、記念碑的なウルドゥー語作品『芽ばえ』（P.194）でデビューし、その後も『夜の終わり』（1975）、『Mandi〔市場〕』（1983、未）とテランガーナが舞台の作品を発表したが、その後本拠地をヒンディー語映画界に移して生涯を終えた。90年代からは、テルグ語映画界で主流の沿岸地方出身者が作る作品の中で、テランガーナ方言のテルグ語を笑いものにして取り込む傾向が現れる。

21世紀に入ると「デカニー（またはダキニ）映画」と呼ばれる特異な作品群が現れる。デカニー（ダキニ）とはハイダラーバードで話されるウルドゥー語のこと。『The Angrez』（P.194）を嚆矢《こうし》としたデカニー映画は、超低予算の素朴などたばたコメディーで、ほぼハイダラーバード市内のみの公開だったが、同市のウルドゥー語話者の人々には抱腹絶倒の笑いを提供し、製作費の10倍もの興収を得るものも現れた。

次に起きたのが2014年のテランガーナ州の分離前後からのテルグ語映画界の変化である。『Rudhramadevi〔ルドラマデーヴィ〕』（2015、タミル語版が日本語化された）でのアッル・アルジュンのように、沿岸地方にルーツを持つメジャースターがテランガーナ人を演じる試みが相次いだ。これらを一時的な流行と見なし、そこで用いられるテランガーナ方言が真正ではないと批判する意見もある。一方、プリヤダルシ、ヴィジャイ・デーヴァラコンダなど生粋のテランガーナ人俳優がその方言を売りにした演技をしたり、監督ではシェーカル・カンムラやタルン・バースカルなどがテランガーナを舞台にテランガーナ方言をごく当たり前のものとして提示する作品群を作るようになった。また、『Falaknuma Das〔ファラクヌマーのダース〕』（2019、未）は、ウルドゥー語ではなくテルグ語映画でありながらハイダラーバード旧市街をノスタルジックに描いた点で画期的な一作だった。

芽ばえ
Ankur

ウルドゥー語／1974年／125分
監督：シャーム・ベネガル
音楽：ヴァンラージ・バーティヤー
出演：シャバーナー・アーズミー、アナント・ナーグ、サードゥ・メーヘル、プリヤー・テンドゥールカル

ダリト・トライブ→P.152
村の映画→P.166
女性→P.170

地主の息子スーリヤは、ハイダラーバードでの大学生活を終えて父の地所の管理人として僻村に赴く。親の決めた相手と結婚していたが、妻が幼すぎるために単身での生活をする。彼の身の回りの世話をするラクシュミーは極貧のダリト女性。彼女の望みは子供を授かることだが、酒に溺れた夫は出奔してしまう。スーリヤとラクシュミーとの間に、恋愛とも性的搾取ともとれる関係が生まれる。1970年代の「インディアン・ニューシネマ」の嚆矢にして最高傑作とも言われる作品。また、テランガーナを舞台にしたウルドゥー語映画としても画期的だった。メロドラマの中に、崩れゆく封建的土地制度、60年代末の計画経済破綻から非常事態、そして極左運動の隆盛に至る時代性が結晶化した記念碑的作品。（安）

Varsham
雨

テルグ語／2004年／159分
監督：ショーバン
音楽：デーヴィ・シュリー・プラサード
出演：プラバース、トリシャー、ゴーピチャンド、プラカーシュ・ラージ、チャンドラ・モーハン

写真提供：インドエイガジャパン

職のない若者ヴェンカトは、鉄道の旅の途中、ジャナガーマ県ペンバルティの駅で恵みの雨に喜んで歌い踊るシャイラジャを見て一目惚れする。しかし彼女に心を奪われたのは彼だけではなかった。そこにいたバドラという有力者も、彼女を自分のものにしようと彼女の父にアプローチする。政治性はほぼないロマンス+アクション映画。それまでロマンスの舞台と言えば沿岸地方のコナシーマなどが定番だったが、あえて選ばれたテランガーナが斬新だった。ワランガルの千柱寺院などのランドマークで撮影された「Mellaga Karagani〔ゆっくりと溶かそう〕」、ペンバルティ駅での「Nuvvostanante Nenoddantana〔あなたが来るというなら拒むと思う?〕」など、魅力的な風景を取り込んだソングがヒットした。（安）

The Angrez
ガイジン

ウルドゥー語・英語／2005年／111分
監督：クンター・ニキル
音楽：マッリナート・マルト
出演：クンター・ニキル、ガネーシュ・ヴェンカトラーマン、ディール・チャラン・シュリーワースタヴ、マスト・アリー

プラナイとローチャックはインド系アメリカ人でITエンジニアとしてハイダラーバードにやって来た。彼らのオフィスは市街北部シカンダラーバードのハイテクエリアにある。しかし2人はひょんなことから旧市街のギャングの親分イスマーイル・バーイと配下の男たちとの間で揉め事を起こす。TVドラマ並みの超低予算で製作され、ほぼハイダラーバード市内だけで公開される「デカニー映画」の初のヒット作。2005年12月に市内4館で封切られ、最初の2日の劇場はほぼ無人、3日目以降口コミで客が増え始め、満席続出の大入りとなったという。ストーリーもあってないようなとことんチープな内容だが、自分の住む町を舞台にして自分の言葉が使われた映画に大喜びした人々が興行を支えた。（安）

Avakai Biryani
アーヴァカーヤ・ビリヤーニー

テルグ語／ 2008年／ 143分
監督：アニーシュ・クルヴィッラー
音楽：マニカーント・カドリ
出演：カマル・カーマラージュ、ビンドゥ・マーダヴィ

テルグ・オルターナティブ➔P.117

テランガーナ地方デーヴァラコンダでオート運転手をやりながら苦労して大学を目指すムスリムのアクバルと、沿岸アーンドラ地方ゴーダーヴァリ河畔ポーラヴァラムから一家で引っ越してきた（ダム建設に絡む立ち退きが暗示される）高位ヒンドゥー教徒のラクシュミとの恋。2人の交情を描きながらもより広いフレームで捉えられた風景が観客を圧倒する。物語を通し映し出されるのは、テランガーナの美と貧困。州都から100㎞ほどの距離ながら、家々にまともなトイレが存在しない実態。村人の間にコミュナルな相互不信がどのように生まれるかをあぶり出す説得力。一方で、テルグ語映画らしい楽天性もある。タイトルは、ピクルスを具にした珍しいビリヤーニーで、主演の2人を象徴的に表す。（安）

Jai Bolo Telangana
テランガーナ万歳

テルグ語／ 2011年／ 141分
監督：N・シャンカル
音楽：チャクリ
出演：ジャガパティ・バーブ、スムリティ・イラーニー、ミーラ・ナンダン

左翼・極左➔P.174

バンダギ・ゴーパンナはその全人生をテランガーナの独立に捧げてきた運動家だったが、邪悪な政治家により謀殺されてしまう。妻のジャヤンマは、夫の遺志を受け継ぎつつ、貧しい学生たちに援助をする組織を立ち上げる。息子のワルシトはテランガーナの抑圧の現状を知り、ウスマーニヤ大学で学生運動を開始するが、敵対勢力により捕縛されてしまう。ジャヤンマは抗議の無期限ハンストに入る。メインストリームのテルグ語映画とは全く異なる、素朴極まるストーリーラインと演技、映像が衝撃的。2009年からの現実の分離運動の高まりを背景とする。テランガーナ分離運動の代弁者の一人だった著名な民謡歌手ガッダルによる劇中歌「Podustunna Poddumeeda〔進歩の道を歩む〕」の絶唱がハイライト。（安）

フィダー 魅せられて
Fidaa

テルグ語／ 2017年／ 134分
監督：シェーカル・カンムラ
音楽：シャクティカーント・カールティク
出演：サーイ・パッラヴィ、ヴァルン・テージ、サーイ・チャンド、シャランニャ・プラディープ、サティヤム・ラージェーシュ

写真提供：インドエイガジャパン

テルグ・オルターナティブ➔P.117
女性➔P.170

米国テキサス州で中産階級の生活を送る3人兄弟。長兄ラージュの縁談で、3人は父祖の地インドの、テランガーナ州の農村を訪れる。お見合いはうまく運び、ラージュと相手のレーヌはスピード結婚することになる。兄について来たワルンは、レーヌの妹バーヌと出会う。バーヌは垢抜けたNRIを前にしても物おじしない娘で、ワルンを散々にからかうが、一緒に過ごすうちに2人は惹かれ合うようになる。兄の結婚式は終わり、別れの時が近づく。シェーカル・カンムラらしい、じっくりと丁寧に描かれる恋愛もので、トレードマークのNRIの母国での生活実感も込められる。男・女、アメリカ・インドの田舎、富裕層・中間層、アーンドラ・テランガーナという対立軸の中で、自立したヒロインの姿が美しい。（安）

2012年1月、波乱のスタート

以下は筆者の思い出話だ。2011年12月のクリスマス前に、在東京インド人のメーリングリストに目を疑う情報が投稿された。テルグ語映画界のトップスターであるマヘーシュ・バーブの『Dookudu』(P.66)とNTRジュニアの『Oosaravelli〔カメレオン〕』(2011、未)、この2作の各1回限りの上映を、在東京テルグ人が埼玉県川口市の公共施設で行うというのだ。両作とも本国での公開から半年も経っておらず、DVDも未発売だった。当時(現在もだが)、SNSなどでは本国の芸能メディアが新作映画の宣伝で「日本でも公開」という誤情報を流すことが多かったので、ファンはそうした話に食傷気味だった。根拠のない「日本公開」の文言を加え、本来の売り先である東南アジアなどのバイヤーに高い値段を示すのが目的とも言われていた。半信半疑で翌12年1月7日の上映会への参加申し込みをしたところ、開催の2日前に番狂わせが起きた。当初の2本立てから『Oosaravelli』単独上映となったのだ。理由は、本国の手違いで『Dookudu』の代わりにゴーピチャンド主演の『Mogudu〔花婿〕』(2011、未)が届いてしまったからというのだ。ならば『Mogudu』を上映すればと思ったが、テルグ人に言わせれば、俳優の格としてそれはありえないとのこと。この俳優の格付けは、自主上映に付き合っていく中で筆者が学んだことの一つだ。

2012年1月7日に行われた記念すべき第1回上映会は325席のホールの30%強が在日テルグ人で埋まり、5~6人の日本人もいた。筆者を含むその日本人は「テルグ語がわかるのか?」などと質問攻めにあった。その時点で日本に在住するインド人は、仕事で滞在する層を中心に約2万1千人(24年には5万1千人)。その中で、13~14年前からコンピュータの2000年問題への対応などで来日していたエンジニアと帯同家族が自主上映の主な客層だった。彼らの多くは裕福で、食や娯楽に本国のスタイルを再現することを好み、同胞との社交にも熱心、11年の東日本大震災を経ても日本に居続けるガッツの持ち主でもあった。そして00年代終わりから一般化しつつあった上映素材のDCP(大容量デジタルデータ)化が、彼らを惹きつける最新映画の上映を可能にしたのだ。

自主上映の拡大

こうしてパイオニアとしてテルグ語映画新作の自主上映を企画して成功させたのはインドエイガ・ドットコムで、今日のインドエイガジャパンの前身である。その後、マラヤーラム語映画、タミル語映画、カンナダ語映画、マラーティー語映画などを上映する団体が次々に現れたが、ヒンディー語映画を専門とする団体は現れなかった。在日インド人たちは基本的に母語の作品のみを鑑賞する。初期の自主上映では字幕なしが基本だったが、本国での英語字幕の認知度上昇に伴い、10年代中盤からは英語字幕付き上映がデフォルトとなった。また、初期には仕事で日印間を行き来する同胞にDCP運搬を頼むなどしていたものが、10年代末には大容量データ転送サービスの出現で上映素材の受け渡しはより高速で確実なものになり、本国公開とほぼ同時の上映が可能になった。しかし、このスピード競争には負の側面もある。もともとインド人観客には現金なところがあり、本国の初日でネガティブなレビューが出回ると、大スター主演作であっても足を運ばない。また海賊版がネットに上がると簡単にそちらに走る。本国での封切り自体が不測の事態によって延期ということもある。限られた上映会場の確保の困難さという事情とも相まって、1週間以下のきわめて短期間の告知期間しか持てないことが多い。映画が最新であるというのは日本人の想像以上にインド人にとっては重要なことで、仮に数ヶ月〜数年後に日本で母国の映画作品が一般劇場公開になったとしても、劇場に足を運ぶインド人はかなり珍しいのだ。

日本人にとっての自主上映

そんな状況下、主催者すらが実作品を見ていない状態で、スターや監督の名前に賭けて買い付けをする。インドの映画業界はコンテンツ流出を警戒し、バイヤーに内覧を許すことが少ないからだ。したがって、蓋を開けてみればとんでもない駄作と判明することはある。むしろ期待通りの良作だったことの方が珍しい。しかし、日本人ファンにとっては、「日本の映画業界人による選定のふるいにかけられていない、産地直送の旬のインド映画」を見ることに価値があり、英語字幕のみ・直前の告知・高いチケット代・不便な立地の会場といったハードルにもかかわらず可能な限り参加し、終了後に「またしても外れ」と嘆き合うことに喜びがあったのだ。

自主上映団体の中には、多くの場合映画業界と何らかのパイプを持つ人物がいて、そうしたメンバーが上映権購入の窓口となった。上映素材はKDM（パスワードの一種）付きのDCPで、不正が起きる余地はないのだが、日本の映画業界人の中にはゲリラ上映と誤解してインド人団体に不信感を抱いた人もいたそうだ。日本人の参加者は徐々に増えていき、2025年現在は観客の半数以上が日本人ということも時にある。近年では、インド人客が見向きもしない旧作を、日本人ファンを見込んで上映する催しも増えてきている。また、日本人客がSNSなどで発信する最新作を見た喜びのコメントは、本国に還流し、実際の規模をあえて無視した誇大な情報となって上映権料の価格上乗せの根拠とされたこともあるという。さらに一部の現地権利者は、日本の上映団体よりも先に不正確な開催告知を発表してしまったり、本国と同日に定員500名規模の巨大スクリーンでの上映を求めるなど、実情を知らないことから来る小さな摩擦も生じている。

自主上映から見えてくるもの

　こうした自主上映に参加して得た最大の知見は、インド映画の「世界興収」の実態である。21世紀になってから、インド映画の興行成績に占める国外興収の割合が無視できないものになった。これを、世界的にインド映画の評価が上がり、愛好者が非インド人の間でも爆発的に増えたからと考えるのは誤りである。中国での『ダンガル きっと、つよくなる』（2016）のヒットの例などを除き、先進国に散らばったNRI（国外在住インド人）たちが、故国の母語の映画をこのように盛んに上映し始めたからなのだ。先進国での1人あたりのチケット代は本国のそれの何倍にもなる。自主上映から上がる収益を当該国の映画産業が興行収入としてカウントするかは国によって異なるが、インドからみればそれは国外興収である。中東の一部では自主上映にも検閲を通す必要がある国もあり、諸外国では一般上映と自主上映の境界は曖昧だ。

　日本での自主上映の売り上げは、日本の映画産業の統計にはカウントされず、仮にされたとしても微々たるものだが、500万人超のインド系人口を抱えるアメリカでの興収のインパクトは容易に想像できる。アメリカの場合、当然ながら国内1ヶ所で1回限りの上映で終わることはなく、また上映される作品のバラエティーも本国に限りなく近いものになる。

　このことを別の側面から眺めると、S・S・ラージャマウリ監督が、インド系住民が少ない日本での自作の成功を象徴的な意味で重視している理由も分かると思う。また、『RRR』（P.9）を観た日本人の間で、イギリス人が気分を害したのではないかと要らない心配をする言説が見受けられたが、同作がイギリスでどれだけヒットしようと、観客の中心は南アジア系であることを忘れてはならない。

　昨今、インド映画の大作が世界各地で封切られるにあたり、日本だけが取り残されていると嘆くファンは多いが、こうした自主上映を見ていれば日本での同時一般劇場公開が難しいことはよくわかる。逆に言えば、日本在住のインド人の人口が数十万レベルになり、また日本人が外国映画を英語字幕で鑑賞する習慣が根付くならば、新作をタイムリーに鑑賞する機会は増えるだろう。

関東を中心に活動する自主上映団体の一覧
（活動開始の順。活動休止中のものも含む）

インドエイガジャパン
（テルグ語映画中心、一般劇場公開にも進出）
https://indoeiga.co.jp/tfc

セルロイド・ジャパン（マラヤーラム語映画中心）
https://www.celluloidjapan.com/

東京カンナダ・バラガ（カンナダ語映画のみ）
https://www.facebook.com/groups/TokyoKannadaBalaga/

SPACEBOX（タミル語映画中心、一般劇場公開にも進出）
https://www.spaceboxjapan.com/

東京トーキーズ（マラーティー語映画のみ）
https://x.com/TokyoTalkies

マドラス・ムービーズ（タミル語映画のみ）
https://x.com/madrasmoviesjp

2025年1月6日までの13年間でのインド系自主上映の実績
上映回数：981回　作品数：344本

ゲストライター紹介とお勧めについての一言

深尾淳一（ふかお　じゅんいち）

元映画専門大学院大学准教授、元チェンナイ日本国総領事館専門調査員。『ダラパティ 踊るゴッドファーザー』（P.25）、『アルナーチャラム 踊るスーパースター』（P.13）、『チャンドラムキ 踊る！アメリカ帰りのゴーストバスター』（P.27）、『ロボット2.0』（P.42）、『ウェイブ』（2000）、『頬にキス』（2002）、『神さまがくれた娘』（P.17）他、多数のタミル語映画の字幕監修を担当。

マニラトナム監督とバーラー監督の作品はできるならば是非見ていただきたい。マニラトナム監督の『PS1 黄金の河』（P.88）、『PS2 大いなる船出』（P.109）以外はなかなか見るチャンスがないのが残念だが、お薦めは、マニラトナム監督作なら『ロージャー』（P.106）、『頬にキス』、『ウェイブ』、バーラー監督作なら『Nandhaa』（P.47）、『Naan Kadavul』、『Paradesi』（ともにP.107）である。『ロージャー』、『頬にキス』は、今はなきアジアフォーカス・福岡国際映画祭で上映されたので、福岡市総合図書館にフィルムの所蔵がある。併設の映画館シネラでまた上映の機会があることを期待したい。バーラー監督作は、私自身日本公開を目指し配給会社と協力を進めたこともあったが、諸般の事情で公開までには至らなかった。彼らの作品の特集上映を強く希望するし、協力できることがあれば是非したい。

山田桂子（やまだ　けいこ）

インド研究者。専門はテルグ語地域の近現代史。『RRR』（P.9）、『バーフバリ』シリーズ（P.30）をはじめとするテルグ語映画の字幕監修者。著書に『RRRをめぐる対話』（共著、PICK UP PRESS、2023）、『基礎テルグ語』（大学書林、2010）がある。初めてインドの映画館で見たテルグ語映画は『Shiva（シヴァ）』（1989、未）。

私の仕事は、字幕翻訳者に原語の意味を伝えることで字幕翻訳者がより良い字幕を制作できるようにお手伝いをする、いわば裏方の仕事です。私のせいで作品の価値が損なわれたり、インドの文化や社会が観客に歪んで受け止められたりしてはならず、責任は重大です。そのため個人的な好みや見解をさておき、ひたすら製作者の側に立って作品をあるがままに受け入れ、隅々まで理解し尽くすよう努めなければなりません。つまり私にとってインド映画を見ることは自我を滅する修行です。よく好きな俳優や作品を質問されますが、その度に違う名前を挙げては誤魔化しているのが正直なところです。ここでは、そんな私が21世紀に公開された映画の中で、仕事の依頼がないのを残念に思った作品の名前をいくつか挙げておきます。『Vedam（賛歌）』（2010、未）、『Race Gurram』（P.72）、『Pelli Choopulu』（P.121）、『Swamy Ra Ra』（P.120）、『Attarintiki Daredi』（P.70）です。

矢内美貴（やない　みき）

字幕翻訳者。シンガポール在住時にタミル語映画およびタミル文化に触れ、その豊穣なる世界に開眼。翻訳を担当した作品は『キケンな誘拐』（P.18）、『ジガルタンダ』（P.113）、『永遠の絆』（2019）、『マジック』（P.78）、『96』（P.8）ほか。

安宅直子先生から南インド映画に内容を特化した書籍出版のお話を伺った際、筆者の頭に浮かんだのは、長年インド映画と共に歩み研鑽を積んでこられた先生が著書にその成果を惜しみなく注がれるであろうこと、そしてそれは、広大なインド映画の大海原を漕いでゆく人々の羅針盤ともなるに違いないという確信だった。本書で紹介されている、安宅先生ご自身によって厳選された綺羅星のような南インド映画の名作の数々から、いずれかをお勧めとして特筆することは難しい。けれども、タミル語映画『僕の名はパリエルム・ペルマール』（P.35）については、筆者が映画という創作物が生み出すことのできる圧倒的なエネルギーに衝撃を受けた作品として、ここに記しておきたい。タミル語映画のみならず、南インドの他言語作品にも関心を持つきっかけとなったカンナダ語映画『ルシア』（P.127）もまた、夢と現実の境をたゆたう物語に込められた映画愛と、その美しい結末とに胸を打たれた、今なお忘れがたい作品である。

南インド ロケ地観光の勧め

インド人の間では、シネマ・ツーリズムはまだそれほど大きな流行にはなっておらず、幾つかの例外的な場所を除けば、“聖地巡礼”をする人も多くは欧米を目指す。インド国内のロケ地は概ねまだ空いているのだ。ここでは言語圏ごとにそれぞれ6〜7つの著名ロケ地を選んだ。映画の舞台が撮影場所と一致する、まさにその土地であることを示すロケ地をⓁ（ランドマーク）、ソングシーンの背景など不特定の景勝地として現れるロケ地をⒼ（ジェネリック）としている。

テランガーナ州＋アーンドラ・プラデーシュ州

アラク渓谷Ⓖ
「アーンドラのスイス」の異名を持つ高原地帯。トライブの住民が多い。主筋とは無関係な場所で突然始まる「ワープ系」ソングシーン撮影が多く行われる。（写真クレジットはP.204*1を参照）

チャールミナールⓁ
テランガーナ州の州都ハイダラーバードのシンボル。

コンダレッディ砦Ⓛ
カルヌール市にある、ラーヤラシーマのシンボル。（写真クレジットはP.204*2を参照）

ゴールコンダ城塞Ⓛ
ハイダラーバード郊外にあり、一般的な観光地としても有名。

パーピコンダルⒼⓁ
ゴーダーヴァリ川中流のこの丘陵地帯は、幅広い川の両側に丸々とした小山が無数に連なり、ところどころに巨大な砂浜がひらける特異な景観で知られ、観光クルーズの名所でもある。

ヴィシャーカパトナム（ヴァイザーグ）の海岸通りⒼⓁ
一直線に約5km以上伸びる通りでは、しばしばカーチェイスが撮影される。ビーチでは潜水艦S20クルスラ号の展示も。

ラーモージー・フィルム・シティーⒼ
1996年開業の巨大撮影所。「脚本と俳優以外の全てをまかなう」が謳い文句。テルグ語映画界だけではなく全インドから撮影クルーがやってくる。一般客向けの見学ツアーも充実。（写真提供：itooi）

Telugu States

タミルナードゥ州

カーライックディ周辺（チェッティナード地方）ⒼⓁ
マドゥライ市の北に広がる。かつて英領ビルマとの交易で財を築いたチェッティヤール・カーストの大商人の豪邸が残る。（写真クレジットはP.204＊3を参照）

ウーティ（ウダガマンダラム）ⒼⓁ
最も古くからのロケ地で、「ウーティの木の葉で、映画に映ったことがないものはない」とまで言われる。古い時代にはヒンディー語映画にもしばしば登場した。英国統治時代からの由緒ある避暑地。（写真クレジットはP.204＊4を参照）

ポッラーッチⒼ
ケーララ州との州境近くの田園地帯。特別なランドマークはなく、それゆえに「映画中ではインドのどの地方の田園にもなれる」という強みを持つ。

チェンナイ中央駅Ⓛ
インド全体でも数ヶ所しかない頭端式ホーム（列車が通過することのない櫛形のプラットフォーム）の終着駅。

マドゥライ・ミーナークシ寺院とティルマライ・ナーヤカ宮殿ⒼⓁ
ミーナークシ寺院はマドゥライのランドマーク。近くにある洋風の宮殿ティルマライ・ナーヤカ宮殿（左上写真）もしばしば撮影に使われる。

チェンナイのマリーナ・ビーチⓁ
南北約3kmの砂浜。夕方以降に涼みにくる市民で賑わう。（写真クレジットはP.204＊5を参照）

Tamilnadu

マイスール宮殿とラリタ・マハルⒼⓁ
前者はかつてのマイソール藩王国の王宮で、マイスールのランドマーク。5kmほど離れたところの藩王家の迎賓館として建てられたラリタ・マハル（右上写真）は、アメリカのホワイトハウスに似た外観。現在はホテルとなっているが、内部も外観も頻繁に映画に現れる。（写真クレジットはP.204＊6と＊7を参照）

メールコーテⒼ
マイスールから50kmほどの村。様々なタイプの寺院・寺院遺跡がある。作りかけで放棄された塔門と考えられるラヤ・ゴープラが特に有名。

ホイサレーシュワラ寺院Ⓖ
ホイサラ朝の寺院建築の代表作。広々とした敷地とゴープラムを持たない構造により、開放的な雰囲気がある。

ベンガルール城Ⓖ
マイソール藩王国のマハーラージャーが19世紀に建造。英国のウィンザー城の影響が明らかな洋風キャッスル（見学ツアーあり）。おとぎの国風のファサードと広大な庭園が、映画のロケなどによく使われる（写真クレジットはP.204＊8を参照）

コーラーラ金鉱跡地Ⓖ
『K.G.F』シリーズ（P.9）より前から、この場所はアクション・シーンなどの撮影に使われてきていた。（写真提供：moto）

西ガーツ山脈のショーラ・グラスランドⒼ
広大な山脈のところどころに、膝に届くほどの草が生い茂った傾斜地が点在する。遠くから眺めると緑のヴェルヴェットのように見え、しばしばソングシーンの舞台となる。

ガーンディナガル・バススタンドⓁ
鉄道駅と巨大バスターミナルが隣り合っているベンガルールの表玄関。劇中人物がベンガルールにやってきたことを表す時にしばしば映し出される。上から見るとWi-Fiの記号のような特徴的な建造物は市街バスのターミナル。

ケーララ州

ティルヴァナンタプラムの歴史建築 Ⓛ Ⓖ
州都ティルヴァナンタプラムには，トラヴァンコール藩王国時代に藩王が英国人建築家に造らせた公共建築が今も多く残る。同じ植民地時代建築でも、チェンナイに残る重々しく威圧的なものとは異なり、おとぎの国風の軽快なデザインのものが多い。

ヴァリッカーシェーリ・マナ Ⓖ
映画やTVの撮影に特化した施設となった史跡。「マナ」とはバラモン階級の大邸宅を表す語。マラヤーラム語映画に多い「上流階級の骨肉の争い」ものでよく登場する。（写真クレジットはP.204*9を参照）

ベカル要塞跡 Ⓖ
アラビア海に面して建てられた17世紀の要塞跡。
（写真クレジットはP.204*10を参照）

アレッピーと周辺の水郷地帯 Ⓖ Ⓛ
入り組んだ汽水の水路が縦横に走るエリアを「バックウォーター」と称する。アレッピー周辺のクッタナード地方はバックウォーター地帯として特に有名。基本的な交通手段が車ではなく船である生活が映画の中にも現れる。（写真クレジットはP.204*11を参照）

ムダラマダ駅 Ⓖ
ローカル線の小さな駅で、周囲にほとんど人家がない。ホーム上に年を経たバニヤン樹が幾本もあり、浮世離れした雰囲気。

アディラッピッリの滝 Ⓖ
西ガーツ山脈を源としてアラビア海に注ぐチャーラックディ川にあるアディラッピッリ滝は、落差約25メートル・幅約100メートルの巨大さ。かつては自殺の名所だったとも言われる。
（写真クレジットはP.204*12を参照）

Kerala

Thalappavu	**175**
Thani Oruvan	**75**
Thavarige Baa Thangi	**49**
The Angrez	193, **194**
The Ghazi Attack〔インパクト・クラッシュ〕	**14**
The Great Indian Kitchen〔グレート・インディアン・キッチン〕	**19**
The Greatest Of All Time（GOAT）	**92**
The Terrorist〔ザ・テロリスト 少女戦士マッリ〕	**20**
Thenali	**44**
Thoovanathumbikal	**187**
Thuppakki	16, **68**
Traffic	132, **134**
Trivandrum Lodge	**173**
Twenty:20	**61**
U Ugramm	10, **73**, 124
Ulidavaru Kandanthe	87, 125, **127**
Unda	**137**
Unnidathil Ennai Koduthen〔あなた様のお傍に〕	**12**
Upendra〔ウペンドラ〕	74, 122, **126**
Uppi 2	**74**
Ustad Hotel〔ウスタード・ホテル〕	**15**
Uttama Villain	**143**
V Vaanathai Pola〔あっぱたん〕	**11**, 45, 166
Vaasthavam	177, **179**
Vaishali	**150**
Vanaprastham〔最後の舞〕	**143**
Vanna Vanna Pookkal〔咲いて咲いて 野花たち〕	**19**
Varalaru	**56**
Varalaru: History of Godfather→Varalaru	
Varsham	55, **194**
Vazhakku Enn 18/9〔事件番号18/9〕	**112**
Vedalam	**75**
Veera〔ヴィーラ 踊るONE MORE NIGHT!〕	**14**
Veeralipattu	**188**
Velaiilla Pattadhari〔無職の大卒〕	**39**
Velaiilla Pattadhari 2〔無職の大卒 ゼネコン対決編〕	**39**
Viduthalai Part 1	**91**, 109
Vikramarkudu	**57**
Vinnaithaandi Varuvaayaa	**65**
Vipranarayana	**148**
Virata Parvam	**89**
Visaranai〔尋問〕	107, **113**
Vishwaroopam	**70**
Y Yaathisai	16, 109, **113**
Yajamaana	11, **45**
Yamadonga〔ヤマドンガ〕	**41**, 146

写真クレジット

Mayavi 58
Mazha 45
Meesha Madhavan 49
Mersal〔マジック〕 **78**, 109, 199
Mithunam **120**
Mosayile Kuthira Meenukal〔満ちる潮の物語〕 **136**
Mr. & Mrs. Ramachari 73
Mungaru Male **57**, 58, 124, 184
Munirathna Kurukshetra→Kurukshetra
Mutharamkunnu P.O. **168**
Muthu〔ムトゥ 踊るマハラジャ〕 13, **40**
Mynaa 29, **111**

N
Naanum Rowdy Dhaan〔俺だって極道さ〕 16
Naduvula Konjam Pakkatha Kaanom〔途中のページが抜けている〕 28
Nalpathiyonnu 83
Namukku Parkkan Munthirithoppukal **187**
Nandalala 111
Nandhaa **47**, 107, 199
Nanna Preethiya Hudugi 47
Narasimha Naidu 46
Narasimham **45**, 51
Nartanasala **149**
Natchathiram Nagargiradhu 89
Navaratri **171**
Nee Varuvai Ena〔羽衣〕 31
Neram 71
Nidra〔眠り〕 **134**
Nuvve Kavali 44
Nuvvostanante Nenoddantana 55

O
Odiyan 81
Okkadu **51**, 52, 117
Om **105**
Om Namo Venkatesaya **151**
Ondalla Eradalla 81
Oohalu Gusagusalade **121**
Oru Vadakkan Veeragatha **188**
Ozhimuri **189**

P
Padayappa〔パダヤッパ いつでも俺はマジだぜ!〕 31
Pariyerum Perumal〔僕の名はパリエルム・ペルマール〕 **35**, 154, 199
Paruthiveeran 107, 108, **110**, 182
Payanam→Gaganam / Payanam
Pazhassi Raja〔ケーララの獅子〕 63
Pelli Choopulu **121**, 199
Pisaasu **165**
Pizza〔ピザ 死霊館へのデリバリー〕 18, 28, **33**, 108
Pokiri 56
Pokkiri Raja 65
Ponmuttayidunna Tharavu **168**
Ponniyin Selvan: Part One〔PS1 黄金の河〕 **88**, 109, 199
Porkkaalam〔ポルカーラム 愛のたからもの〕 **169**
Pranchiyettan & the Saint 65
Premam 74
Preminchukundam Raa〔愛と憎しみのデカン高原〕 12, **181**
Pretham **165**
Pulimurugan 77
Pushpa 2: The Rule 34, **92**, 180
Pushpa The Rise - Part 1〔プシュパ 覚醒〕 **34**, 92, 180

R
Raaj-The Showman 62
Raajakumara 78
Race Gurram **72**, 199
Raja Rani〔ジョンとレジナの物語〕 23
Rajamanikyam 55
Rajapart Rangadurai **140**
Rajinimurugan〔ラジニムルガン〕 182, **183**
Rakta Charitra 1 & 2 **181**
Rakta Kanneeru 51
Ramaleela 79
Rangasthalam〔ランガスタラム〕 41
Ravanaprabhu 47
Roberrt 86
Robot〔ロボット〕 **42**, 68, 107
RRR〔RRR〕 6, **9**, 88, 90, 115, 117, 156, 198, 199

S
Saaho〔SAAHO／サーホー〕 10
Saamy 50
Saarathi 67
Sagara Sangamam 139, **141**
Salaar: Part 1 - Ceasefire〔SALAAR／サラール〕 **10**, 73
Sangamam **142**
Sankarabharanam〔シャンカラーバラナム 魅惑のメロディ〕 83, 139, **140**, 141
Sarkar〔サルカール 1票の革命〕 154, 177, **179**
Sarpatta Parambarai **160**
Sarvam Thaala Mayam〔響け!情熱のムリダンガム〕 **34**, 138
Satya Harischandra **149**
Seetaiah **181**
Seetayya→Seetaiah
Sethurama Iyer CBI 53
Shankar Dada M.B.B.S. 52
Sharapanjara **171**
Shivaji Surathkal: The Case of Ranagiri Rahasya 84
Simha 64
Simpallaag Ond Love Story **126**
Simple Agi Ondh Love Story →Simpallaag Ond Love Story
Sivaji: The Boss〔ボス その男シヴァージ〕 35
Soodhu Kavvum〔キケンな誘拐〕 **18**, 178, 199
Soorarai Pottru〔ただ空高く舞え〕 **85**, 108
Sri Rama Rajyam **151**
Style **143**
Subramaniapuram 107, 177, **183**
Sufi Paranja Katha **172**
Swamy Ra Ra **120**, 199
Swathi Mutthina Male Haniye **129**
Swathi Thirunal **142**

T
T. D. Dasan Std. VI B **188**
Tabbaliyu Neenade Magane **167**
Tagore 50
Thalaivaa〔タライヴァー〕 24
Thalapathi〔ダラパティ 踊るゴッドファーザー〕 **25**, 146, 199

David〔デーヴィド 二つの物語〕 **27**, 136
Deiva Thirumagal〔神さまがくれた娘〕 **17**, 199
Devara: Part 1〔デーヴァラ〕 **93**
Dharmadurai〔ダルマドゥライ 踊る!鋼の男〕 **26**
Dheena **46**
Dookudu **66**, 196
Drishyam **71**
Duniya **59**, 64, 124, 184
E Eega→Makkhi
Engaeyum Eppothum **112**
Enthiran→Robot
F Fidaa〔フィダー 魅せられて〕 **195**
G Gabbar Singh **68**
Gaganam / Payanam **67**
Garuda Gamana Vrishabha Vahana **87**
Ghazi→The Ghazi Attack
Ghilli〔百発百中〕 37, **52**
Godavari **118**
Godhi Banna Sadharana Mykattu **128**
Goli Soda **112**
Gooli 36, **185**
Guppy **169**
H Haathi Mere Saathi〔ハーティー 森の神〕 **29**
Hamsageethe **140**
Hanu-Man〔ハヌ・マン〕 **32**
Hindustani〔インドの仕置人〕 **13**, 107
I I〔マッスル 踊る稲妻〕 **38**
Ibbani Tabbida Ileyali **129**
Indian→Hindustani
Indra **48**
Iruvar〔ザ・デュオ〕 **178**
J Jackie **64**
Jagadam **119**
Jai Bhim〔ジャイビームー万歳ビームラーオ〕 108, **160**
Jai Bolo Telangana **195**
Jailer〔ジェイラー〕 **90**, 109
Jallikattu〔ジャッリカットゥ 牛の怒り〕 **21**, 136
Jalsa **60**
Janatha Garage〔ジャナタ・ガレージ〕 **22**, 40
Jeans〔ジーンズ 世界は2人のために〕 **20**
Jigarthanda〔ジガルタンダ〕 108, **113**, 161, 199
Jigarthanda Double X〔ジガルタンダ・ダブルX〕 108, 109, 113, 155, **161**
Jilla〔ジッラ 修羅のシマ〕 **21**
Jogi **54**
Joji **87**
K K. G. F: Chapter 1 & 2〔K. G. F: CHAPTER 1 & 2〕 **9**, 10, 34, 73, 88, 93, 124, 125, 202
Kaadan→Haathi Mere Saathi
Kaadhal 58, 107, **158**
Kaakkaa Muttai〔ピザ!〕 **33**, 109
Kaala〔カーラ 黒い砦の闘い〕 155, **159**
Kaatera **90**
Kabali〔帝王カバーリ〕 **76**, 155, 159
Kaddipudi **127**
Kaithi〔囚人ディリ〕 **23**, 91, 107, 108
Kalloori **59**
Kamaraj〔カマラージ〕 **17**
Kammatipaadam **136**
Kanchana **164**
Kanchana / Muni 2→Kanchana
Kannadadda Kiran Bedi **172**
Kantara **89**, 125, 155
Karnan〔カルナン〕 **160**
Karuthamma **169**
Kathavarayan **158**
Kaththi〔カッティ 刃物と水道管〕 **16**
Kavaludaari **129**
Kayamkulam Kochunni **80**
Kendasampige Part II **128**
Kerala Cafe **63**, 133
Kerala Varma Pazhassi Raja→Pazhassi Raja
Killing Veerappan **77**
Kirik Party **76**, 125
Kizhakke Pogum Rail **167**
KL 10 Patthu **136**
Krantiveera Sangolli Rayanna **69**
Krishnam Vande Jagadgurum **69**
Kumbalangi Nights **137**
Kurukshetra **82**
Kurup **86**
Kutty Srank **189**
L Lakshmi **80**
Lakshmi's NTR **121**
Lal Salam **175**
Leader 177, **179**
Leo **91**, 108
Lifeu Ishtene **126**
Lingaa〔リンガー〕 **72**
Lucia〔ルシア〕 124, **127**, 199
Lucifer **82**, 177
M Maamannan **161**
Madras〔マドラス 我らが街〕 157, **159**
Magadheera〔マガディーラ 勇者転生〕 11, **37**, 105
Majestic **49**, 123, 184, 185
Makkhi〔マッキー〕 **38**, 102, 105
Malaya Marutha **141**
Malik **137**
Manasaare **63**
Manichitrathazhu 27, 53, **163**
Manjadikuru **135**
Manjummel Boys **93**
Mantra **164**
Maryada Ramanna〔あなたがいてこそ〕 **11**, 12,
Master〔マスター 先生が来る!〕 **37**, 108
Maya〔マーヤー〕 **165**
Maya Bazar (1957) 115, 145, **148**
Maya Bazar (2006) **119**
Mayaanadhi **79**
Mayamohini **69**

映画作品原題索引

本書中で項目をたてて個別紹介した作品の原題の一覧。
太字の数字はメインの紹介ページを示す。

'96〔'96〕 **8**, 28, 65, 199
2.0〔ロボット2.0〕 **42**, 107, 199
2018 **91**
22 Female Kottayam **173**
777 Charlie〔チャーリー〕 **26**
7aum Arivu **66**

A
A Aa **77**
Aa Dinagalu **185**
Aayitha Ezhuthu **53**
Action〔ACTION アクション!!〕 **8**
Adaminte Makan Abu〔アブ、アダムの息子〕 **189**
Agent Sai Srinivasa Athreya〔お気楽探偵アトレヤ〕 **15**
Akhanda **87**, 147
Ala Modalaindi **119**
Ala Vaikunthapurramuloo **84**
Amaidhi Padai **178**
Amen 21, **135**
Ammoru **150**
Anand **118**
Ananda Bhairavi **141**
Anandabhadram **163**
Andala Rakshasi **120**
Andarivaadu **54**
Android Kunjappan Version 5.25〔ジャパン・ロボット〕 **22**
Angadi Theru **111**
Anjaam Pathiraa **85**
Anjathe **61**
Ankur〔芽ばえ〕 193, **194**
Annamayya **151**
Annayum Rasoolum **135**
Anniyan〔多重人格 アンニヤン〕 **55**, 107
Anukokunda Oka Roju **172**
Apthamitra 27, **53**
Aradhana **168**
Aranya→Haathi Mere Saathi
Aravinda Sametha Veera Raghava〔アラヴィンダとヴィーラ〕 **12**
Arjun **183**
Arjun Reddy **79**
Arputham〔希石〕 **18**
Arunachalam〔アルナーチャラム 踊るスーパースター〕 **13**, 199
Aruvi〔アルヴィ〕 **173**
Attakathi **158**
Attarintiki Daredi **70**, 199
Autograph 74, **110**, 126
Avakai Biryani **195**
Avane Srimannarayana **83**
Avunu **164**
Ayan **62**
Ayyappanum Koshiyum **85**

B
Baadshah〔バードシャー テルグの皇帝〕 **29**
Baahubali: The Beginning〔バーフバリ 伝説誕生〕 **30**, 74, 80, 109, 117, 147, 199
Baahubali 2: The Conclusion〔バーフバリ 王の凱旋〕 10, **30**, 79, 80, 90, 109, 117, 147, 199
Baashha〔バーシャ! 踊る夕陽のビッグボス〕 **28**, 40, 75, 86, 157
Baba 27, **48**
Babruvahana **150**
Bachchan **71**
Bagheera **93**
Balettan **51**
Bangaarada Manushya 122, **167**
Bangalore Days **73**
Bell Bottom〔ベルボトム〕 **128**
Bhakta Prahlada **149**
Bharat Ane Nenu **81**, 117, 177
Bharatham **142**
Bhargavinilayam 162, **163**
Bheeshma Parvam **88**
Bhookailas **148**
Bhoomiyile Rajakkanmar **178**
Big B **59**
Bigil〔ビギル 勝利のホイッスル〕 23, **32**, 109
Bombay〔ボンベイ〕 **36**
Bommarillu〔人形の家〕 **118**
Brochevarevarura **83**
Bruce Lee: The Fighter **75**
Buddhivanta **61**

C
C/o Kancharapalem **159**
Captain Miller 155, **161**
Chaappa Kurishu **134**
Chandramukhi〔チャンドラムキ 踊る!アメリカ帰りのゴーストバスター〕 **27**, 53, 154, 199
Cheemala Dandu **175**
Cheluvina Chittara **58**
Chemmeen〔えび〕 131, **187**
Chennai 600028 107, **110**, 136
Chintamani 51, **171**
Christian Brothers **67**
Classmates **57**, 132

D
Dalapathy→Thalapathi
Dam 999〔ダム999〕 **24**, 72
Darbar〔ダルバール 復讐人〕 **25**
Dasavathaaram **60**

編著者紹介 ※ 安宅直子(あたかなおこ)

フリー編集者。映画評論サイト「BANGER!!!」に寄稿。『ＲＲＲをめぐる対話』(PICK UP PRESS、2023)の編集にも携わった。

南インド映画クロニクル

発行日　2025年4月18日　初版第1刷

著——安宅直子　深尾淳一　山田桂子　矢内美貴

編集——安宅直子

編集協力——岩瀬豪　春原由樹

地　図——斉藤義弘(株式会社周地社)

造本・DTP——矢野のり子(島津デザイン事務所)

印刷・製本——シナノ書籍印刷株式会社

発行者——木田祐介

発行所——株式会社PICK UP PRESS

〒132-0034
東京都江戸川区小松川1-2-1-1005

定価はカバーに表示してあります。
Printed in Japan
ISBN 978-4-910502-06-9　